中欧信息社会项目支持

中欧信息化法律法规
比较研究丛书

中欧政府信息公开制度比较研究

The Comparative Research on the System of Access to Government Information in the EU and China

吕艳滨　[英] Megan Patricia Carter　著

法律出版社
LAW PRESS · CHINA

序言一

信息社会或信息时代一词通常被用来概括描述人类社会正在经历的一场新变革。这种变革是由近半个多世纪以来信息和通信技术革命的发展所引发的。如今,即使是在发展中国家,信息和通信技术对人们经济社会活动、学习和生活乃至思维方式的影响也已是经常可见。加之国际社会包括欧盟在内已经将信息社会作为一个重要的政策目标,因此,研究信息社会的诸多重要方面,似乎成为比较自然的选择。

然而,需要指出的是,我们之所以特别关注信息社会问题,一个重要的背景,是中国经济社会发展面临的突出矛盾。

今年是中国改革开放 30 年。30 年来,中国经济社会发展取得了巨大的成就,人民生活水平大幅度提高,国家面貌发生了根本性变化。我们已经告别了计划经济时代,市场经济体制逐步完善;工业化加速发展,消费品供需关系发生转折性变化；中国经济与世界经济的相互联系和影响日益加深；社会主义民主政治得到高度重视和不断发展，社会政治长期保持稳定，各项社会事业发展迅速，改革开放事业正在更为宽广的道路上迈进。

同时，全社会也都已意识到，持续多年的快速发展也造成了对资源的严重消耗和明显的环境损失。经济社会发展所处的环境，已经从30年前的自然资源开发相对不足，转变为目前能源、资源和环境对经济社会发展的瓶颈性制约。这一突出矛盾，可能将始终存在于今后较长的一个时期。

发展与资源禀赋关系的新变化，敦促我们加快从技术和制度上寻找突破。

实际上，正如许多分析家所指出的，发展与资源环境的矛盾从人类社会一开始就存在了，问题在于技术和制度创新的速度能否适应这种矛盾的发展变化。历史上的三次工业革命，表现为人类不断寻找新的生产工具和手段、开发利用新资源、挣脱传统资源约束的突进过程。就其内容实质而言，是技术和制度创新。研究和实践表明，解决当前中国面临的发展与资源环境的矛盾，根本出路在于树立新的发展理念，转变发展方式，通过加快技术创新，发掘新的资源潜能；通过进一步深化改革，建立和完善适应新的生产力发展的体制机制。

信息技术革命为中国实现发展方式转变提供了重要的历史机遇。

信息技术革命是当代最伟大的科技革命，其渗透力之强、影响力之大，远远超过了任何其他技术。信息技术革命完全改变了信息采集、存储、传输和处理的方式、能力和成本。信息技术与专业技术和管理的融合，创造了提升效率和效益的新的巨大空间。信息技术革命使信息成为可以开发利用的重要资源，为知识经济的发展铺平了道路。

信息技术革命提供的重要机遇，使中国有机会选择新型工业化的道路，即在工业化加速发展的过程中，实现资源和环境的有效利用和保护，实现产业结构的优化升级。

正是基于上述实际和认识，我们对研究信息社会问题，提供更好的制度设计，促进信息技术创新，充分利用信息技术革命的成果，使信息技术革命的成果更好地惠及全民，抱有极大的兴趣和期待。

中国制定的《2006—2020 年国家信息化发展战略》明确指出，中国的信息化发展，要为迈向信息社会奠定基础，这为中国和欧盟在信息社会领域开展合作交流创造了重要条件。

中国欧盟信息社会项目是双方迄今在这一领域最大的合作项目。项目选定了信息社会法律法规、电子政务示范、信息化培训作为重点合作方向，由相关部委和地方信息化管理部门牵头，根据中国的信息化政策和实施战略，邀请中欧双方专家共同开展课题研究、研讨、培训等活动，组织中欧互访。项目在执行过程中产生了很多重要的成果，包括研究报告、培训讲稿、收集整理的资料集等，这些都是中欧双方专家辛勤劳动和共同智慧的结晶，已经和正在发挥着很好的参考作用。现在，在项目的支持下，这些成果内容得以系列图书的形式结集出版，在更广的范围内供参考和借鉴，相信一定是一件非常有意义的事情。

最后，借此机会，谨向中欧双方专家所付出的努力表示由衷感谢和敬意，他们的出色贡献是中欧信息社会项目取得成功的关键，是推动信息社会发展的重要力量。

徐愈

中国欧盟信息社会项目共同主席

2008 年 8 月

序言二

Information Society-Driver of Social and Economic Development

"Information Society"? Hardly ever did a short phrase contain so many complex questions and policy challenges. What issues are we talking about when discussing information society? Which markets? Which technologies? Which applications? Which new forms of behaviour and of social interaction? Which new opportunities when gaining information for education and entertainment? Which great challenges when learning how to navigate this flood of information wisely and staying on top of it as opposed to drowning in it?

New developments like user-generated content and networking platforms that we have come to know as Web 2.0, have proved to be efficient and well-made tools that already enter the professional space. Work currently being done on the semantic web, on search and organization, will open up transform and multiply our access to knowledge to empower us.

In the future, digital culture and digital content will be even more at the core of our lives and our knowledge, and it is therefore vital that we make it accessible in every sense of the word. On an institutional level for example by establishing digital libraries; on a policy level through freedom of information laws and other transparency provisions; on a literacy level by dedicating more effort to teaching citizens how to access information, how to put it into context, and how to form critical opinions based on it. Information Society is a society where information is accessible and usable by many, but not automatically.

The new technologies largely driving this development will have an enormous impact on education, health and administration. There is no area of life where new technologies and new forms of organizing knowledge will not substantially change the way of doing things. The skills required to handle these changes will be a decisive factor in who truly benefits and who does not.

It is important to note that we believe there is a clear aim behind fostering Information Society. Widely accessible information and communication resources can benefit everybody individually as well as society at large, on an economic and social level. Information Society is about growth, but it is more than just the growth of markets. New technologies help us approach our environmental challenges such as climate change, they allow us to improve living conditions for an ageing generation, they build bridges to economic and geographic parts of our societies that were very hard to reach before, and harder still to connect to our lives and markets. It is this growth in quality of life that we should be reaching for.

These are possibilities not just for the comparatively well-developed areas of the European Union. Digital opportunities are up for grabs by anybody, and especially large transition countries such as China. With its very heterogeneous economic and social structure, China has long realised that the transition towards a service economy is a huge opportunity to create better and more sustainable links with the global economy.

Together with the EU Member States, the European Commission has set up a programme to bundle those economic and political challenges, and to serve as a guide for decision-makers in politics, administration and industry. This initiative that we call the "i2010 programme" seeks to create a true European Information Space-a single market for the digital economy; by promoting investment in R&D; and through policies to boost the benefits of ICTs in society by encouraging a wide take up of life saving, inclusion generating informational services. The programme is based on the belief that in an environment of open markets, free flow of information and flexible regulatory solutions to accommodate technological innovation, Information Society can flourish. We think this programme is a role model for how the "phenomenon Information Society" can be organised and managed, allowing it to develop according to its own innovative power, with governments providing support and a framework of rules to provide guidance.

The EU-China Information Society Project

The European Commission and the government of the People's

Republic of China have established long-standing and sustainable relations on the issues of Information Society. The Information Society Dialogue was established in 1997 and since then has provided an annual opportunity to discuss common challenges and opportunities on a high policy level.

The EU-China Information Society Project was established in 2005 as a 4 – year project with the clear aim of fostering information exchange on solutions and strategies to tackle the challenges that the 21st Century digital society poses. Europe's overarching i2010 strategy as well as specific policy areas under the headlines of e-commerce, e-government and convergence are the subjects of this exchange. European and Chinese experts work together to improve mutual understanding about best practice strategies, regional particularities, and suitable implementation efforts. We believe this form of cooperation on an expert level will help not only to foster the development of policy solutions with both partners, but will also help to create a better understanding on both sides about the respective ways of policy-making and implementation that will further deepen the relationship between the EU and China.

This series of publications which you are looking at right now is dedicated to the legal and regulatory challenges Information Society brings about. It seeks to show how the EU identified and approached the challenges, and to suggest which of these experiences may be transferable to China. The EU Commission supports this series in the belief that cooperation and dialogue based on profound expert knowledge forms the basis for the creation of an Information Society for everybody!

Nicholas Costello

First Counsellor, Development & Co-operation, European Union Delegation of the European Commission

Alison Birkett

First Counsellor, Information Society and Media, European Union Delegation of the European Commission

序言二　参考译文

信息社会：驱动社会和经济发展

从未有过像“信息社会”这样一个简短的词语，包含如此多的复杂问题和政策挑战。讨论信息社会时，我们要讨论哪些问题？市场？技术？应用？新的行为方式和社会互动？获取教育和娱乐信息的新机会？如何聪明地在信息洪流中游刃有余、居高望远，而不被淹没其中浅？

新的技术发展，如 Web2.0，以用户生成内容和网络平台，经实践证明是非常有效的工具现在已经进入专业领域。目前语义网、搜索和组织方面的技术更新，将更加启发、改变并增加我们获取知识的渠道，赋予我们更大的力量。

将来，数字文化和数字内容将更加贴近我们生活和知识的核心。因此从各种角度和意义上来说，我们都要使其开放，这是至关重要的。例如，在机构层面上，我们可以建立数字化图书馆；

在政策层面上,可以颁布信息自由法律和其他信息透明条例;在普及层面上,我们可以投入更多的精力来教育公民如何获取信息,如何从正确的角度看待这些信息,如何基于这些信息做出重要判断。信息社会是一个大众可以获得和使用信息的社会,但它的实现不是凭空而来的。

促进这一发展的新技术将对教育、医疗、行政管理产生巨大的影响:在我们生活的各个方面,新技术和组织知识的新形式,将从根本上改变我们的行为方式。应对这些变化所需的技能将成为确定谁将真正受益、谁不会受益的决定性因素。

需要强调的是,我们相信建设信息社会背后应有一个明确的目标:广泛的信息和通信资源公开,能够在经济和社会层面上使个人及整个社会受益。信息社会的目的是为了发展,但这不仅仅意味着市场的发展。新技术帮助我们应对气候变化等环境挑战,使我们能够改善老年人的生活条件;使我们能够架起桥梁,通往那些经济和地理角度上以前很难延伸到的、很难与我们的生活和市场相连的角落。我们的目标是提高所有人的生活质量。

这些可能性不仅仅是提供给欧盟相对发达地区。任何人都可以抓住数字机会,尤其是那些正处于过渡阶段的大国,如中国。中国有着非常多样性的经济和社会架构,它早已认识到,与全球经济建立更好的、可持续的联系,向服务型经济的转变是一个巨大的机会。

欧盟委员会与欧盟成员国一起制定了整合经济和政治挑战的计划,为政治、行政管理和行业产业的决策者们提供指导。此计划我们称之为“i2010战略”,它旨在建立一个真正的欧洲信息空间——一个数字化经济的统一市场;通过促进研发投资,以及通过各种政策、鼓励提升生存技能、实现全包性信息服务,从而提高ICT的效益。这一项目是基于这样一个信念,即,在一个市场开放、信息自由流动、并拥有灵活的监管、解决方案，来适应技术创新的环境，信息社会才能繁荣。我们认为这一项目是组织和管理“信息社会现象”的一个典范，使其能够根据自身的创新能力进行发展，并有政府提供的支持和规则框架作为指导。

欧盟—中国信息社会项目

欧盟委员会和中国政府，就信息社会问题方面，建立了长期的、持续的关系。“信息社会对话”于 1997 年建立，自此这一机制为高层政策人士提供了一个每年讨论共同挑战和机遇的机会。

欧盟—中国信息社会项目开始于 2005 年，历时四年，其具体目标是促进应对 21 世纪由数字社会带来挑战的解决方案和信息化的战略交流。欧洲重要的 i2010 战略及电子商务、电子政务和融合性方面的具体政策是该项交流的主题。欧洲和中国的专家们共同合作，加强对最佳实践战略、地区特殊性和相应实施工作的相互理解。我们相信，这种在专家层面上的合作形式，不仅有助于合作伙伴间政策解决方案的制定，还将有助于双方更好地理解各自的政策制定和实施方式，进一步加深欧盟与中国之间的关系。

您现在阅读的系列文章，致力于讨论信息社会所带来的法律和监管挑战，并将介绍欧盟如何判断和应对这些挑战，以及中国可以从中可借鉴的经验。欧盟委员会支持这一系列文章的发表，希望通过资深专家的合作和对话，为创建一个更好的信息社会打下基础、为每个人服务！

科斯唐

欧洲联盟欧洲委员会驻华代表团发展与合作处一等参赞

白丽珊

欧洲联盟欧洲委员会驻华代表团信息社会及媒体处一等参赞

序言三

中欧信息社会项目介绍

中欧信息社会项目是我国与欧盟在信息化领域的重要合作项目，旨在加强中欧交流与合作，通过信息化推动经济和社会发展。中欧信息社会项目是智力转移项目，从2005年8月开始，将于2009年6月结束，历时4年。商务部是项目的中方签约单位，当时由原国务院信息化工作办公室作为项目的执行牵头单位。工业和信息化部成立后，原国务院信息化工作办公室的职责划入工业和信息化部，工业和信息化部成为项目的执行牵头单位。由商务部、全国人大法工委、发展和改革委、国务院法制办、科技部派员组成了项目指导委员会。商务部国际经贸关系司原副司长柴小林、原国务院信息办综合组徐愈司长、刁石京副司长在不同时期分别担任了项目指导委员会共同主席。

中欧信息社会项目主要包括四部分内容:中欧信息化有关法律法规比较研究;信息化和电子政务建设地方示范项目,选择了烟台、邯郸、包头、阳泉、成都、西安等6个城市;信息化与电子政务培训,已经在全国20多个城市开展了信息化有关培训;高层对话与项目能力建设。

中欧信息化有关法律法规比较研究具体包括:电子签名法律法规比较研究,由人大法工委经济法室牵头;政府信息公开法律法规比较研究,由国务院法制办工交商事法制司牵头;中欧信息化法律法规框架比较研究,由原国务院信息办专家委秘书处牵头;信息安全立法比较研究,由原国务院信息办网络与信息安全组牵头;个人数据保护法研究,由原国务院信息办政策法规组牵头;在线仲裁比较研究,由国务院法制办协调司牵头;电信法比较研究,由原信息产业部政策法规司牵头;电子商务法律比较研究,由商务部信息化司牵头;在线版权法比较研究,由国家版权局牵头。由原国务院信息办牵头的有关法律法规比较研究,在国务院机构改革后,将由工业和信息化部有关司局牵头。

本系列图书主要是项目法律法规比较研究的成果。

中欧信息社会项目启动以来,开展了大量研究、研讨、出访、交流、培训等活动,得到了有关部门领导和欧盟有关官员的大力支持。工业和信息化部组建后,李毅中部长、娄勤俭副部长、杨学山副部长即对项目有关工作做出批示;原国务院信息办常务副主任曲维枝与欧盟信息社会与媒体委员 Viviane Reding 女士共同启动了中欧信息社会项目;曲维枝女士还与欧盟信息社会总司 Peter Zangl 副总司长共同出席了中欧信息社会项目年会,并做主题发言;原国务院信息办陈大卫、杨学山副主任对中欧信息社会项目总体设计、工作计划、目标成果、日常管理等各项工作做出了具体指导,提出了明确的指示要求;杨学山副主任与国务院法制办张穹副主任共同出席了项目组织的政府信息公开条例研讨会；杨学山副主任出席了邯郸和阳泉示范项目的启动仪式做主题演讲，还莅临项目办公室与中外专家座谈并指导工作；原国信办党组成员陈小筑司长出席了成都示范项目活动；原信息产业部蒋耀平副部长与欧盟驻我国代表团赛日·安博大使共同出席了项目组织的有关电信法研讨会；赛日·安博大使还参观访问了西安项目示范点。

原国务院信息办综合组徐愈司长、刁石京副司长、商务部柴小林副司长、陈汝华处长分别出席并主持了中欧信息社会项目指导委员会；原国务院信息办徐愈司长、秦海司长、赵泽良副司长、欧阳武副司长、国家信息化专家咨询委员会杨春艳副秘书长、国务院法制办刘晓光司长、卢云华司长、郭启文副司长、马森述处长、袁诗鸣处长、全国人大法工委刘左军处长、原信息产业部李国斌副司长、李长喜处长、王宏处长、商务部王新培司长、朱炼处长、国家版权局许超副司长、邓玉华处长等对有关法律法规的比较研究做出了具体指导并参与了研究、研讨工作；欧盟驻我国代表团信息社会及媒体处一等参赞白丽珊女士、发展与合作处一等参赞科斯唐先生、一等秘书丰儒狄先生、吴荔女士、项目官员易小琳博士等指导并参加了有关研究、研讨活动。中欧信息社会项目还邀请了几十位中外方专家具体承担了研究工作。

中欧信息社会项目由国家信息化专家咨询委员会方欣欣副秘书长担任项目主任，Chris Brown 先生担任专家组负责人。Thomas Hart 博士作为项目法律法规比较研究部分的主要负责专家，对项目有关研究成果的编辑修订和发表做出了重要贡献；黄蕾女士、刘博先生、徐迅女士、苏莉女士、孙平女士、张宜亮先生也都作了大量的工作。

本系列图书均为学术研究的阶段性成果，不代表政府观点。

中欧信息社会项目办公室

实现政府的透明度：为什么？ 如何做？

托马斯·哈特

透明度能够改善政府程序

世界上有一种趋势，这就是“透明政府”。全世界有70个全国和地区的政府信息公开法律或其他法律、法规和宪法修正案来履行此方面的功能，各国各地区的政府似乎达成了一个共识，即政府文件的公开是有益的。这不仅仅是西方民主国家的特殊现象，在过去的一些年里，许多处在转型期的国家也在实施全国性或地方级法规，要求政府部门改善信息公布，使具有特殊请求的公民能够获得政府部门持有的信息。

欧洲的政府信息公开

1766：瑞典	1990：意大利
1951：芬兰	1992：西班牙
1970：丹麦	1994：比利时
1978：法国	1998：爱尔兰
1980：荷兰	2002：波兰
1986：希腊	2005：英国
1987：奥地利	2006：德国

政府信息公开法

政府信息公开法本身有可能是下一步所必需的，但真正的工作则是这些法律的实施，这里才是表明是否真正愿意向公民开放政府以使其具有发言权，并改善政府与公民的关系、确保交流的通畅。

在实施法律法规的过程中，政府每天所作出的决定都应在开放的原则与法律规定的例外之间寻求平衡。对于这些决定来说，有明确的规定和指导方针，例如，哪些信息必须被认作为“个人信息”，因此绝不能公开。在其他情况中，当涉及评估某个文件是否包含了商业或贸易机密，或信息的公布是否会涉及相当高的公众利益时，决定就不那么容易做出了。这需要公务员的技能和经验，还需借助于现有的各种指导方针和以前的案例。然而，最重要的是“态度”的问题：总的来说政府部门是否在努力使政府达到最大程度的透明；管理者是否努力找到最佳方法将更多的信息公布出来，同时又不违反任何隐私规定；或者，它会做相反的事，即，将管理的工作只集中在公布那些绝对必要公布的信息部分，但努力将尽量多的信息保持在政府档案限制之内吗。

这种态度在法律规定中是找不到的。它是树立榜样的结果，它是向政府雇员解释新规定的结果，它是向整个系统及每个人的工作空间展示提高透明度所带来的好处的结果。在非常广泛的层面，这是简单的，因为提高透明度可以通过改善信息管理确保行政管理的效率，使其作为现代化的推动力（通过与电子政务平台和更先进的内容管理系统相连接）。政府流程变得更明确清晰，不良的流程能够很快被曝光，公民有更好的机会根据越来越准确而原始的信息形成自己的观点。

当然，通常要制定有关透明度的法规，目的是掌握更多的工具来改善公正性，预防滥用职权，对日常的腐败现象构成威慑力。通过更多地将政府暴露在公众监督的光天化日之下，对那些最容易出现腐败和滥用职权（如采购流程）的政府流程的问责就会得到改善，并更好地避免浪费公众的资金。

政府信息公开法也有着非常重要的优势，这个法律只能放在更广阔的背景下才能理解，即政府和市民间的关系究竟意味着什么，如何对其进行设计：透明度和问责性的提高以及随后的公开性文化能够建立起信任，使决策更具持续性和稳定性。在决策流程早期通知公民，使其参与进来，这意味着更在意公民的意见——这样做的回报是，公民为决策流程做出建设性的贡献。总的来说，人们希望参与到对其产生影响的决策当中。因为他们可能会受到影响，所以，他们经常会贡献出宝贵的知识和经验，帮助政府决策者结合公民的知识来改善自己的决策。

透明度法规的设计原则

如上所述，政府信息公开法和相关法律的规定能够有助于态度和

关系的改变。基于国际经验，为了能够实现这一点，法律法规需要

- 说明获取公共部门文件档案的普遍权利的原则
- 明确而毫不含糊地表述此原则的例外情况
- 避免向公民收取信息申请费用
- 规定清楚和相当短的回复时限
- 制定解决申请信息的公民与管理部门间争议的机制
- 明确界定与其他相关法律法规的联系

从程序层面上看，这需要管理方面的努力，从长远角度对政府工作的许多方面进行重组，从短期角度引进新的流程来管理信息申请和信息公布。更长期的工作主要与信息组织、处理、存储和归档的方式有关。先不考虑任何透明度方面的法规，任何政府机构（或任何组织）的理想状况当然是根据共同的原则，对机构现有的所有信息进行整理分类，使其能够被快速而便捷地搜索和读取。传统的填表和归档系统是基于这样的理念，即，只有纸张形式的文件是真正的信息，这种观点已经过时并被巨大的挑战所替代，这个挑战就是寻找方法，将信息管理的技术中立（technology—neutral）方式整合起来：如何将计算机或便笺上的信件和电子邮件、电子和纸张文件、Firefox 书签和悬挂文件夹、短信、备忘录整合起来，使人明白哪些信息共同组成一个"案例"或一个"流程"。虽然这个问题总的来说是政府现代化的问题，但它是为新责任的引入所强力推动的，使政府透明，根据请求提供存档的信息—— 这就意味着能够找到这些信息。

透明度的实施是一项管理任务

为了实现这一点，政府的"商业流程再造"工作涉及一些主要的

需求：

- 分配任务和责任：这项现代化流程的责任必须掌握在政府部门内部的某个人或单位手中，这个人或单位不仅有管理此项复杂流程的能力，还有必要的权力在整个组织实施变革。例如，对信息申请的答复是由收到此申请的单位或者个人来处理，还是由部门的一个中心机构来的处理，这个决定应统一来做——同时还需要统一实施，这样，每个公务员都会了解流程和领导系统。
- 通过强化培训来分散工作：训练有素的管理员能够直接和有效地处理信息的申请。获得评估某个信息是否构成贸易或商业机密的能力是要付出代价的，即强化训练和不断获得相关案件的信息，公务员知识的更新。同时还需要组织拥有能力和意愿，将这类权力下放给个人，这在欧洲官僚机构中有着很好的传统，但在某些更具等级化的领域中需要态度的改变。
- 将电子政务用于主动交流中：网站上已有的信息可避免因个人的申请而带来更多额外的工作。当前，所有政府部门正在努力改善自己的电子政务在线服务，不仅努力将其信息放到信息平台上，还努力在在线环境中建立尽可能全面的交易和互动，在这种情况下，透明度法规和程序必须与这些努力保持同步，以建立一种高效而廉价的信息传播方式。在线门户网站不是为每个人的，但正如政府必须建立一个向公民提供信息和服务的综合性多渠道（在线＋离线）战略，透明度战略也必须使用所有现有的渠道以取得最大的效益。
- 评估业绩，共享经验：涉及的每个人都要能够接触以往案例的数据库和搜集，模板示例，指导方针和实施辅助，这会带来极大的好处，因为它们代表了处理有关透明度规定各个方面的综合知识。如何评估机密、如何将这些经验与公共利益相平衡的经验以及争议解决流程的概括图表——每个人都可以对这样的资源库做出贡献，这方面最具相关性的示例和信息由部门 FOI 专家总结出来，这一资源库可在全国范围建立，以确保实施中最大的一致性。

向政府信息公开的最佳实践迈进

国际经验表明，过去一些年制定的一些形式的"最佳实践法律"与新法律或规定中包含的条款是相当一致的：通常，政府信息公开的申请是不收费的，或规定了可收取的最高费用，以避免行政管理部门利用收费来吓跑申请者。同时，法律中还通常规定了时限，规定行政部门多晚必须答复政府信息公开的申请。这种期限通常为 15 至 20 个工作日，一些例外的情况下为 60 天。

所有的法律或法规都有一个特定的部分，说明哪种信息不受透明度原则的限制，某些情况下，法律法规列举了现有的其他批准政府信息公开的法律法规（如行政程序法，环境信息法等）及限制政府信息公开的法律（国家保密法，数据保护法等）。大多数情况下，有关法律对因信息公开而产生争议的处理程序作出了规定。这很大程度上依赖于国家的行政管理习惯，有的会导致向行政法院上诉，有的则会建立新的机构来专门处理纠纷。

国际上，涉及政府信息公开法的各种案例中，有两个方面需要特别注意，因为它们代表了这些法规背后的原则：

- 谁会申请信息：我们假设，政府内部所搜集的信息已经属于公民，已通过收费和赋税的形式支付了制作、收集的费用；公民是整个政府机构的共同出资人;从非常基本的层面上来说,已经首先向公共部门赋予了由其代表公民工作的权力和理由。基于这些假设,你会问,“谁会申请信息”的问题是什么意思？从逻辑层面上讲,此逻辑会导致这样的结论,即只有“属于”这个政府的公民(通过成为国家的国民或至少是居民)才有权利获取此政府掌握的信息。然而,以此种方式限制政府信息公开则会充分说明政府一方缺乏真正改善公开水平的努力。

- 申请信息的理由：然而,以上提到的仅将信息的公开限制在公众的某些群体的做法有着更为实际的问题。如果严肃对待的话,政府信息公开法对举证责任作了改变:现在再也不是公民需要证明他或她有获取信息的权利(如大多数行政程序法中所说的)。而是政府需要证明其有理由不去公开信息。公民没有举证责任,这就意味着没有必要说明申请信息是为了何种目的。甚至许多人说,公民一方只需提供联系方式,以确保能够收到所申请的信息,除此之外再没有其他义务。这就意味着公民国籍的问题将不适用了,因为没有理由问公民的国籍。

虽然这些观点听起来可能有些抽象,但实际上它们在表明政府向人民公开信息时的认真程度时则是非常重要的。为透明度法规的实施设置多种障碍,限制其实施的范围,这明显表明没有追求透明的愿望,而只是感觉到这是一种义务。带有这种态度的政府信息公开法律是没有意义的,不管它们在文字上是否满足了最佳实践的标准。

我希望透明吗?

当考虑如何从非透明的、传统式的暗箱操作的政府模式转为以市民为导向的透明的服务型政府时,与公务员之间的交流及对他们的培训就成为成功的主要因素。对目前此部门或本人还未能做到以公民为导向这一事实的认识是必须走出的第一步。有一个简单的自我评估测试,这个测试使管理者身处解决公民问题的实际环境中。

下面的信件示例(如示例 1 所示)显示了这样的挑战:即使在最佳的情况下,政府信息公开申请得到了明确的定义和表达,此请求看起来像是应当完成的工作。问题是:如果我是城市政府内的负责受理申请的人,我对此信件的第一反应会是"我不知道这个信息在哪?看看我是否能很快做出答复吧。"或"讨厌!我不知道他为什么需要这个?他认为我们在浪费公众的钱吗?"毫无疑问,后一种反应非常自然,这在全世界各地都可以看得到。然而,考虑如何向一个公务人员解释这种请求是他的工作所自然包含的一部分,并没有附加什么问题和圈套,满足公民的知情愿望应像他日常工作的其他部分一样自然,这正是一个起点。这不大容易,但这是事关态度改变的问题,而态度的改变不是一个培训课、或一个月甚至一年能够完成的。

示例1

发信人：

托马斯·哈特博士

法规专家

中欧信息社会项目

紫竹院路66号赛迪大厦6层

中国北京海淀区，邮编100044

办公电话：+86（10）8855 8060 ext. 34

西安市政府历史遗址保护部门

主题：根据中国《政府信息公开条例》提出的政府信息公开请求

先生/女士：

根据中国《政府信息公开条例》的规定，我希望获得以下信息：

2006年和2007年西安市用于兵马俑的维护与运作的费用有多少？

2006年和2007年西安市由于兵马俑的销售门票和其他的一些相关的由市政府组织的活动所产生的收入有多少？

请提供请求信息的相关内容的电子版发送到我的邮箱地址：thart@eu-china-infso.org.

非常感谢！

托马斯·哈特

即使对公民申请有一个普遍的接受和了解，但大多数请求并不像第一个示例中那样清楚，而是混乱的描述；在这种情况下，工作人员在第一阶段就是要搞清楚申请者实际要寻找的是什么（如示例 2 所示）。这就意味着使服务的理念更进一步：考虑如何帮助公民更清晰地描述自己的问题，将此人指向正确的机构处，同时并不把此工作看作是麻烦事，而是公民的合理请求。很显然，这是一个不小的挑战。

示例 2

发信人：

托马斯·哈特博士

法规专家

中欧信息社会项目

紫竹院路 66 号赛迪大厦 6 层

中国北京海淀区，邮编 100044

办公电话：+86（10）8855 8060 ext. 34

西安市市长先生：

敬爱的市长先生：

兵马俑对我们城市来讲是带来赢利还是有所损失呢？

谢谢。

你的老朋友

托马斯

实施中的挑战

通过与世界各地的信息自由方面的专家和实践者的讨论，以下的挑战似乎是实施法律和法规时需要关注的：

- **公开目录**

不是所有的法律都包括了制定和公布公开目录的职责，但当这种职责存在时，它为管理部门制定综合和协调性的公开目录和计划带来了沉重的负担。

尤其需要做出以下方面的决定：此目录是否应涵盖所有的官方文件，是否应该提供已有的文件分类，或者信息的实际内容是否已在公开目录中做出了描述。需要明确公开目录是否描述较为大众化的信息，或者还包括信息注册，对现有的信息进行详细描述。

- **申请程序**

通常法律不明确规定谁实际处理一个信息请求，谁对此作出答复。从内部来讲，有必要制定一个明确的方案，对每个公务员进行与方案相关的培训，以避免错误的通信模式和耽搁。以下是德国柏林在此方面的方案示例：

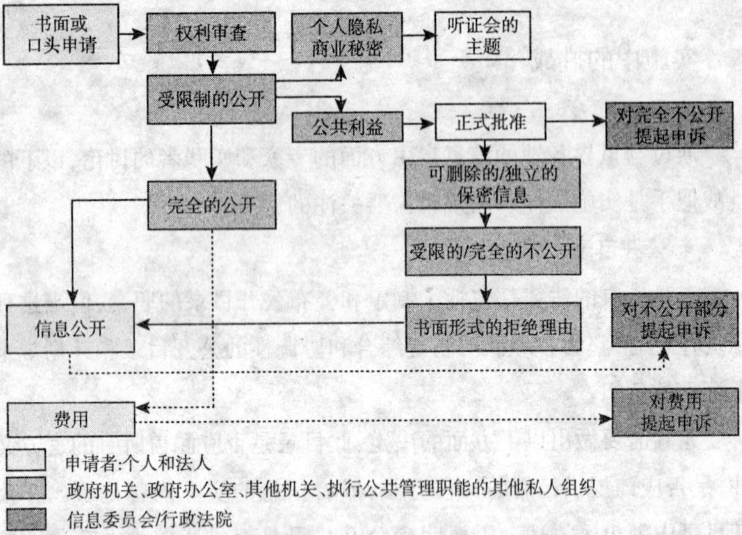

正确处理一个申请的流程涉及这样的要求,即确保申请是清晰而具体的,在必要的情况下要建立一个反馈机制来要求申请者进行澄清。在现代的记录管理系统中,还有可能为信息请求建立一个跟踪记录,对提交、处理和答复的每个阶段进行记录。例如,这其中包括将申请的证据保存在需进行咨询的第三方处,或某些信息的搜集需得到其批准,例如,如果涉及商业机密。

- **评估机密**

商业机密的公开通常需要进行公众利益的测试,表明公布一些信息所涉及的公众利益大于一个公司对其保密所获得的利益。通常此信息的公布附有受影响公司的明确的同意,很显然,这种同意以前是很难获得的。这是处理信息请求时最复杂的阶段,因为这意味着要对价值进行平衡,而这些价值的范围和大小是很难评估的。这需要高技能的管理者以及具体的工具,如检查表和指导方针,以对决策流程提供支持。

判定存在商业机密的指标是：

- 只有在相关事实能给其所有者带来合法的经济利益时商业秘密才存在，而且该事实必须与商业经济活动有关，被少数人所知道，并且被公认为应该保密。
- 该机密必须跟一个企业相关联：这可以被认为它是不能为“一般专家”自由获知的商业知识。
- 该秘密依然是秘密，保守秘密的愿望对于所有涉及人员都很明确。

还有一些更实用的指标，如：

- 通常不为有关的公众所知晓。
- 为持有人带来某种经济收益（此种经济收益必须在保守秘密的条件下方能获得，而仅靠其信息本身的价值并不能实现）。
- 乃是付出合理的劳动使之不致向外泄露的对象。

虽然这些指标有助于系统的分析，但搜集相关数据仍是一个复杂的工作，通常需要很多时间与可能受影响的当事人进行沟通，受影响的当事人只能透露尽可能多的绝对必要的信息，因为这事关他们的利益。

这些只是那些引入透明度法规的每个国家行政管理部门需面临的一些挑战的例子。但即使一些国家或地区有着很长的政府信息公开法律的历史，他们仍面临着共同的挑战和任务，这从有关国家的信息专员年度报告或有关此类法律经验的经常性评估中可见一斑。

- 缺乏知识和理解：总的来说，这些法律并不为人所知。通常广大群众要用很多年才能充分认识到此类法律的存在并频繁行使所涉及的权利。这种情况也适用于行政管理部门。大多数政府部门很少见到信息申请，即使他们看到了申请，他们也许会不清楚他们根据政府信息公开法应承担什么职责、实施什么流程。因此，在法律建立以后很长时间，政府提高公民和公务人员的认识就成为一项主要任务。

- 工作量评估：许多讨论会提及实施政府信息公开法以后会带来额外的工作流，但几乎没有任何量化的数据。为了为有关增加的必要工作量和资源的讨论提供客观的基础，有必要建立一个统计系统，清楚显示法律实施后减少了哪些工作以及哪些额外的工作需要更多的人员或技术。
- 合理的收费系统：由于大多数法律对行政管理部门对某些信息公布收取一定的费用提供了一定的余地，因此，有必要确保这些费用不会作为申请公开的一种障碍。透明度可以施加压力，使行政办法不会滥用设定费用的权利，因此，在这方面可以有所帮助。

政府信息公开法检查表可以抛砖引玉

政府信息公开法必须满足一些系统的标准来实现其目的。这个目的就是确定公民获取“自己”信息的无可辩驳的权利。同时，这个权利的范围还不能扩展得太广，以至于威胁那些值得保护的社会价值（尤其是安全性、保护私人信息的个人权利以及财产权）。

为了此目的，我们制作了“信息自由检查表”并附在下面：试图客观描述法律中要求的强制性部分及实施法律的步骤；作为对某些部分可行性进行讨论的素材；说明最具争议点在其他地方已经讨论过并圆满解决。

或许这些“最佳实践功能”不是有效的。这些观点基于在现有政府信息公开法律方面的经验，其中的大多数是过去几十年里西方民主国家建立起来的。在社会政治背景不同的国家，一些建议可能不适合。另一方面，如果政府信息公开法规应完成其作为现代化的驱动力和打击腐败和滥用职权的工具的目的，那么，采用其中的一些观点也许不失为一个好的主意，即使这些观点与当地行政部门内的现有程序相矛盾。或许是因为当地行政部门内的现有程序的原因导致了不透明性、缺乏与公民的沟通以及创造了滋生腐败的环境。毋庸置疑，政府信息公开严重挑战了传统的流程，但我们应张开双臂迎接这一挑战。

此检查表当然不能做到完全客观，它是基于价值观和判断而编制。然而，从一个人需要做出明确决定的角度来看它又是客观的：对于透明度体制的设计者来说，他们需要决定是否希望（比方说）“每个人”拥有获得信息的权利，或仅限于“每个国家公民”。此检查表力求就一些人认为的最佳实践给出建议。

当检查现有的法律或法规时，可在方框中打钩，确认某个最佳实践功能是否具备了——然后可以讨论这一缺失的功能是因为疏忽（因此可以在实施流程中进行“修补”）或是因为某一功能将迫使政府实施的透明度超出了法律制定者认为的适宜性范围。在大学研讨会及与参与起草法律的政府代表的讨论中，人们认为此工具可以抛砖引玉，启发人的思考。要向此工作中不断输入新的观点和看法，这样就可以对新的发现和经验进行考虑，进一步提升此最佳实践参考模型。

检查表

			对一部具体法律或法律草案进行等级分类：		
政府信息公开法应该……	对法律的意义	评论	未满足	未涉及	满足
• ……承认公民普遍拥有信息获取权这一原则。	• 信息获取权不涉及申请者对行政事务的个人兴趣。				
	• 信息获取权不涉及申请者对信息进行有意图的使用。				

续表

政府信息公开法应该……	对法律的意义	评论	未满足	未涉及	满足
	• 信息获取权不涉及申请者的国籍。				
	• 个人和合法的组织都有权提出信息获取要求。				
	• 原则上，信息获取权可以指向行政举措的所有方面。	可以想见，立法中可以附列信息获取权所涵盖的许多机构（并定期更新）（⇒见加拿大）。			
	• 信息获取权最低限度是指向立法部门所有单位的行政活动。				
	• 信息获取权最低限度是指向司法部门所有单位的行政活动。				
	• 信息获取权涉及有关行政管理者财政活动的所有可得信息。	还涉及跟私人方的商业关系。			
	• 信息获取权也指向企业（如，国有企业）所执行的政府/公共服务任务。	如果这些任务并未涵盖在内，那么通过组织私有化和外包就可以将信息获取申请的重要方面排除在外。 由于主权任务属于行政部门的管理范畴，因此私人主体需要遵循该法，遵循程度视其被要求完成主权任务的程度而定（⇒见匈牙利，柏林/德国）。			

续表

政府信息公开法应该……	对法律的意义	评论	未满足	未涉及	满足
	• 信息获取权指向权威政府机构掌握的所有文件，不管这些文件的来源如何。	文件是由其他机构创制的，这不能成为拒绝信息获取要求的基本理由。该法必须突出"功能范围"的特点（⇒见南非）。			
	• 信息获取权还指向所有信息，不管信息呈现为何种形式。	信息获取权指向的文件不能限于只能以某种特定形式（如，电子版本）获取、或是属于某个特定类别（如，"文档"）的文件。应该避免理解为"文档检查权"。			
	• 公民有权以所希望的形式获取要求获取的信息。	在大多数情况下，对信息的当场获取权是无法得到充分满足的（由于受版权保护，有些信息可能免于被获取），应该从宽泛的角度来阐释"信息获取"的概念。对于特定形式的信息获取要求（如，CD－ROM 形式）所产生的额外支出都必须单独收费。			
	• 原则上，信息获取权指向当前以及完整的行政管理过程。	公民对当前的决策制定过程尤其感兴趣，他们还能对其产生一定的影响。为此，必须规定不能在决策制定过程中冒巨大风险（⇒见北莱茵/威斯特法伦/德国）。			

续表

政府信息公开法应该……	对法律的意义	评论	未满足	未涉及	满足
	• 为了获取信息，对所要获取信息的内容描述必须充分。	不必要指明信息的具体标识（如，文档编号）因为大多数公民对政府内容编号系统并不熟悉。			
	• 政府机构必须公布并更新库存信息清单以及导航帮助，以便满足征询者对特定文件的获取要求。	（⇒见北莱茵/威斯特法伦/德国）			
	• 当第三方获准拥有对信息的商业使用权时，公众必须依然拥有对这些信息的获取权。	商业投标人掌握信息的独家使用权或者说垄断信息使用权，这违背公民对信息的获取权。			
• ……简洁明确地界定免予遵循这项原则的例外情况。	• 该法不可以将针对整个领域、机构等的任何跨界的例外情况涵盖在内。	甚至像提供秘密服务的机构、军队等在不影响保密规定的前提下可以在行政部门获取信息，事实上这些机构因为大规模缩减往往有非常大的浪费。			
	• 该法必须包含一些具体原则，从而把针对例外情况的规定引向遵循免费获取信息的原则。	对于每一种例外情况，行政部门都必须保留选择权，即可以做出有利于公民（根据每一种具体情况）的选择。这就意味着针对例外情况的规定必须是一种选择，而不是一种义务。			

续表

政府信息公开法应该……	对法律的意义	评论	未满足	未涉及	满足
	• 法律还必须允许以删减的形式提供信息。	如果一份文件中包含可以拒绝公布的数据，那么必须考虑是否可以对这份文件进行编辑（也许是涂黑某些段落、名字等）之后再加以公布。			
• 不以高收费来阻止公民提出信息获取要求。	• 只有当提供信息产生额外成本时才可以向申请者收费。	举例：复印费用、复印材料、空白 CD。纯粹的电子格式（互联网、电子邮件）不产生额外成本。 这也表示，如果获取要求被拒绝则不能提出收费。只有在经证实的例外情况下，才可以收取因搜寻或编辑信息所产生的部分人员成本。 原则上处理信息请求必须成为政府工作的一项自然的任务，因此处理信息请求并不是额外的工作。			
	• 根据针对例外情况的有些规定，可以全免收费。	在需要收费的情况下，必须考虑到申请者的信息获取要求所涉及的一些特殊因素：支付能力、所要求获取的信息损害公共利益，等等。			

续表

政府信息公开法应该……	对法律的意义	评论	未满足	未涉及	满足
	• 不应由于信息获取要求者的目的和动机不同而对其实施不同的收费。	由于人人都具有相同的信息获取权，不管信息获取要求者是否对信息进行商业使用，都不应加以区别对待（政府部门不应首先询问获取动机）。如果公司想要建立特殊基础设施以更顺畅的获取信息（如专门的软件传输和更新地理信息，这些额外的费用将由申请者支付）。			
	• ……设定方便申请者的要求处理时限。	一旦接到信息获取要求，就要尽快确认（如，在两个工作日内）。			
	• 最长的处理时限应该是接到征询要求后的30天。				
	• 假定申请人不同意延长处理时限，超出最长处理时限即视为拒绝获取要求。	如果获取要求遭到“拒绝”，申请者可以向获得授权的信息自由代表（“信息专员”）或法庭提起申诉。			
• ……制定明确的机制来迅速解决纠纷。	• 应该设立一位独立的全国信息专员，负责解决纠纷。	信息专员是否有权力决定案件的判决还是只充当监察员和顾问角色，而判决取决于国家行政审议制度。			

续表

政府信息公开法应该……	对法律的意义	评论	未满足	未涉及	满足
	• 这位专员有权检查被拒绝获取的所有文件。				
• ……系统性地跟其他法律建立联系。	• 明确规定跟其他法律的关系。	原则上，政府信息公开法应该对其他规范信息获取的规定形成补充。对于被其他法律中的分类规定拒绝的获取要求，政府信息公开法应该明确说明（“符合政府信息公开法的获取要求除外”）。 政府信息公开法最好附随拒绝信息获取的完整规定。这使规范例外情况的应用法规在政府信息公开法中更能清晰显现。			
• ……建立评估机制。	• 至少每年出具评估/实证报告。	必须始终收集联邦信息专员的活动、内部机构处理的实证结果、被使用数据等方面的信息，以便应对出现错误的任何趋向。为了确保报告的权威性，应该要求行政法院将所有裁决都通报联邦信息专员。			

附随的衡量标准

制定立法十分重要——但更重要的是实现从非透明政府到透明政府这一飞跃的政治决心。这种决心在法律的执行过程中显得比法律本身更为显著。
这部法律并不一定要达成在此附随的所有衡量标准(在某些情况下,这甚至是不可能做到的)。但这些衡量标准应该作为计划执行的一部分,要随着该法的通过差不多同时呈现。

在执行政府信息公开法的过程中,必须注意:	对法律的意义	评论	未满足	未涉及	满足
• 制度锚定。	• 必须为政府信息公开法的执行配备充足的资源。	行政部门和联邦信息专员必须获得适当的资源。			
	• 每个政府机构都必须指定一名内部信息专员。	当事务的处理人员不确定信息是否属于例外情况时,他们可以求助于一位受过训练的中央联系人。这位专员充分了解该机构的决策层级以及信息获取的合法性,因而能够为他们提出下一步如何走的建议。			
	• 决策制定流出和权威机构是被分散的。	明确规定行政部门内部的员工具有决策制定权。决策渠道尽可能短。接收到信息获取要求的人员可以独立回答绝大部分信息获取要求。当信息征询要求到达内部信息专员那里时,决策制定者应该已经做好决定了。			

续表

在执行政府信息公开法的过程中，必须注意：	对法律的意义	评论	未满足	未涉及	满足
	• 创建一个目录，为处理政府信息公开法征询要求的人员提供指导。该目录表明信息按照何种情况进行分类，以及在何种情况下不应为公众所知。	(⇒见南非、美国)信息专员和法院必须能够审查信息分类的正确性。			
	• 允许法院对争议文件做出秘密裁决。	跟信息专员一样，法院也必须获得调查分类文件(单方陈述)的权力，否则就无法对争议作出评估。			
• 信息和培训。	• 政府机构中的内部政府信息公开法专员定期接受相关培训。	中央政府协同中央信息专员对政府机构中的内部自由专员提供定期培训，使其了解法律的变动情况和实用体验。			
	• 政府机构中所有涉及人员都应该获得信息材料：在理想情况下，他们也要接受有关信息获取处理和执行步骤的培训。				
	• 对国内和国际经验进行系统性的收集和评估。	在中央专员的办公室建立这样一个知识中心可能十分有益。			

续表

在执行政府信息公开法的过程中，必须注意：	对法律的意义	评论	未满足	未涉及	满足
	• 发起一场信息运动。	必须让人们了解他们拥有信息获取权。此外，他们还必须知道如何行使这种权利：他们可以联系谁？他们可以在哪里获得标准的申请表？哪些信息可以获取，而哪些不能？出现冲突的话可以怎么做？			
• 运用电子政府——积极沟通。	• 必须为所有最新生成的文件制作电子版本。				
	• 经常收到获取要求的一些较旧的文件也必须提供电子版本。	（⇒见美国）			

像检查表这样的工具会带来一定的危险：他们提出创造"完美"的政府信息公开法规的可能性，或者法规得以完美的实施，但这两者当然都是不正确的。每一个国家和地区在起草和实施过程中了解各自具体的政府工作过程是非常重要的——并且要度身定造具有透明度的法规以适应每个特定的，有各自程序、习惯、传统和需求的政府。

像这样的检查表，其修改和迭代需要由学者和专家来完成，作为一个参照点和一个出发点来思考即将到来的挑战。所有这些问题已经被问了很多次，已经在很多地方被回答了很多次。如果一个国家如中国，拥有庞大而复杂的政府结构寻求实施本国有关政府透明度的法规,决策者和专家们将再次需要考虑到这些问题并找到自己的答案。大量的国际经验将会对这些问题提供支持,检查表和本书都是基于这些经验之上,对中国背景下的一些相关问题进行了分析,希望可以支持寻求有关答案。

目录

研究报告

研究报告

1 导 言

1.1 关于本报告

1.1.1 报告的目的和致谢

这份报告描述了欧盟成员国及中国政府信息公开法制的现状,研究的重点在于可能引起中国立法者兴趣的若干方面。报告的目的是,鉴于中国《政府信息公开条例》(以下简称"条例")将于2008年5月开始实施,希望能从欧洲提取有价值的经验和实践做法。因此,这份报告将包括有关政府信息公开实施和培训的大幅章节。

经验表明,当政府开始扩大政府信息公开的路径时,一方面要采纳在其他地方行之有效的最佳做法,另一方面则要创制出适合本国体制和文化的机制,在这两者之间要保持一定的平衡。包含在这份报告中的任何特定内容都并不意味着已得到中国立法者的肯定,而只是表明相关问题值得调查和研究。

为了准备这份报告，我们着手对欧盟成员国的最佳实践范例进行了调查，开展了包括其他类似调查在内的广泛研究，并且向所有成员国负责此事务的行政机构发出了调查问卷。尽管并没有收集到所有成员国的情况，但作者努力在广泛的、具有相关背景和利益的行政机构中，向中国负责实施条例的机构和人员提供相关范例。为了便于检索及翻译，研究素材被明确地限定于网上可得的英文文件。如果在某些主题未予充分阐释，建议读者查询脚注和求助于为本次项目所建立的丰富的资料库。

由于这份报告是由工作语言分别为中文和英文的团队合作写成，中方专家为吕艳滨博士，欧方专家为梅甘·卡特（Megan Carter）女士，因此，不同章节中可能明显存在写作风格上的差异。翻译工作由吕艳滨博士领导，其成员包括宋华琳博士、苏苗罕博士、江菁博士、杨莉女士等。本报告最终由吕艳滨博士统校。

1.1.2　报告的框架

本报告各章以政府信息公开法制的实施（implementation）问题为中心，涵盖了政府信息公开法制的若干具体方面。报告将介绍欧盟和中国的现状，并着眼于借鉴欧盟的经验和最佳实践做法。每一章都在研究的基础上，将研究主题与中国《政府信息公开条例》的实施相联系来进行相关评论，并提出建议。

第1部分包含对欧盟政府信息公开法制的简要概述，其中包括了几个汇总表。该章还考察了中国政府信息公开制度的历史，描述了中国《政府信息公开条例》的立法历程和主要特征。

第2部分涉及的是政府信息公开的处理费用（fees）和成本费用（charges）。欧盟的经验包括，如果公民提出了申请，或者政府为搜索信息所花的时间以及提供不同形式的复件方面付出了成本，则申请人需要支付的费用是固定的。《政府信息公开条例》的相关条款也被予以讨论,然后提出了在处理费用和成本费用方面最佳选择的建议。

第3部分的主题是政府信息公开的体制结构。该章描述了欧盟国家中政府内部和政府之间有关政府信息公开的几种管理结构模式,包括中央机构和复审机构的作用和职能。考虑到中国的组织结构,该章各节详细地讨论了监督、纠纷解决和救济体制。

第4部分讨论了有关实施政府信息公开之前和之后都需要开展的培训的模式。该章考察了欧盟的最佳经验以及中国目前向政府官员提供培训的体制,并提出了一些建议。

第5部分全面地讨论了政府信息公开法制的实施问题,其内容包括基于整个欧盟成员国的最佳经验而描绘出的一个实施计划大纲,以及对中国最合适选择的建议。

第6部分是对中国《政府信息公开条例》的进一步评论,包括对一些领域的建议,这些领域需要更详细的规定,无论是采取补充规章的形式,还是采取政策/程序手册的形式。

这份报告的附录包含了读者需要更多了解信息时可能会用到的辅助参考材料。

1.1.3 未来需要进一步研究的领域

在准备这份报告的过程中,我们还对其他问题产生了兴趣。在可能的情况下,我们已经研究了这些问题所涉及的资料并将其包含在已经计划好的章节之中。但肯定有一些问题需要在进一步的研究之后才能结出丰硕成果。这其中,最值得进一步研究的是:

- 在做出政府信息公开决定,特别是在因为诸如商业信息和个人隐私而决定不予公开的时候,所应适用的方法和指导方针
- 政府信息公开法律与限制信息公开的法律(保密法)之间的相互关系

- 多个政府机构处理政府信息公开申请时的协调机制

这份报告的最终版本可能还会提出其他一些问题，这是可以理解的。我们将感谢并接受所有对进一步研究所提出的要求。

1.2 “FOI”术语的使用涵盖了所有类型的政府信息公开

这份报告涉及“获取政府信息(access to government information)”这一主题。为了方便起见，报告中将使用“Freedom of Information”或其简写形式“FOI”作为所有给予公民获取政府信息之权利的政府信息公开体制的简略表达形式(在中文翻译中，“access to government information”、“Freedom of Information”和“FOI”都可被译为“政府信息公开”——译者注)。

宽泛地讲，政府信息公开本身涉及的是给予公民权利，允许其向政府提出要求获得相关文件的申请。这些文件可能包括、也可能不包括他们本人的个人信息；在一些国家，个人信息的问题是由数据保护(Data Protection)体制来处理的。政府信息公开法律可能要求政府事先发布特定的信息，对于这些信息，公民不需要提出正式申请就可以获得。

1.3 欧盟成员国政府信息公开法制概述

欧盟成员国的公民可以通过很多途径从政府那里获得信息，其中的一些途径已经依照欧盟指令(EU Directive)的要求得以建立。因为它们都要实施这些指令，所以，在整个欧盟范围内，这些领域中的机制都非常相似，其中最值得注意的例子是：

- 数据保护

- 环境信息公开(Access to Environmental Information (EIR))
- 政府采购信息(Public Procurement Information)

有关这些指令的详细内容请见下文1.3.3。

相反,欧盟并没有在政府信息公开方面发布过指令,在不同成员国中,政府信息公开制度的历史也大不一样,瑞典于1766年最先开始实施政府信息公开制度,而德国到2006年才开始实施。尽管有关政府信息公开的核心观念在各国大体一致,但各国在相关细节、组织结构、申诉的权利等方面都存在差异。因此,要考察欧盟成员国的政府信息公开法制,首要的就是要考察欧盟各国在这方面各自不同的实践情况。我们要考察的对象是在相对较近的时候才确立了政府信息公开体制的国家。

到2007年止,在27个欧盟成员国中,大多数国家的政府信息公开实践都彼此大相径庭。根据巴尼萨(Banisar)2006年对欧盟政府信息公开实践的总结,"如今,尽管按照国际上的标准,意大利、希腊和西班牙三国相关的法律被认为比较薄弱,但只有卢森堡、塞浦路斯和马耳他三个国家在政府信息公开方面没有颁布一部全面的法律"。[1] 尽管马耳他最近发布了一个白皮书,并建议制定政府信息公开法案,但在这份报告的讨论和图表中,这三个国家将被排除在外。

1.3.1 欧盟国家多样化的行政背景

欧盟成员国政府信息公开制度的实施和程序是嵌于每个国家历史生成的行政体制之中的,这一点与中国并无二致。瑞典主计局

---

〔1〕 大卫·巴尼萨:"2006年世界范围内的政府信息公开法制:对政府信息公开法的一个全球调查",载《隐私国际》,2006年(Banisar, David, *Freedom of Information Around the World 2006: A Global Survey of Access to Government Information Laws*, Privacy International, 2006)。

(Statskontoret,瑞典的公共管理机构)的一项研究——"欧盟成员国良好行政的原则(*Principles of Good Administration in the Member States of the European Union*)"[1]确认,"欧盟成员国(至少)有4种行政法律传统"。[2] 主计局所说的4种传统如下:

- 在具有"行政中心主义传统(administration-centred tradition)"的国家中,"作为政府使行政有效运行的一种工具",法律部门中有特别的(通常也是独立的)行政法。法国是这种传统的源头,另外,还有一些欧盟成员国将法国视为它们法制建设的模板。
- 相反,具有"个人中心主义传统(individual-centred tradition)"的国家趋向于只拥有一套(普通法)司法体制以处理所有类型的案件,而不管案件是否是行政案件。这种传统可以在具有盎格鲁—萨克逊(Anglo-Saxon)源头的国家中找到,比如说英国这样的国家。(这种传统的效果也可以在美国找到,在美国,一些法学家认为,法律的目的在于防止政府干涉个人。美国并不属于本次研究的范围之内,只是在说明这种传统的一种极端例子时会被提及。)
- 在具有"立法者中心主义传统(legislator-centred tradition)"的国家中,民选代表在程序设计方面发挥着积极的作用,行政人员只是遵循他们的指示实施各种程序。具有日耳曼历史

〔1〕 瑞典主计局(瑞典公共管理机构):《欧盟成员国良好行政的原则》,2005年(Statskontoret (Swedish Agency for Public Management), *Principles of Good Administration in the Member States of the European Union*,2005)。在线地址见:http://www.statskontoret.se/。

〔2〕 前引瑞典主计局(瑞典公共管理机构):《欧盟成员国良好行政的原则》,第74页及以下。

的国家以及以前属于奥匈帝国一部分的新成立的国家，都遵循着这种传统，将立法者的地位置于行政人员之上。

- 具有“监督专员中心主义文化(ombudsman-centred culture)”的国家中，有一个为民众说话的重要职位(被称为“监督专员”或其他什么合适的名字)，他们有权处理一国中无论高低、无论类别的行政机关中产生的行政问题。在这种机制牢固建立的斯堪的纳维亚国家中，他们被认为能够防止“争讼文化(litigation culture)的发展”。

而关于欧盟自身的行政体制，瑞典主计局的研究指出：

“事实上，这几种传统中的任何一种都无力独自代表任何一个国家。在一国中，某种传统可能占优势，其他几种则可能起到次要作用。在欧盟的层面上尤为如此，欧盟已经产生了属于其本身的特定混合传统。尽管欧盟的行政体制最初是以法国体制为模型的，但后来的发展导致其在行政程序中更为重视个人权利，而后来，在《马斯特里赫特条约》之后，一种主要着眼于与不当行政作斗争的独立的监督专员制度又对欧盟行政体制产生了影响。”[1]

所以，在研究欧盟成员国的政府信息公开制度时，我们必须时刻牢记，每个国家的政府信息公开都是植根于各自国家的政府文化当中的。评论各国的实践需要考虑它们各自的文化因素，并且还要考虑到，与中国庞大的人口数量相比，欧盟国家在人口数量方面的巨大差异(欧盟成员国的最新人口数据可见图表1.2)。

1.3.2 欧盟国家政府信息公开法制的历史

欧盟国家中，瑞典是第一个实施政府信息公开制度的国家，时间

〔1〕 前引瑞典主计局(瑞典公共管理机构)：《欧盟成员国良好行政的原则》，第76页。

是1766年，当时瑞典颁布了《新闻自由法案(Freedom of the Press Act)》[兰博论证了政府信息公开的理念是如何部分地来自于中国模式，即一位名叫安德斯·屈德纽斯(Anders Chydenius)的芬兰牧师在中国模式的影响下起草了瑞典的法案。[1]]。自那以后，欧盟各国纷纷确立了各自的政府信息公开法制[如下表所示，图表中的年份是法律生效(而非法律通过)的日期]。

图表1.1 政府信息公开在欧盟成员国中的实施[2]

政府信息公开立法生效年份	欧盟成员国名
1766	瑞典共和国
1951	芬兰共和国
1970	丹麦王国
1978	法兰西共和国
1980	荷兰
1986	希腊共和国
1987	奥地利共和国
1990	意大利共和国
1992	西班牙王国
1993	匈牙利共和国
1993	葡萄牙共和国
1994	比利时王国
1998	爱尔兰
1998	拉脱维亚共和国
2000	保加利亚共和国
2000	捷克共和国
2000	立陶宛共和国

---

〔1〕 斯蒂芬·兰博:“信息公开，一位芬兰牧师带给民主的礼物”，载《信息自由评论》第97卷，2002年2月，第2~8页(Lamble, Stephen, Freedom of Information, a Finnish clergyman's gift to democracy, *Freedom of Information Review*, No. 97, February 2002, pp. 2-8)。

〔2〕 数据来源于罗杰·弗洛伊格尔斯(Roger Vleugels)的《全球政府信息公开国家概览(*Overview of FOIA Countries Worldwide*)》(2006)。

续表

政府信息公开立法生效年份	欧盟成员国名
2001	爱沙尼亚共和国
2001	罗马尼亚
2001	斯洛伐克共和国
2002	波兰共和国
2003	斯洛文尼亚共和国
2005	苏格兰(英国的一部分,但适用独立的政府信息公开法案)[1]
2005	大不列颠和北爱尔兰联合王国(英国)
2006	德意志联邦共和国
尚无	塞浦路斯共和国
尚无	卢森堡大公国
尚无	马耳他共和国

正如上表所示,有一半的国家都是在过去的10年中才开始实施政府信息公开的;人口较多的两个国家——英国和德国,分别直到2005年、2006年才开始完全实施政府信息公开制度。因为比其他国家实施得晚,所以,他们可以从其他先行的模式中广泛学习经验,通常也可以避免过去的一些常见问题,但是,它们的经验太短,所以,还不足以形成一种政府信息公开文化。另一方面,它们的实施经验又是最新鲜的,因此,它们在这个领域的例子也非常有参考价值。

下文中的图表1.2提供了目前欧盟成员国的人口数据,以及在信息可以公开的情况下有关申请和申诉的比率。在有数据的情况下,比例的高低大致地表明了政府信息公开机制(包括对自己个人

〔1〕 苏格兰本属英国之一部分,但是,在政府信息公开法制(乃至其他许多法制)方面,苏格兰则适用独立的法案:英国适用的是2000年信息公开法案(Freedom of Information Act 2000),而苏格兰适用的是2002年信息公开(苏格兰)法案(Freedom of Information (Scotland) Act 2002)。正是在这个意义上,本章乃至本报告将英国(UK)和苏格兰(Scotland)加以区分处理。

信息的申请)的有用程度,以及据此而言的政府信息公开文化的形成程度。

在这些数据中值得注意的一点是,数个国家(相对而言)最近解散了“秘密警察”部队,允许公众获取由它们或在它们的协作下得到的监视信息。而在那些仍然存在这类机构的国家,公众要求查阅此类文件的比例相对而言就更高一些。因为这种和另外许多原因,我们一定要小心解读这些数据。

第一,许多国家或地区没有保存有关政府信息公开或其他信息公开方式的统一数据,所以,任何此方面的比较都必然是不完全的(实在有趣的是,因为更多的国家只记录申诉,而不记录申请,所以,图中有些空格没有任何数据。或许这是由于在集中的几个点收集有关申诉的数据很容易,而要在全国范围内详细收集有关申请的数据则需要花费太高的成本)。

第二,除了地方因素,比如对知情权不同的认知程度,在立法的设计和之后的实施中,还存在许多其他影响政府信息公开机制发挥效用的因素。这些因素包括:

- 根据事先的公开目录,可以日常获取的信息数量。
- 各国的政府信息公开法案对“申请”的界定:一些国家要求申请必须是书面(而不能是口头)的;一些国家要求援引有关的政府信息公开法案。
- 获取信息的费用或成本。较高的成本总是会阻碍公民对政府信息公开机制的适用,相关数据也会较低。
- 其他公开机制的存在。在一些国家,这些机制的适用是强制性的。例如,在英国,申请获得个人信息和环境信息必须通过特别的数据保护机制和环境信息公开机制,而不是政府信息公开机制;而在爱尔兰,对这两种信息的申请都可以通过政府信息公开的机制提出。

- 政府信息公开机制溯及既往的程度，即政府信息公开机制允许公民获得其实施之前多久创建的信息文件。一些国家规定政府信息公开具有完全的溯及既往的效力，公开的对象包括了整个历史的文本记录，而其他一些国家则仅允许公开在其政府信息公开机制开始实施之后创建的文件。
- 政府信息公开法案适用的对象。并不是所有的公共机构都适用政府信息公开法案，因为在最初的立法中，议会和司法机关通常被排除在外，而且，不同的公共机构也是在分阶段的实施过程中才被逐渐纳入法案的适用范围之中。与此相反的一种趋向是，在后来对政府信息公开法案的修正或其他法律中，将某些公共机构或具有特殊职能的公共机构排除在适用范围之外。其他因素还包括私人部门在多大程度上适用政府信息公开的问题。一些私人公司和个人通过合同为政府提供公共服务，于是某些政府信息公开法案就将它们所拥有的一些文件也包含在适用范围之内。

图表 1.2　欧盟中政府信息公开机制的适用（部分国家）

	最近统计的人口数	申请数占人口数的百分比（%）	申诉数占申请数的百分比（%）	申诉数占人口数的百分比（%）	以前秘密部门的数据是否公开？	注释
奥地利	8,316,487					
比利时	10,511,382			9.37×10^{-6}		2003 年有 7000 件环境申请 申诉到行政文件管理委员会的申请：2004 年有 116 件；2005 年有 81 件（这两年分别有 10 件又上诉到法院）。

续表

	最近统计的人口数	申请数占人口数的百分比（%）	申诉数占申请数的百分比（%）	申诉数占人口数的百分比（%）	以前秘密部门的数据是否公开？	注释
保加利亚	7,725,965	0.015	（不存在内部和外部申诉权利）	3.18×10^{-6}	尚未公开	2003年总共的申请数：67,712（其中39%的申请获得了所需的信息，21%的申请被"默示拒绝"）；2004年有49,653件（其中60%的申请获得了所需的信息，12%的申请被"默示拒绝"）；其中有38,000件是口头提出的；2001～2005年间最高行政法院共做出了123件相关的判例。
捷克共和国	10,306,709	"低"		1.84×10^{-6}	是	2004年有19例申诉到权利公设辩护人（Public Defender of Rights）的案件。
塞浦路斯	855,000					无相关法律。
丹麦	5,457,415			4.58×10^{-5}		监督专员每年会收到200～300件申诉；其决定可以被上诉到法院，但实践中很罕见。
爱沙尼亚	1,342,409					
芬兰	5,291,517			9.45×10^{-6}		所有公民的税收记录都会在每年11月被公布 监督专员每年要处理50件申诉。 最高行政法院在1999～2002年间听审了40个案件。

续表

	最近统计的人口数	申请数占人口数的百分比（%）	申诉数占申请数的百分比（%）	申诉数占人口数的百分比（%）	以前秘密部门的数据是否公开？	注释
法国	64,102,140			8.42×10^{-5}		2004年申诉到行政文件管理委员会（其裁决无拘束力）的案件有5400件（比2003年增加了10%）：其中47.9%的案件建议公开信息，同时有20%的案件和解，另外有10%的裁决不利于申请人；机构在70%的时候遵循建议，10%的时候置之不理。
德国	82,314,900			3.28×10^{-6}	是（包括有关大屠杀的档案）	在最初的6个月，有135件质询和申诉。 到目前已有200万次对个人信息文件的申请以及300万次背景查询（background checks）的申请；研究人员和媒体使用档案的次数已经达到了15,000次。
希腊	11,170,957			1.97×10^{-6}		2004年监督专员听审了22例有关"违反信息公开"的案件。
匈牙利	10,064,000			1.68×10^{-5}	是	2004年信息专员收到了169件提议：其中71件申诉、86件咨询（来自个人、媒体人士以及公共机构）。

续表

	最近统计的人口数	申请数占人口数的百分比(%)	申诉数占申请数的百分比(%)	申诉数占人口数的百分比(%)	以前秘密部门的数据是否公开?	注释
爱尔兰	4,239,000	3.45×10^{-3}	2%	8.49×10^{-5}		1998 - 2003 年一共有 93,000 件申请。 2005 年一共有 14,616 件申请(其中 2% 的申请结果被申诉,13% 的申请在政府信息公开体制之外得到了处理);在 360 件申诉中,信息专员听审了 285 件。在复审的 447 件案件样本中,信息专员办公室做出了 272 个正式裁决,75 个裁决肯定了政府的决定,18% 的案件改变了政府的决定,6.6% 的案件宣布政府的决定无效,10% 的案件达成和解。高等法院和最高法院分别做出了 12 件和 2 件有关政府信息公开的判决。
意大利	59,131,287			1.42×10^{-6}		2004 年,行政文件管理委员会发布了 84 个意见。
拉脱维亚	2,291,000					被认为很快就要公开。自 2004 年以来,提交给国家数据监督专员(State Data Inspectorate)的申诉中有 10% ~20% 的案件与政府信息公开有关。
立陶宛	3,575,439			2.04×10^{-5}	是	2004 年监督专员复审了 73 件案子。
卢森堡	480,222					无相关法律。
马耳他	402,000					无相关法律。

续表

	最近统计的人口数	申请数占人口数的百分比（%）	申诉数占申请数的百分比（%）	申诉数占人口数的百分比（%）	以前秘密部门的数据是否公开?	注释
荷兰	16,570,613			6.03×10^{-5}		每年大约有1000件申请,法院听审大约150件案子。
波兰	38,518,241				是	已有14,000人要求查看他们被掌握在前秘密部门中的个人文件。
葡萄牙	10,848,692			4.86×10^{-5}		2004年行政文件委员会收到了527个咨询申请,并发布了330个意见。
罗马尼亚	22,276,056	0.032	0.0026	8.29×10^{-5}	（没有区分）	2005年有710,000件申请（“大部分是口头的”）,其中2%的申请被拒绝;有1846件行政申诉（其中55%的案件被推翻,33%的案件被驳回,11%的案件达成和解）;有424件法庭案子。 2004年有6154件行政申诉;监督专员收到了403件申诉;有394件法庭案子。
斯洛伐克	5,447,502					无法获得公开的数据。
斯洛文尼亚	2,009,245			2.51×10^{-4}		2005年有504件申诉（其中,102件是针对拒绝,402件针对的是没有回复）。
西班牙	45,116,894					无法获得公开的数据。
瑞典	9,142,817					没有记录申请数据。
英国	60,776,238	0.002	2%	4.27×10^{-5}		2005年大约有130,000件政府信息公开申请和2,594件申诉（前13个月）。这些数据不包括基于环境信息规章或数据保护法案所提出的申请。

1.3.3 欧盟政府信息公开体制走向一致

如上述研究所示,目前各欧盟成员国的政府信息公开体制尚不协调一致。

但是,欧洲委员会(European Commission)最近作出了3项富有意义的动议,试图推动成员国就公共信息公开体制在某些、但却是重要的领域达成一致,这些领域包括:环境、政府采购和对公共信息的商业再利用。在欧洲委员会资助的“电子政府的障碍”项目的网站[1]上可以找到对这三个动议的说明:

“在环境领域,对协调一致的需要促使欧共体于1998年6月25日签署了《奥尔胡斯公约》[Convention of Aarhus:《有关环境方面的信息公开、公众参与决策过程以及获得司法救济的联合国/欧洲经济委员会公约》(UN/ECE Convention on Access to Information, Public Participation in Decision—Making and Access to Justice in Environmental Matters)],以及通过了两个欧盟指令,即《1990年6月7日有关环境信息公开的1990年第313号指令》(Directive 90/313 或 Council Directive 90/313/EEC)、《2003年1月28日有关公众获取环境信息的2003年第4号指令》(Directive 2003/4)(后者废止了前者)。有关在此领域的申请期限、条件、限制和费用的规则已经确定,另外,有关哪些信息应当公开[积极公开(active publicity)]的原则以及在环境信息质量方面获得司法救济的原则也都已经确立。

关于政府采购的事项,欧盟立法体系包括了2004年3月31日欧洲议会和理事会通过的2004年第17号指令(Directive 2004/17)以及2004年3月31日欧洲议会和理事会通过的2004年第18号指令

---

[1] 载 http://www.egovbarriers.org/。

(Directive 2004/18/EC)。前者协调管理用水、能源、交通和邮政服务的机构的采购程序，后者则协调授予有关公共工程、公共供应和公共服务的合同的程序。

2003 年 11 月 17 日欧洲议会和理事会通过的 2003 年第 98 号指令(Directive 2003/98/EC)处理有关公共信息的商业再利用问题。"

这些指令尚未完全实施，而早在 2005 年，欧洲委员会就对 7 个成员国未能实施奥尔胡斯公约提出了批评。[1]

另外，之前还提到了数据保护指令，以及各个国家中的其他行政的和法定的公开机制。对于所有这些机制的实施经验，我们都将在适当的地方予以说明。

1.4 中国政府信息公开的历史发展与现状

中国的政府信息公开实践始于政务公开，而政务公开工作起步于村务公开。早在 20 世纪 80 年代初期，从中国确立村民自治制度时起，村务公开的实践很快就在相当广泛的区域里成为普遍现象。1988 年《村委会组织法(试行)》发布实施后，村务公开开始走向规范。10 年之后，在总结各地村务公开工作经验的基础上，中共中央办公厅、国务院办公厅于 1998 年下发了《关于在农村普遍实行村务公开和民主管理制度的通知》，明确了普遍推进村务公开的意义和要求。在此基础之上，中国的政务公开工作不断发展，并进一步扩大到镇务公开、警务公开、检务公开等领域。中共中央办公厅、国务院办公厅分别于

---

〔1〕 欧洲委员会:《公众获取环境信息:委员会对七个成员国提起诉讼》,2005 年 7 月 11 日(European Commission, *Public access to environmental information: Commission takes legal action against seven Member States*, 11 July 2005)。

2000年和2005年发布了《关于在全国乡镇政权机关全面推行政务公开制度的通知》、《关于进一步推进政务公开的通知》等文件。特别是,《关于进一步推进政务公开的意见》从坚持和发展社会主义民主、构建社会主义和谐社会、建设社会主义法治政府、惩治和预防腐败等角度进一步明确了推进政府信息公开的重要性和紧迫性。中国国务院在2004年印发的《全面推进依法行政实施纲要》中,也把行政决策、行政管理和政府信息的公开作为推进依法行政的重要内容。

随着中国民主法治的不断发展,为了应对推进依法行政和政府管理创新、满足促进国家信息化发展对共享信息资源的需求,适应加强廉政建设的需要,依法推进政府信息公开工作被逐步提上议事日程。近年来,以公开为原则、不公开为例外的观念已经逐步为人们所接受。而且,中央政府部门和地方党政机关在政府信息公开工作中也相继开展了不少成功的实践,出台了一系列的法规文件,并在实践中积累了有益的经验。当前,几乎所有的国务院所属部门都已经制定了政府信息公开方面的规定。在地方,广州市于2002年11月6日制定了《政府信息公开规定》,在地方政府中较早制定了政府信息公开方面的法规文件。之后,各地方政府纷纷就政府信息公开制定了专门性的地方性法规规章,现在,不仅省、地(市)级政府,就连许多县级政府也制定了政府信息公开方面的规定。在很多地方政府,还发生了涉及政府信息公开的行政复议和行政诉讼案件,有效的行政监督和行政救济成为推动地方政府政府信息公开工作的又一重要因素。而且,上海、武汉等地还形成了相对健全的政府信息公开年度报告的制度。

国务院各部门以及各地方政府在推行政府信息公开方面所开展的实践,既有力地推动了自身政府信息公开的水平,积累了大量的经验,也为《中华人民共和国政府信息公开条例》(以下简称《条例》)的颁布实施创造了有利的条件。

1.5　中国政府信息公开制度的立法进程

中国的政府信息公开立法工作始于2002年。根据中国"国家信息化领导小组"的决定,国务院有关部门启动了对政府信息公开法规的研究。2003年,作为国务院立法调研项目,《中华人民共和国政府信息公开条例》列入了国务院的立法计划。中国政府对《条例》的制定十分重视,2002年11月,国家信息化领导小组《关于我国电子政务建设的指导意见》明确提出,要研究制定政府信息公开方面的法律法规。国务院《全面推进依法行政实施纲要》把行政决策、行政管理和政府信息的公开作为推进依法行政的重要内容。2005年3月,中共中央办公厅、国务院办公厅颁发了《关于进一步推行政务公开的意见》,明确要求加快制定《条例》。

为了制定一部科学、完善、符合中国国情的《条例》,国务院法制办公室多次召集国务院各部门、有关学者,对《条例》所涉及的每项制度进行深入的研究和分析。在立法过程中,国务院法制办公室对国内近年来推行政府信息公开的实践进行了深入调研和总结,在《条例》中全面地反映了已有实践所积累的有益经验。同时,还广泛借鉴和参考了包括欧盟各国在内的,世界有关国家和地区在政府信息公开方面的制度、理论研究成果,并对其立法进程以及实施中的有关问题进行了研究。

经各方努力,《条例》最终于2007年1月17日经国务院第165次常务会议审议通过,并于2007年4月5日公布,自2008年5月1日起施行。

1.6 《中华人民共和国政府信息公开条例》的特点

1.6.1 《条例》的属性:行政法规

《条例》是由国务院制定的,属于行政法规,在法律位阶和法律效力上仅次于《宪法》和全国人民代表大会及其常委会制定的法律。关于是直接由国家立法机关制定法律,还是先由国务院制定行政法规,而后再在其基础上制定法律的问题,国务院有关部门进行了认真、深入的调研,并听取了有关专家学者的意见。经过慎重的研究,有关部门认为,现阶段社会各界对于信息公开制度的需求十分迫切,但是,制定法律往往需要较长时间,而由国务院制定条例则相对较为灵活,便于在较短时间内确立相应的制度,及时满足实践中对确立信息公开制度的迫切需求。而且,根据中国《宪法》、《立法法》、《行政诉讼法》等的规定,行政法规是中国法律体系的当然组成部分,也是法院审理案件的依据,因此,以行政法规的形式规定政府信息公开事宜,不会影响该制度的有效性。同时,制定《条例》具有一定的灵活性,可以通过国务院自上而下的贯彻实施,逐步提高各级各类行政机关处理信息、公开信息的能力,较快地缩小地区间、部门间的差异,并可以根据《条例》执行的情况及时调整相关的制度。[1] 事实上,有些国家和地区在推进政府信息公开过程中也是走了先制定行政法规并推动地方实践、后上升为法律的道路。另外,通过条例的贯彻实施,我们可以发现在政府信息公开制度设计中存在的问题并积累相应的经验,并将这些经验及时地反馈到立法工作中。这样可以更好地将国外立法经验和我

---

〔1〕 周汉华主编:《政府信息公开条例专家建议稿——草案·说明·理由·立法例》,中国法制出版社2003年版,第15~19页。

国的实际国情有机地结合起来，确保立法质量。

1.6.2 规定了当事人请求政府机关公开政府信息的权利

以往，中国推行政府信息公开（或者政务公开）时，一般只是要求政府机关主动公开信息，虽然有些地方在其规定中允许当事人申请获得政府信息，但是，这些规定的法律位阶普遍较低。而《条例》从保障公民知情权的角度出发，对当事人申请政府机关公开政府信息的权利做了明确的规定。这意味着，政府机关除了有义务做好主动公开之外，还有义务根据当事人请求，向其提供政府信息。这也表明，中国政府为保障公民的知情权提供了明确的法律依据。而且，《条例》还十分详细地对公民提出申请的形式、政府机关处理申请的程序、时限、法律责任等做了明确的规定。特别是，《条例》还允许公民个人请求政府机关公开涉及其本人的政府信息、请求更正不准确的个人信息，这将有利于中国进一步确立个人信息保护制度。

1.6.3 严格地限定了不公开信息的范围

《条例》以列举的形式规定了不公开信息的范围，由此，也就极为宽泛地划定了可公开信息的范围。按照《条例》的规定，除涉及国家秘密、商业秘密、个人隐私外的政府信息（第 14 条第 4 款），政府机关都可以公开，当然，在实施公开时，还需要注意不得危及国家安全、公共安全、经济安全和社会稳定（第 8 条）。这也基本上是世界上各国各地区政府信息公开法律所普遍采取的规定方法，《条例》的这一规定也正是认真借鉴国际上相关先进经验的集中表现。尤其是，《条例》在规定不公开信息时，还引入了利益衡量的机制，即对于涉及商业秘密、个人隐私的政府信息，权利人同意公开或者政府机关认为从保护公共利益角度应当公开的，则可以向当事人公开（第 14 条第 4 款）。这样的规定自然使得可公开信息的范围得到了扩大，也极大地限制了政府机关在决定公开信息方面的自由裁量权。

1.6.4 规定了广泛的政府信息公开义务主体

《条例》是中国国务院制定的行政法规,因此,所有行政机关公开政府信息的活动都应当适用《条例》的规定。不仅如此,法律法规授权的、具有管理公共事务职能的组织公开信息的活动,也要适用本《条例》。这些组织被称为法律法规授权的组织,它们不属于行政机关,只在法律法规授权行使行政职能的情况下,才享有行使国家权力、承担行政法律责任。这些组织所行使的不是行政机关所享有的一般行政职能,而是特定行政职能。这些组织一般包括以下几类:A. 社会团体:如一些行业协会接受法律法规的授权管理本行业的行政事务;B. 企事业组织:如学校接受《教育法》的授权对受教育者进行管理;C. 基层群众性自治组织:如村民委员会、居民委员会,它们受《村民委员会组织法》、《城市居民委员会组织法》授权,管理本地区公共事务。由于法律法规授权的组织在被授权范围内管理公共事务,因此,《条例》将其纳入政府信息公开主体范围。

而且,《条例》的制定者注意到,当前,在中国,各种公用企事业单位的活动与人民群众的利益密切相关,因此,为了提高其活动的透明度,《条例》规定,教育、医疗卫生、计划生育、供水、供电、供气、供热、环保、公共交通等公用企事业单位公开在提供社会公共服务过程中制作、获取的信息的,也要参照《条例》的规定执行。这意味着,尽管《条例》不涉及立法机关、司法机关公开信息公开的行为,但是,其规定的政府信息公开义务主体仍旧是十分广泛的。

1.6.5 明确规定了政府信息公开的主管部门

政府信息公开制度是实现政府职能转变的一项基础性制度,是政府管理观念和管理制度上的创新。政府信息制度推行的效果在很大程度上取决于能否建立一套符合中国国情的领导体制。《条例》经过慎重研究,在国务院层面上,指定国务院办公厅作为全国政府信息公开工作的主管部门，而在地方层面上，则采取了灵活务实的做法，充分尊重地方已有的实践，允许县级以上人民政府指定办公厅(室)或者其他部门负责本行政区域内的政府信息公开工作。同时，《条例》还要求各级人民政府以及县级以上人民政府部门建立健全本行政机关的政府信息公开制度，指定专门的政府信息公开工作机构负责本机关的政府信息公开工作。这样的规定将有利于《条例》的贯彻实施和政府信息公开制度在全国统一高效地推行。

1.6.6 对主动公开做了详细规定

《条例》在过去推行政府公开的基础上，不但以法规的形式保障公民申请政府机关公开信息，还对主动公开制度做了极为详细的规定，明确了重点公开信息的范围、公开方式、公开与更新时限等。借助完善的主动公开制度，可以使各种关系人民群众切身利益的信息得到及时传播，也可以减少公民一一申请获取政府信息的成本。

1.6.7 引入了政府信息公开的救济制度

《条例》在中国首次以行政法规的形式，针对政府机关公开信息的行为引入了救济的制度，这意味着公民、法人或者其他组织认为政府机关不公开信息的行为或者利害关系人认为政府机关公开信息的行为侵害其合法权益的，可以通过行政复议或者行政诉讼寻求救济。尤其是，针对不公开信息行为的救济机制将使得政府机关不公开政府信息的行为受到有效的制约，可以有效地制约政府机关在公开信息方面的行为，并使公民的知情权等权利得到有效的保障。

2 政府信息公开的收费体制及其例外

2.1 欧盟成员国的收费体制及其例外

界定

正如第一部分所指出的,有很多欧盟成员国建立了允许公民获取政府信息的制度。有些制度是根据欧盟的相关指令(数据保护、环境信息、政府采购)建立的,有些则基于各国地方性的法规或者行政性法规而建立。本部分将集中研究政府信息公开法制中特定的收费体制问题,但是为了进行比较的需要,也会涉及其他形式的信息公开体制。

信息公开可能会涉及两种类型的费用。它们(特别是在已经被多次翻译的立法当中)被统称为“收费(fees)”,但是,本报告采用下述两个概念以澄清两者之间的差异。

处理费用(fees)是对申请进行行政处理而要

当事人支付的费用。此费用可以是申请信息的费用,也可以是因不服政府机关的决定而申请进行内部或者外部复审的费用。这些费用一般要在提出申请的时候缴纳,并按照“每一个申请”的标准收取固定的费用。

例子:申请人为了节省费用,可以将多个申请集合为一个(但是在英国可能出现的问题是,如果费用超过了一定的限度,那么,这种集合的多个申请将会被累计收费)。

成本费用(charges)是为了弥补因提供信息而耗费的成本。它们一般是按照“每项”的标准来收取的,比如:按照每张纸,每个文档,每张 CD、磁盘或者录像带来收取,或者按照工作人员查询或者审查信息所花费的时间来收取。如果费用发生的数额有可能比较庞大,那么,一般的做法是告知申请人预期的费用,并在开始处理前得到申请人的同意/或要求其预付一定押金。某些国家对成本费用设置了最高限额。

例子:申请人可以通过申请较少的文档或者单一文档中较少的页数,来节省成本费用。

在欧盟成员国内,成本费用的形式要比处理费用普遍得多。

2.1.1 实践的基本情况

在政府信息公开过程中,收取处理费用和成本费用的问题是比较复杂的,欧盟成员国所采取的做法也有显著差异。总的来说,欧洲成员国一般会在其政府信息公开的法律中采取下列4种方式中的一种:

- 法律对处理费用和成本费用的问题作了详细的规定,既可以规定在立法中,也可以规定在立法的附件、法律的实施计划或者相关的法规中。
- 法律对处理费用或成本费用或者同时对这两项作了基本规定,但是,关于收费数额(以及是否收取)等方面的详细规定则留给具体的政府机关自由裁量。

- 法律规定公众获取信息是免费的，无论是处理费用，还是成本费用，都不得予以收取。
- 法律规定公众可以何时、如何获取信息，但是，并没有对处理费用和成本费用的问题作出规定。

在收取费用的国家，它们可能针对特定类型的文件（比如关于申请人自身的个人信息）或者特定情形（比如申请人有经济困难或者申请的信息涉及公共利益），而放弃收取费用。

由于公布的法律中一般不会具体规定处理费用和成本费用的问题，因此，在针对有关国家负责政府信息公开工作的中央机构的调查中，我们询问了有关收费的问题，而且，也在参考文献中所列出的研究和调查成果中寻求相关的结论。借助这些资源，我们按照国别（有3个成员国没有政府信息公开方面的法律，因此，未将其纳入研究范围，同时，我们还在研究中包括了实施信息公开的某些地方政府，比如，德国的州和英国的苏格兰），对处理费用和成本费用的总体实践作了评述。

针对政府信息公开申请而预先收取申请费用的做法在欧洲并不普遍，但在世界其他国家则是常见的做法。有些国家后期引入了预先收取申请费的制度，比如爱尔兰，下文（2.1.4）将对其负面影响进行探讨。少数国家收取检索费用，而更多的国家则普遍收取复制费用（参见下述图表2.1）。

图表 2.1　文档复制费(以欧元为单位,除非另有说明)[1]

国家或者地区	每页纸的费用	其他形式的成本
丹麦	第1页10丹麦克朗,之后每页1丹麦克朗	
爱沙尼亚	前20页免费,之后每页3克朗	
法国	每页0.18欧元	
德国	A4纸复印每页0.1欧元	A3纸每页0.15欧元,A4彩色复印每页5欧元
柏林	每页纸0.5欧元	
勃兰登堡(Brandenburg)	前50页0.5欧元,之后每页0.15欧元	
爱尔兰	每页0.04欧元	磁盘每张0.51欧元 CD每盘10.16欧元 X光片每张6.35欧元
斯洛文尼亚	每页0.60欧元	
瑞典	前9页免费;第一个10页之后,支付50瑞典克朗(=5.5欧元)、加上每页2克朗	每盘录像带600瑞典克朗 每盘录音磁带125瑞典克朗

成本费用的基本情况

大部分就获取政府信息收费的国家仅就提供纸张、磁盘、CD等形式的文档收取成本费用。这些费用通常反映了提供相关信息复制件的实际成本。在多数情况下,各国不就申请人自行查阅信息收取费用。

[1]　一些实际数额不是整数,比如,奥地利复印费最高为18.89欧元,斯洛文尼亚一张CD的复制费为2.08欧元,这是因为,它们是由当地法律以其他货币单位加以规定的,需要换算为欧洲通用的货币欧元。

有些国家和地区就政府机关为公众获取信息而进行检索和作出决定所花费的时间收取费用。在爱尔兰，法律所规定的费率是每小时20.95欧元。与美国不同，在爱尔兰，无论处理申请的工作人员的级别高低，每小时的收费都是一样的。爱尔兰的立法也有特殊的规定[1]，即申请人只能按照高效信息检索所应耗费的时间来进行计费，换句话说，申请人不会因为低效的档案系统或者文件丢失等情况而被课以较高的费用。在德国，有关法规规定了浮动计费标准，对于较为复杂的申请，最高不超过500欧元，而在勃兰登堡，其费用最高不超过1022欧元。

英国和苏格兰拥有不同于其他欧洲国家的、较为复杂的收费机制。在英国，如果政府机关（基于每小时25英镑的标准）认定对申请的处理所收取的费用超过了“适当的限制”（中央政府为600英镑，地方政府为450英镑），政府机关可以拒绝该申请，或者按照实际工作时间、以每小时25英镑的标准收取费用。多项申请将被累计按上述价格进行评估。[2] 苏格兰的收费体制也包含有600英镑的收费上限，但是，他们所采用的费率较低，每小时为15英镑。如果申请需耗费的成本不超过100英镑，则不向当事人收费。如果将耗费100～600英镑的费用，则可以按照超出部分的10%来收取，即最高收取50英镑。如果费用超过了600英镑的限制，则申请将被拒绝或者需要按照每小时15英镑的标准收取超额部分的费用。

没有一个欧盟国家采用美国的收费模式。美国对于为商业目的而提出的信息申请收取较高的费用，而对于为了教育、研究或者新闻

〔1〕 爱尔兰《信息自由法》第47条(3)(a)。

〔2〕 英国的收费体制远比此处的简单介绍要复杂，详情参见 http://www.foi.gov.uk/practitioner/feesguidance.htm。

媒体的需要而申请信息则收取较低的费用。但是,如果在爱沙尼亚,为研究目的而申请信息,或者在德国和爱尔兰为了公共利益而申请信息的,相关法律均规定了例外,这和美国的做法有相似之处。

澳大利亚提出了一个不同的模式(但是没有被采纳),即以公开的页数为标准进行计价的浮动收费模式。这种收费模式将包括适当的检索时间,但不包括决定的作出时间(目前包含在收费范围内)。如果拒绝公开,则不能予以收费。[1] 可能的收费额度是:

公开1~20页:30镑

公开21~50页:45镑

公开51~80页:60镑

有一点是超出本报告研究范围的,即针对当事人向法庭提出复审请求时收取费用的问题。在几乎所有国家和地区中,法律均规定要对提出此类复审收取费用,但可以不向当事人收取必需的法律指定代理人的费用。这些费用的水平通常要能够阻止一般公民滥用复审制度。

2.1.2 费用减免

申请人获取本人个人信息

在大多数欧盟成员国中,一般不对个人申请获取自身的个人信息[用数据保护的术语来说,即"信息主体的申请(subject access request)"]收取申请费。如果要收费,一般也只是按最低标准予以收取(根据各自的个人数据保护法,爱尔兰为6.35欧元,而在英国则是10英镑),但是,英国对于获取健康或者教育数据规定了50英镑的最高限额,这是因为,相关信息的数量十分巨大。一些国家允许当事人

[1] 澳大利亚法律改革委员会报告77:《开放政府:对1982年联邦信息自由法案的审查》,建议88,(Australian Law Reform Commission Report 77: Report 77 Open government: a review of the federal Freedom of Information Act 1982, Recommendation 88),载 http://www.austlii.edu.au/au/other/alrc/publications/reports/77/14.html。

免费获取当前的个人信息,但是,获取以前的信息则要支付一定的费用(比如,在奥地利,最高要支付 18.89 欧元)。在申请获取本人个人信息的情况下,一般不收取或者可以免除检索、复制费(比如奥地利、比利时、爱尔兰)。

费用减免或返还

在一些国家(比如爱尔兰),如果申请人经济困难(持有政府医疗卡可予以证明[1]),其提出申请或者请求复审的费用可减免 33% ~ 66%。

根据公共利益标准,也可以对费用予以免除。在爱尔兰,如果"某文档中的信息将有助于增强对国家利益相关事项的理解",则获取该文档的费用可以被免除。在德国,基于公共利益考虑,费用可最高减免 50%。在爱沙尼亚,如果所申请的信息被用于研究目的,则允许对其费用予以免除。

如果申请人没有得到所申请的信息,爱尔兰立法要求全部或者部分地返还当事人已交纳的费用。[2] 美国信息自由法案最近的修正案则规定,如果机构没有满足回复申请的法定 20 天时限,则不能对申请人收费。[3] 该修正案还规定,如果申请人要求公开文件的诉讼请求得到支持,则可以要求返还律师费用。与之相类似地,在其他国家也有全部或部分返还申请费用和诉讼费用(如果申请人胜诉)的规定。

收费的不经济

相比于欧盟国家普通的政府收费,比如汽车登记、办理护照等,我

---

〔1〕 在一些欧洲国家,如果一个人家庭收入极低,那么,他便可以获得国家的免费医疗服务。因为,如果一个人持有政府医疗卡,则说明其经济困难。而在有些国家,在考察当事人经济状况时,就是以其是否持有政府医疗卡为判断标准的。

〔2〕 爱尔兰《信息自由法》第 47 条(10)。

〔3〕 载 http://www.freedominfo.org/news/20070806.htm。

们可以发现,其政府信息公开方面的收费是相对较低的。事实上,由于其收费标准如此之低,以至于政府机构会因为收费上的不方便而不予收取信息申请费用。一些国家和地区的法律(比如在爱尔兰)明确规定,如果收费会产生不经济的话,则可以放弃该收费。在斯洛文尼亚等其他国家,复印的最初 20.86 欧元(每页 0.6 欧元)是不予收取的,只收取超出此范围的费用。同样,在爱沙尼亚,复印的前 20 页也是免费的,而在瑞典,前 10 页是免费的。其他的一些国家中,检索所花费的最初两小时是不予收费的。

巴尼萨(Banisar)在其 2006 年的报告中指出:"在实践中,对于大部分允许收费的国家中的大多数申请而言,由于提供信息的成本低于收取和处理收费的行政成本,因此,政府机关往往是不收取费用的。"[1]

我们的建议是,如果将来可以较为容易地收取费用(比如,所有公民均有身份证可以直接连接银行结算平台),则可以在法律规定的情况下征收最低限额的费用。

2.1.3 如何确定费用

许多欧洲国家均在其立法中声明,收费不得妨碍公民获取政府信息。成本费用被限制于"直接成本"(捷克)、"成本价格"(芬兰)或者"实际成本"(立陶宛)。在斯洛文尼亚,信息申请的复印费用远低于"市场价格"。并且在实践中,如前所述,无论是处理费用还是成本费用都经常被免除。

---

〔1〕 大卫·巴尼萨:"2006 年世界范围内的政府信息公开法制:对政府信息公开法的一个全球调查",载《隐私国际》,2006 年(Banisar, David, *Freedom of Information Around the World 2006: A Global Survey of Access to Government Information Laws*, Privacy International, 2006),第 28 ~ 29 页。在线更新材料见:http://www.privacyinternational.org/foi/survey。

另一个较少被提及、但却在一些法律中被明确规定的原则是，收费不得用于为持有信息的政府机关谋取利益，且此类费用的收取应被限定于弥补成本（或弥补部分成本）。人们认为，政府低收费、在提供（适当）信息方面花费一定的成本对于由此带来的透明政府的好处而言是值得的，因为透明政府可以带来公众对政府更大的信任，由此能够促进政府与公民之间的合作和提升政府工作的效率。[1]

巴尼萨2006年的报告指出："最好的做法乃是，根据提供信息的实际成本、而不是判断是否适用公开之例外所花费的时间，来确定收取的费用，对涉及公共利益的信息免除费用，以及不就申请复审收取费用。所有国家都接受的一个原则是，收费不得被用以阻碍信息公开或者将其作为一个盈利机制。"[2]

如果提供政府信息的成本逐步增加，用以减少其成本的良好做法是，首先与申请人进行协商，协助其减少申请信息的范围（和成本）。另一个方式是，将被频繁提出申请的信息纳入公开目录，通过因特网等比较经济的方式予以发布。中国的《政府信息公开条例》中所采用的主要就是这种形式，《条例》支持对重要信息予以主动公开。

比如，英国下院曾预期，信息自由法案一旦于2005年实施，必然会有大量的申请要求公开其议员花费公共经费的详细情况。因此，下议院没有坐等个人提出申请或分别向单个记者提供文件，而是在2004年末以电子形式公开了其议员花费公共经费的详细情况。虽然有公众的苛察和意见，但是，新闻媒体的普遍评价是，这些立法者的表

---

〔1〕 欧盟颁布了一个关于公共部门信息再利用的指令，即2003年第98号指令（2003/98/EC），该指令提供了对政府信息商业利用予以收费的基本规定，关于该指令的讨论不属于本报告的研究范围。

〔2〕 大卫·巴尼萨，前引《2006年世界范围内的政府信息公开法制：对政府信息公开法的一个全球调查》，第28～29页。

现普遍优于私营公司的董事。由此,工作人员的时间和经费都得到了节省,而且还从中获得了透明度的益处。[1]

2.1.4 收费的影响(包括对此机制所做出的相关改善)

少量涉及收费效果的研究成果指出,收费确实对获取信息产生了阻碍,这在加拿大和澳大利亚已经显现出来了。欧盟国家最为人所知的一个例子就是爱尔兰,该国于1998年引入了政府信息公开制度,并于2003年对其收费体制作了明显的修改。

该国2003年引入的收费项目如下所示:

针对非个人信息的申请: 15欧元

内部复审的申请: 75欧元

外部复审的申请: 150欧元

(因经济困难所减免的费用分别是10欧元、25欧元和50欧元)

2004年,针对收费对媒体以及其他申请获取非个人信息的人利用信息自由法所产生的负面影响,爱尔兰信息专员发布了一篇相当长的报告。[2] 其中指出,在采用上述收费制度之后的1年中,政府信息公开的申请数量减少了75%,而向信息专员提出的申诉减少了30%~50%。收费的增加对政府信息公开法的利用产生了明显的负面影响。

2006年,英国也就其过去18个月实施政府信息公开法过程中的成本和费用问题进行了评估。宪法事务部(政府信息公开的领导机构)委托“经济学前沿(Frontier Economics)”提交了题为《关于信息自

〔1〕 载http://www.politics.guardian.co.uk/commons/story/0,9061,1333214,00.html,http://www.politics.guardian.co.uk/commons/story/0,9061,1333231,00.html。

〔2〕《对2003年信息公开(修正案)法案施行情况的评述》[Review of the Operation of the Freedom of Information (Amendment) Act 2003]。载http://www.oic.gov.ie/en/Publications/SpecialReports/InvestigationsComplianceReportsSection36/。

由法案影响的独立考察(*Independent Review of the Impact of the Freedom of Information Act*)》的研究报告。[1] 该报告考察了政府机关适用信息自由法案的成本,并评估了许多减少成本的方案,比如引入申请费,将查阅时间计入收费标准以提高费用上限。关于收费的建议遭到下院宪法事务特别委员会的强烈批评。[2] 经过一系列的公共咨询后,该建议没有获得通过。首相因此宣布目前的收费规则不会变得更为严格。[3] 在抨击收取高额费用的论证中,人们总是会提及爱尔兰的上述教训。

人们经常会建议采用强硬的收费体制,以便解决诸如一些令人伤脑筋的申请(重复或者费时的申请)、或者由于其涉及的信息量而过分加重政府机关工作量的申请所带来的问题。爱尔兰和英国将其上述因素作为对法律运行情况进行考察的重要原因,并对其进行了激烈的讨论。但是,正如对英国收费建议的批评意见所指出的那样,要用另外的方式(而不是收费)来限制对法律的滥用。

2.2 中国政府信息公开的收费机制

《条例》对政府信息公开的收费问题做了明确的规定:

第二十七条　行政机关依申请提供政府信息,除可以收取检索、复制、邮寄等成本费用外,不得收取其他费用。行政机关不得通过其他组织、个人以有偿服务方式提供政府信息。

行政机关收取检索、复制、邮寄等成本费用的标准由国务院价格

[1] 载 http://www.dca.gov.uk/foi/reference/foi-independent-review.pdf。

[2] 载 http://www.publications.parliament.uk/pa/cm200607/cmselect/cmconst/415/41502.htm。

[3] 载 http://www.number10.gov.uk/output/Page13630.asp。

主管部门会同国务院财政部门制定。

第二十八条 申请公开政府信息的公民确有经济困难的,经本人申请、政府信息公开工作机构负责人审核同意,可以减免相关费用。

申请公开政府信息的公民存在阅读困难或者视听障碍的,行政机关应当为其提供必要的帮助。

根据上述规定,政府信息公开方面的行政收费仅发生在行政机关依照当事人申请提供政府信息之时,一般只涉及检索、复制、邮寄等费用(需要注意的是,“检索费”应是政府机关工作人员应申请检索信息而收取的费用,并不是指公民利用政府机关设施自行检索信息所应支付的费用),而且,这些费用以弥补行政机关办理该申请的实际成本为限。为了防止行政机关通过提供政府信息乱收费、阻碍公众获取政府信息,《条例》明确禁止行政机关通过其他组织、个人以有偿服务的方式提供政府信息。《条例》规定,申请人存在经济困难的,行政机关可以减免相关费用。

许多已经实施政府信息公开的地方都规定了类似的制度,并制定了详细的收费标准,比如,上海市曾发布《关于本市政府机关依申请提供政府信息收费问题的通知》,对政府信息公开方面的收费范围、收费主体、收费标准等做了规定。按照其规定,政府机关依申请通过传真、电子邮件等形式提供政府信息的,不得收费,而只能就检索、复制、邮寄、递送等项目收费。比如,在检索费方面,上海市所确定的标准是每件政府信息收取人民币 5 元(约折合 0.5 欧元)的检索费,A4 纸的黑白复印费为每页人民币 0.2 元(约折合 0.02 欧元)。而在实践中,上海市各政府部门对于申请的信息数量较少的,一般不收取检索费、复制费等。

在中国,行政收费的管理由国务院物价管理部门(即国家发展与改革委员会)和国务院财政部门(即财政部)分工负责。按照《条例》

的规定，国务院价格主管部门将会同国务院财政部门制定收费标准等。[1]

2.3 建议

第一，依申请公开政府信息的收费，应当严格按照《条例》规定，将其限定于成本费用。《条例》已经从防止因收费过高而妨碍公开的角度，对政府信息公开的收费问题作了非常严格的规定（第27条），今后的关键在于如何进一步将该规定加以细化。在政府信息公开的收费问题上，应当坚持以下原则：

首先，政府信息公开是政府机关的义务，政府机关必须在财政上确保政府信息公开的各项经费。这可以有效地防止有关政府机关因经费不足而扩张政府信息公开的收费范围和额度。

其次，依申请公开政府信息的收费也应当同其他政府收费一样，坚持"谁受益、谁负担"以及"以收费弥补特定支出"原则，这样，也可以在对一定程度上督促人们合理利用政府信息公开制度，当然，随着政府财政能力的不断提高，此类收费的数额可以逐步降低。

最后，在确定收费标准方面，要以不妨碍政府信息的公开为目的。欧洲有关国家的实践已经证明，收费种类和数额的增加会极大地影响来自公众的申请，并对政府信息公开制度产生负面的影响。因此，中国政府在确定政府信息公开的收费标准时，需要充分考虑公众的经济承受能力和心理承受能力。而且，特别要注意，严格防止个别机关以收费为手段来限制个别当事人对政府信息公开制度的滥用。在确定

[1] 中国财政部、发展与改革委员会于2008年6月21日发布了《关于提供政府公开信息收取费用等有关问题的通知》。

收费标准时,除了要制定适用于全国范围内的收费标准之外,也要考虑中国各地区之间的差异,给予地方政府一定的自主权,允许其根据本地方经济发展情况确定收费标准。

在确定收费标准方面,复制、邮寄等费用标准的确定相对简单,而检索费的确定则相对复杂。欧洲有些国家是按照检索时间来计算检索费的。但是,在中国当前的条件下,按照检索时间核定检索费还存在一定的难度。这是因为,公务员每小时的工作成本是很难科学核定的,而且,即便按照公务员的工资收入和工作时间核定出其检索一小时的成本,由于当前我国政府机关信息管理能力参差不齐,很多机关对信息技术的应用技术还普遍不高,同等数量的信息在不同部门之间所耗费的检索时间会出现很大的差异,这难免会造成检索费用过高的现象。因此,我国的检索费可以考虑暂时按申请信息的件数收取。针对每条信息所收取的检索费用是固定的,收费金额不与检索时间挂钩。这样做还可以在一定程度上促使政府机关进一步提升自身的信息处理能力和信息检索效率,从总体上,既有利于推动政府信息公开工作,又有利于提升政府机关的工作水平。

第二,各级政府机关应当努力减少自身处理政府信息的成本。《条例》的实施必将加大政府机关的工作量,增加其工作成本。而政府机关应当以此为契机,变压力为动力,进一步提升工作效能。一方面,政府机关要利用《条例》预留的准备期,全面清理自身所掌握的各类信息。在此过程中,中央和地方的政府信息公开领导机构应当制定相关的指导意见,对政府信息的处理流程、分类方法等具体工作制定详细的规程,指导各级政府机关以提高其检索能力为目标,对政府信息进行科学的归类和保管。另一方面,政府机关要结合电子政务的推进,进一步运用先进的计算机技术,提高信息的电子化比率和数据管理与检索水平。

第三,各级政府机关要不断加大主动公开信息的范围。欧洲的经验表明,主动公开的信息越多、越全面,越能够满足公众对政府信息的需求,公众单独申请公开信息的数量就会越少。因此,政府机关除了要根据《条例》和有关法律法规所要求的主动公开信息的范围,及时、全面地实施主动公开之外,还需要对自身掌握的政府信息进行定期的评估,凡不属于涉及国家秘密、商业秘密、个人隐私,且公众集中地提出公开申请或者与公众的生命财产安全密切相关的,政府机关应当及时将其纳入主动公开的范围。英国及欧盟有关成员所采取的主动公开的做法值得借鉴。这样,既可以满足公众对相关信息的需求,也可以最大限度地减轻政府机关公开信息的压力和成本。

3 政府信息公开的组织结构

3.1 欧盟成员国政府信息公开的组织结构

3.1.1 贯穿整个政府的政府信息公开组织结构

3.1.1.1 中央政府中的组织结构

欧盟各成员国管理和监督政府信息公开、处理因公民不服公共机构拒绝其获取信息而引发的申诉和纠纷的方式多种多样。许多国家的相关组织结构都源于其形态各异的行政文化背景，后者已经在1.3.1中予以阐述。但是，也存在混合类型，尤其是在那些更近一些时候才开始实施政府信息公开制度的国家。从列明每个国家管理政府信息公开的中央机构的图表3.1中可以看出这种差异。一些国家，诸如爱尔兰，除了具有政策/监管职能的中央机构（财政部，Department of Finance）外，还设立了一个具有独立解决纠纷职能的机构（信息专员，Information Commissioner）；其他比如法国，只设立了一个机构[行政文件管理委员会，Commission d'accès aux documents administratifs（CADA）]，由其一并承担政策/监管和纠纷解决两项职能。在英国，除了单独的政策/监管机构（司法部，the Ministry of Justice）外，纠纷解决机构（信息专员，the Information Commissioner）也有政策制定和监管方面的职责。

就职能而言，在一个单独的监管或复审机构中，除了政府信息公开职能之外，不同国家还整合了不同的其他职能。最一般的情况是将政府信息公开和数据保护职能结合在一起（德国在全国和地方不同层级都建立了这种相结合的机制，英国、爱沙尼亚和匈牙利也是如此），以及将政府信息公开和监督专员的职能相结合（比如，丹麦、爱尔兰、立陶宛和罗马尼亚）。

要实现获取政府信息的权利，政府有许多最基本的职能需要履行。对于许多这样的职能而言，从成本—效益和绩效管理方面来讲，由一个中央机构来负责实施更具优势。在政府信息公开的实施阶段，需要在诸如政策制定、系统建设以及培训等职能之间进行最低限度的互相协调，这就要有一个统一的中央机构领导才可能确保更有效的实施。所以在英国，下院特别委员会（House of Commons Select Committee）就对政府信息公开中央机构（那时是宪法事务部，现在是司法部）在提供这些职能方面的延迟持批评态度。[1]

在其他国家，对政府信息公开的许多考察勾勒出了这些国家将其政府信息公开/信息专员的不同角色和职能集合在一起的不同选择。相关例子请见来自加拿大的信息公开特别审查小组（Access to

---

〔1〕 英国国会下院宪法事务委员会：《2000年信息自由法案——向实施发展》，2004年12月，第42页（House of Commons Constitutional Affairs Committee, *Freedom of Information Act 2000—progress towards implementation*, December 2004, p. 42）。

Information Review Task Force)[1]和来自澳大利亚的法律改革委员会(Law Reform Commission)[2]所进行的讨论。

对于下述列举出来的职能,在任何国家都不会由一个单独的机构来实施所有的职能;这仅仅是一个对可能由政府信息公开中央机构实施的职能的汇总。在整个欧盟,中央和复审机构都行使着一系列职能;某些国家的中央和复审机构实施其中大部分的职能,而某些仅实施其中少部分职能。

3.1.1.2 中央机构的作用和职能

政策制定和系统建设

为政府信息公开的立法议案及其后续修正案准备起草说明

起草政府信息公开的规章以及其他次级立法

审查/参与审查其他立法中的保密规定(法定限制)并建议对它们予以修正或删除

起草和发布政府信息公开的政策、指南和程序

获取/提供有关政府信息公开法案解释事宜的法律建议以及将建议发送给机构/纳入政府信息公开的政策当中

构建政府信息公开的系统和基础结构[例如,跟踪和处理信息申请的"政府信息公开信息通信技术(FOI ICT)"系统]

起草/批准机构公开目录的模板

协同对法案的施行情况进行审查(通常立法本身都会不时对此予以规定,或者由政府来组织)

协调有关信息公开的政策——政府信息公开、数据保护、环境信息以及其他信息公开的方式

---

[1] 载 http://www.atirtf-geai.gc.ca/paper-models3-e.html。

[2] 载 http://www.austlii.edu.au/au/other/alrc/publications/reports/77/6.html。

评估由复审机构和法院做出的政府信息公开裁决所产生的影响；评估是否有必要对政策和法律做出改变

提出各种观点或将这些观点反映到政府的整体信息政策当中：政府如何管理、提供、发布信息以及如何收费；以及如何促进科技对政策的影响或将科技对政策的影响反映到信息政策当中

提出各种观点或将这些观点反映到有关政府信息的文档管理和存档的政策当中

帮助机构确定常规的信息提供方式，而不必由公民提出正式的政府信息公开申请

培训和建议

向政府部门和机构中的政府信息公开决定做出者提供建议

准备培训的课程提纲和资料/举办培训课程/对培训提供者赋予资质（中央机构在培训中作用的发挥有多种方式——更多的内容请见本报告第4部分：培训）

促进处理政府信息公开业务人员之间网络组织（networks of practitioners）的建设和维护，以确保技术水平的保持

为讨论疑难问题或处理政府信息公开业务人员所遇到的共同问题，举办（面对面、在线）论坛

为了对处理政府信息公开业务人员予以指导，对复审机构和法庭的政府信息公开裁决进行分析并发布摘要

对处理疑难的或有争议的政府信息公开决定提供建议和帮助

就跨机构事项或（多头）申请[（"Round Robin"）requests]提供咨询机制

管理和监督

收集有关法案施行的信息/数据

监督和评价法案的施行

研究和监督有关政府信息公开和隐私保护的发展

在整个政府机构的政府信息公开工作中，找出、发展并提倡最好的操作方式，并使之更具连贯性

监督政府机构对文件收费的价格政策（以及因此而可能导致的政府信息不公开）

监督和评估个别政府机构的政府信息公开实践

对政府机构采取监察措施以确保它们的政府信息公开实践和管理是适当的

就政府信息公开的实施对议会准备年度报告，内容包括与政府机构实施政府信息公开相关的数据、评估、监察结果，以及曝光实践表现中一贯低劣的现象

提升公众认知

准备有助于提高公众对政府信息公开认知的材料（手册、海报、录像、在媒体上刊登广告、建设网络）

提高社会对政府信息公开的认知

处理公众对政府信息公开所提出的一般性咨询

对公众准备提出政府信息公开申请提供帮助

举办教育项目提高公众对政府信息公开和隐私保护的认知，包括对相关立法事项发布公共声明

纠纷解决与复审

批准/复审/接受对政府机构公开目录的申诉

处理公众针对政府机构的政府信息公开决定，包括延迟和拒绝，而提出的申诉

调解/促进政府信息公开申诉、上诉的解决，或者调查政府信息公开申诉、上诉

就政府信息公开申诉、上诉作出建议或有约束力的裁决

适用罚款、法律制裁手段来执行裁决

图表 3.1 中央机构[1]

国家	中央机构
奥地利	数据保护委员会(Data Protection Commission,只适用于个人信息)
比利时	行政文件管理委员会(Commission d'accès aux documents administratifs)
保加利亚	个人数据保护委员会(Commission for the Protection of Personal Data,只适用于个人信息)
捷克共和国	权利公设辩护人(监督专员)[Public Defender of Rights (Ombudsman)],个人数据保护办公室(Office for Personal Data Protection)
丹麦	司法大臣(Minister of Justice)、人民监督专员(Folkingets Ombudsman)、数据保护局[Datatilsynet (Data Protection Agency)]、公开委员会(Public Disclosure Commission)
爱沙尼亚	数据保护监督专员(Data Protection Inspectorate,适用于个人和非个人的信息)
芬兰	司法部(Ministry of Justice)、数据保护监督专员(Data Protection Ombudsman)
法国	行政文件管理委员会(Commission d'accèss aux documents administratifs, CADA)
德国	联邦数据保护和信息自由专员(Federal Commissioner for Data Protection and Freedom of Information)
希腊	监督专员(Ombudsman)、希腊数据保护局(Hellenic Data Protection Authority)
匈牙利	议会数据保护和信息自由专员(Parliamentary Commissioner for Data Protection and Freedom of Information)
爱尔兰	财政部的中央政策室(Central Policy Unit in Department of Finance)、信息专员(也是监督专员)[Information Commissioner (also the Ombudsman)]

〔1〕 本文不考虑尚未制定政府信息公开法律的国家。本图表中的空白表示缺乏相关数据。

续表

国家	中央机构
意大利	隶属于总理办公室的行政文件管理委员会(Commission on Access to Administrative Documents under the Office of the Prime Minister)
拉脱维亚	国家数据监督专员(State Data Inspectorate)、宪法保护署(Constitutional Protection Bureau)
立陶宛	议会监督专员(Seimas Ombudsman)
荷兰	数据保护局(Data Protection Authority,只适用于个人信息)
波兰	公民权利保护专员办公室(Office of the Commissioner for Civil Rights Protection,也是监督专员)、个人数据保护监察长署(Bureau of the Inspector General for the Protection of Personal Data)
葡萄牙	行政文件管理委员会(Commission of Access to Administrative Documents, CADA)
罗马尼亚	人民辩护人(监督专员)[People's Advocate (Ombudsman)]
斯洛伐克共和国	个人数据保护办公室(只适用于个人信息)
斯洛文尼亚	信息专员(适用于个人信息和非个人信息)
西班牙	监督专员(Ombudsman)、数据保护局(Data Protection Agency)
瑞典	监督专员(Ombudsman)、数据监察委员会(Data Inspection Board)
英国	司法部(之前是宪法事务部)[Ministry for Justice (formerly Department of Constitutional Affairs)、信息专员(也是数据保护专员)[Information Commissioner (also the Data Protection Commissioner)]

3.1.2 政府内部和政府机构之间的政府信息公开组织结构

3.1.2.1 咨询团体和指导委员会

一些国家存在着诸如咨询团体和指导委员会(Advisory Groups and Steering Committees)之类的机构。它们通常是在政府信息公开的实施过程中建立的,但是在此阶段之后也继续发挥作用。例如,在英国,御前大臣关于实施信息自由法案的咨询委员会(Lord Chancellor's Advisory Group on Implementation of the Freedom of Information Act)建立于2001年。它的权限范围包括:

——监督政府信息公开的实施过程;

——找出政府信息管理中的最佳操作方式并在各种公共机构之中或各机构之间发布这些方法;

——基于政府信息公开法案使用者的需求提供建议:机构如何才能最好地满足那些需求,以及如何提高公众对其权利的认知;

——接受信息专员关于准备工作的报告并提出建议,以确保相关程序和指南及时建立和到位;

——通过培训和教育项目促进公共机构形成一种新的透明文化(culture of transparency)。

同样是在英国,另外一个咨询团体,即信息权利使用者团体(Information Rights User Group)的成员是由来自政府内部和外部的人士组成的,于2006年6月成立。他们的主要工作是讨论如何推动政府信息公开的成功实施。爱尔兰有两个咨询团体,分别是商界咨询团(Business Advisory Group)和公民咨询团(Citizen's Advisory Group),其代表来自于商界以及更广的社会领域。

3.1.2.2 政府信息公开的网络组织

在一些国家,政府信息公开的从业者之间为了共同提供有用的资料、分享相关知识,就在政府信息公开的实施阶段建立了一些网络组织。例如,在爱尔兰,自1998年以来建立了许多网络组织和委员会:

- 政府信息公开部门间工作小组(FOI Inter—Departmental Working Group)
- 政府信息公开公务员使用者网络组织(FOI Civil Service Users' Network)

• 政府信息公开公共部门使用者网络组织(FOI Public Sector Users' Network)

除了一般政府性的网络组织之外,在特定部门中,例如地方政府、医疗部门、高等教育部门,网络组织也被认为是有用的。因为这些部门有自己所独有的问题,因此,需要进行更详细的讨论并对问题加以解决。大多数的网络组织都能做到每隔数月举行一次面对面的会议,另外,他们还通过电子邮件进行交流。在英国,人们也建立了一些网络组织,包括邮件成员(mailing lists)间讨论政府信息公开问题、[1]期刊[2]以及一些网络论坛。[3] 政府信息公开网络组织不仅按照不同的部门、也按照不同的地域得以建立。

网络组织往往讨论法律的解释问题、法律建议、培训需要、政策制定和程序方面的事项,以及信息专员和法院对政府信息公开事项的裁决结果。它们从中找出共通的模式和最佳的实践形式。从英国 2005 年 6 月所实施的对政府信息公开从业者的调查中,我们可以发现,"正式和非正式的辅助性网络组织被认为是有价值的建议、支持来源——据称,有超过一半的人都属于某个辅助/建议的网络组织。"[4]在爱尔

---

[1] 邮件成员间讨论政府信息公开的一个例子是,信息系统联合委员会(Joint Information Systems Committee)曾经采纳这个方式讨论过高等和继续教育的问题。详细内容和文件请见 http://www.jiscmail.ac.uk/lists/freedom-of-information.html。

[2] "信息权利期刊(Information Rights Journal)"由英国司法部出版,载 http://www.foi.gov.uk/mailinglists.htm。

[3] 一个针对英国中央政府中政府信息公开从业者的论坛是:http://www.foi-forum.gov.uk/Home.go (registration required)。另外,还有英国国民医疗服务政府信息公开论坛(UK National Health Service FOI Forum):http://www.foi.nhs.uk/forum/,尽管该论坛已经不再运行,但在政府信息公开实施阶段,它是一个讨论非常热烈的论坛。

[4] S. 霍尔森(2005):"对英国政府信息公开社会的第一次测脉表明情况良好",载《公开社会:一份关于信息自由的期刊》第 1 卷第 3 期,第 4 页(Holsen, S (2005) First pulse check on UK FOI community indicates good health, *Open Government: a journal on Freedom of Information*, Volume 1 Issue 3, p. 4)。

兰,网络组织被作为一种机制,用来处理对多个政府部门影响甚大的申请,以及向数个机构提出的“多头”申请,其作用更甚于英国建立的更为正式的机制:信息交换所(Clearing House)。

3.1.2.3 跨机构合作:信息交换所

在英国,合作处理政府信息公开申请的机制就是在2005年1月1日获取政府信息的权利得以确立前不久所建立的信息交换所(Clearing House)。它的主要功能是:

- 确保在整个政府范围内对提交至不止一个部门的申请(所谓的“多头”申请),以及可能成为先例的案件保持一致态度;
- 对可能具有高度公共关注度的敏感案件提供指导;
- 使对上述案件的回应与政府政策、指南保持一致;
- 密切关注信息权利案例法的发展并对其做出贡献,特别是在信息专员和信息裁判所(Information Tribunal)的层级上;
- 根据新出现的案例法和新的政策要求修正政府指南。

一个可供他们查阅的“信息交换所工具箱(Clearing House Toolkit)”[1]提供了详细的程序、推荐的形式以及一系列引发申请的“起动装置(triggers)”(附件B)。这些起动装置包括:

- 跟部有关的事项以及主要跟部有关的事项
- 王室家族和荣耀
- 采购和效率(Procurement and Efficiency)(包括内部审计、复杂的和被高度关注的采购)
- 跨政府事项[包括被猜测可能是“多头”的申请、媒体感兴趣

〔1〕《与信息公开中央信息交换所共事:给从业者的工具箱》,2006年11月(*Working with the Access to Information Central Clearing House : Toolkit for practitioners*, November 2006)。

的被高度关注的案件，以及可能的“令人伤脑筋（vexatious）”的申请］

• 申诉和复审：内部复审，向信息专员和信息裁判所提起的申诉

鉴于处理政府信息公开申请的法定时限非常短，任何需要额外咨询（additional referrals）的机制都会导致迟延，因此，出现下述批评并不令人感到意外：信息交换所是一种迟延的机制、中央对政府信息公开决定的控制过度，[1]以及没有公开发布诸如案件处理统计数据之类的信息。[2]

3.1.3　公共机构中的政府信息公开组织结构

本报告关于政府信息公开实施的章节（本报告第5部分）会讨论实施阶段中所必需的组织结构和资源。下面的评论所针对的是实施之后的阶段或曰维持阶段（post – implementation or maintenance phase）。

不同的政府信息公开法案所涉及的机构种类多样，因此，很难概括它们处理政府信息公开申请的不同模式。最关键的因素是该机构的规模以及它需要处理的申请数量。

每个公共机构在组织上都有一点共通的地方，即需要有一名专职的政府信息公开职员对其机构内部政府信息公开的各个方面负责。其责任包括：

---

〔1〕 阿拉斯代尔·罗伯茨：“合作有什么错？”，载《公开社会：一份关于信息自由的期刊》第1卷第1期，2005年3月（Alasdair Roberts，“What's wrong with coordination?”，*Open Government: a journal on Freedom of Information*，Volume 1 Issue 1 March 2005）。

〔2〕 英国国会下院宪法事务委员会：《信息自由——一年以来》，2006年6月，第31页（House of Commons Constitutional Affairs Committee，*Freedom of Information—one year*，June 2006，p.31）。

1. 确保前置的政府信息公开目录及时更新

2. 确保本政府机构的顾客(即公众)了解他们所享有的政府信息公开权利

3. 确保有关行使政府信息公开权利的信息是可以获取的(在网上、当地办公场所)

4. 确保本政府机构的工作人员了解政府信息公开的实施

5. 接受政府信息公开申请,并根据要求对它们采取适当措施,包括:

(i)与申请人协商,以明确其要求的内容,或如果无法操作的话,请其减少申请的规模/范围

(ii)确认何处掌握着被申请的信息记录

(iii)评估需要收取的费用,并向申请人提供建议

(iv)如果必需的话,向第三方咨询

(v)决定是否公开文件,或文件是否包含不予公开的信息

(vi)准备书面文件,告知申请人决定的理由,以及详细说明其申诉的权利

(vii)准备申请人申请获取的文件(如果有必要的话,还要编辑、复制和安排监督)

6. 在上诉/申诉中,与复审机构打交道以处理相关事宜

7. 收集数据并就机构内部的政府信息公开事项制作报告

如果公共机构的规模以及申请的数量有需要,则可能设立一个专职的政府信息公开部门或团队来履行上述职能。如果只有少量申请,其工作量决定了不需要设立一个全职的政府信息公开职位,就有可能让一名职员同时承担其他职责。有时候,这些职责是与政府信息公开相关的,比如一个档案、法律或申诉职员。在一些国家,政府信息公开的职责被融合到一个机构中所有的职员身上,这可能会导致政府信息

公开事项无法得到重视，甚至连最基本的要求都不能达到。在法国，一项2005年的法令（n° 2005－1755，2005年12月30日）规定，每个政府机构中要由一个人来负责政府信息公开和公共部门信息的再利用。

另外一种模式是，在每个公共机构内部设立一个政府信息公开协调员，由他负责上述许多职责，但公开与否的决定并不一定要由他做出，而是由掌握被申请公开的政府信息的各类机构来做出。这种模式在诸如地方政府这种具有一系列不同职能的机构中很常见，在这些机构当中，理解和评估被申请文件的专家意见来自于各个职能领域。

对于拥有大量顾客的公共机构来说，它们所收到的政府信息公开申请的数量巨大，因此，相关的政府信息公开职能就被分散到其每个地方的办公场所和营业地点。例如在医疗部门，每个医院都有一个政府信息公开职员。这样做有多重优势：正在被使用的顾客记录不必被传送到总部以供政府信息公开决定所用；地方工作人员可能更为了解顾客情况，这有助于他们做出更好的政府信息公开决定；公开信息记录的责任由制作记录的人承担。虽然就政府信息公开培训而言，这种模式由于需要更多职员，所以成本更大，但却可能带来更快捷和更高质量的决定。

对于申请数量很少或主要是接受非个人信息申请的公共机构而言，集中政府信息公开的职能具有巩固政府信息公开专业性和减少犯错可能性的好处。在一些机构，例如爱尔兰的社会和家庭事务部（Department of Social and Family Affairs），适用的则是一种混合模式。对于大量的涉及本人的政府信息的公开申请，是由分散的政府信息公开职员在其地方办公网点来处理的；数量少得多的、难度较大的不涉及个人信息的申请则由中央政府信息公开机构来处理。

为了确保政府信息公开事项得到足够的重视，一种（适用于英国的)模式是,对每个公共机构都委派一名"政府信息公开支持者(FOI Champion)",他们是负责政府信息公开事务的高级职员。[1] 在政府信息公开的实施阶段,政府信息公开支持者通常主持政府信息公开指导委员会(FOI Steering Committee)或类似的组织,其代表来自于公共机构内部的相关部门。政府信息公开支持者并不全部履行上述每一项职责,但是,他们要对确保以下事项负责:使政府信息公开获得充分人力、物力支持,公共机构能实现它的政府信息公开目标,在需要从该公共机构其他部门获得文件或信息的时候、政府信息公开职员能得到支持。因为他们对政府信息公开立法有良好的理解,所以,他们也会实施政府信息公开的内部复审。

3.1.4 纠纷解决和复审结构

本节运用下列术语来描述政府信息公开申请人可以采用的 3 个层级的复审。

复审在政府机构内部产生,并由机构本身做出裁决。它意味着由一名与最初决定没有关系的、通常级别更高的职员,对相关事项做重新考虑、处理。

外部复审是由政府机构之外的一个独立的机构或组织来实施。在政府信息公开立法中通常规定了可以被申诉至外界机构并诉诸其权力的事项。提起此种复审的事由一般包括迟延、费用以及拒绝(不管是基于操作的原因还是不予公开的理由)。

司法审查是由一国法院实施的。这里的法院既可以是专门的行政法院或裁判所,也可以是普通司法体制的一部分。除了案件本身的是非曲直(merits)外,这种审查通常会涉及法律问题。

---

[1] 英国宪法事务部模范行动计划(Department of Constitutional Affairs Model Action Plan),载 http://www.dca.gov.uk/foi/map/modactplan.htm。

3.1.4.1 内部复审

政府信息公开在整个世界范围的经验表明,在求助于由法院或裁判所实施的更昂贵和设计更精细的外部复审程序之前,内部复审是一种更快捷和更方便地解决纠纷的方式。

如果内部复审能满足以下条件,则可以达到最佳效果:

——由与初次决定无关的人实施(如果由比做出初次决定之人级别更高的人来实施更好)

——是对案件无先见的审视、"重新(de novo)"做出决定,而不仅仅是审查初次程序的正确与否

——不对申请人收取费用(这类收费往往会阻碍申请人诉诸复审)

——被视为是对由没有经验的人做出的、或迫于时限压力做出的初次决定中的错误/忽略之处予以纠正的机会

——被视为是在纠纷升级到外部复审机构之前予以解决的机会

一些国家是在政府信息公开立法中具体规定了获得内部复审的权利,而其他一些国家则是在法规中予以规定的(英国在这方面的法规请见 http://www.dca.gov.uk/foi/reference/imprep/codepafunc.htm#part Ⅵ)。

对于仅仅依靠内部复审的机制,已经出现了一些批评意见。大卫·巴尼萨(David Banisar)[1]对内部复审的评论是:"在实践中,它有着不一样的结果。它是一种经济的和快速的复审决定的方式。但是,许多国家的经验表明,这种内部机制倾向于维持先前拒绝申请的

---

〔1〕《2006年世界范围内的政府信息公开法制:对政府信息公开法的一个全球调查》,第23页(*Freedom of Information Around the World 2006: A Global Survey of Access to Government Information Laws*, p. 23)。

决定,结果是导致更长的延迟,从而并未促进公开。2005 年,在英国,向全国性机构申请内部复审的申请中,77% 的申请都被完全拒绝。”(这一比例在 2006 年没有变化)

3.1.4.2　外部复审

几乎所有实施政府信息公开的国家在做出最初决定的机构外部都设置了至少一个可以为公众利用的复审层级。在一些情况下,可能有四个或更多的复审层级。例如在英国,这些层级是:

——内部复审

——信息专员实施的复审

——信息裁判所实施的复审

——下述机构实施的复审(根据英国信息自由法案第 59 条的规定,只有基于法律问题):

(a)如果公共机构的住址在英格兰或威尔士,则是高等法院(High Court of Justice);

(b)如果公共机构的住址在苏格兰,则是苏格兰高等法庭(Court of Session);以及

(c)如果公共机构的住址在北爱尔兰,则是北爱尔兰高等法院(High Court of Justice in Northern Ireland)。

——如果获得批准,则由上诉法院就法律问题进行审查[1]

——如果获得批准,则由上议院就法律问题进行审查

在一些国家只有一个层级的外部复审。可能的司法审查层级不

〔1〕 这只适用于公共机构的地址位于英格兰、威尔士和北爱尔兰的情形。因为这是第二层级的司法上诉,所以,上诉法院只有在以下情况下才予以批准:(a)该上诉可能会提出一个在原则上或实践中的重要问题;或者(b)存在其他非常有说服力的理由让上诉法院实施审查。对于公共机构地址位于苏格兰的情况,根据苏格兰《信息自由法案》,其上诉程序是不同的。

仅取决于每个国家的法院层级，而且像在英国那样，还取决于寻求司法审查的权利是自动的还是需要取得法院的批准。不过，考察整个欧盟的不同司法审查体制已经超出了本书的研究范围。

正如图表3.2所表明的那样，欧盟各国的外部复审结构大相径庭。明显地，多数国家要么选择的是监督专员的模式，要么选择的是信息专员的模式，其他大多数则设立了专门的信息委员会来处理复审事宜。在政府信息公开事项上，专门的外部复审机构所具有的优势在于，它们具备本领域的专业能力，能够做出更一致的解释和裁决。

图表3.2　政府信息公开纠纷解决和复审结构

国家	内部复审	外部复审	司法审查
奥地利	行政机关	行政法院	
比利时	行政机关	行政文件管理委员会（Commission d'accès aux documents administratifs）	国务委员会（State Counsel）
保加利亚	无	无	地区法院或最高行政法院（Regional court or Supreme Administrative Court）
捷克共和国	有	权利公设辩护人（监督专员）［Public Defender of Rights（Ombudsman）］	法院
丹麦		人民监督专员（Folkingets Ombudsman）	
爱沙尼亚		数据保护监督专员（Data Protection Inspectorate）	行政法院（Administrative Court）
芬兰	向上一级机构	司法大臣、议会监督专员或数据保护监督专员（Chancellor of Justice, Parliamentary Ombudsman, or Data Protection Ombudsman）	行政法院或最高行政法院（Administrative Court and Supreme Administrative Court）

续表

国家	内部复审	外部复审	司法审查
法国	无	行政文件管理委员会[Commission d'accès aux documents administratifs(CADA)]	行政法院(Administrative Court)
德国	有	联邦数据保护和信息自由专员(Federal Commissioner for Data Protection and Freedom of Information)	法院
希腊	有	监督专员(Ombudsman)	
匈牙利		议会数据保护和信息自由专员(Parliamentary Commissioner for Data Protection and Freedom of Information)	法院
爱尔兰	有	信息专员	高等法院,然后是最高法院(High Court, then Supreme Court)
意大利			地区行政法院,然后是国务委员会(Regional Administrative Court, then Council of State)
拉脱维亚	向机构首脑或上一级机构	国家数据监督专员(State Data Inspectorate)	法院
立陶宛	申诉争议委员会(Appeals Dispute Commission)	议会监督专员(Seimas Ombudsman)	行政法院(Administrative Court)

续表

国家	内部复审	外部复审	司法审查
荷兰	有		行政法院(Administrative Court)
波兰	有		法院
葡萄牙		行政文件管理委员会[Commission of Access to Administrative Documents(CADA)]	
罗马尼亚	有	人民辩护人(监督专员)[People's Advocate(Ombudsman)]	法院
斯洛伐克共和国	有,向上一级机构		法院
斯洛文尼亚		信息专员	法院
西班牙	有	监督专员(Ombudsman)	
瑞典	有	议会监督专员(Parliamentary Ombudsman)	法院和最高行政法院(Courts and Supreme Administrative Court)
英国	有	信息专员、信息裁判所(Information Tribunal)	英格兰/北爱尔兰高等法院,(苏格兰)高等法庭[High Court of Justice in England / Northern Ireland, Court of Session(Scotland)]

3.1.4.3 外部复审机构的权限

就复审机构的权力而言,最关键的区别就在于它们做出的裁决对于政府机构是具有约束力的,还是仅仅只是建议(“约束力”在这里意味着,除了有权就法律问题向上一级,通常是司法审查机构上诉之外,政府机构必须遵守复审机构的裁决)。欧盟国家中的复审机构既包括那些仅具有建议权力的情形(比如法国和丹麦的情况),也包括那些具有约束性权力(诸如英国、爱尔兰、斯洛文尼亚)的机构。在一些复审机构仅具有建议权力的国家,比如丹麦,其监督专员的建议也几乎一直都为政府机构所遵循。[1]

为了执行一项复审裁决,复审机构必须具有必要的权力,包括(但并不限于)下列权力:

——要求提交与申诉相关的文件

——在确保机构保密的前提下,进入政府机构搜查有关文件

——要求宣誓

——如果官员拒绝遵守复审机构的指令或被发现阻碍了政府信息公开法案的实施(例如在未经批准的情况下篡改或破坏文件,或者做出虚假说明),则对其予以制裁

许多复审机构都强调在正式听审之前采取调解或与申请人协商的方式来解决问题。特别是采取信息专员和监督专员模式的机构尤其如此。[2] 调解可以涵盖一系列广泛的程序,大部分都是非正式的,尽管其中可能包括对提交法律主张的准备。取决于工作量大小,复审机构可能会在调解过程中采取面对面会议、电话讨论、交换书面提交的文件等形式。因为被主张属于例外的文件内容不允许公开,所以不能完全进行文件交换。在某些情况下,政府机关会既不肯定也不否定被申请的文件是否存在,这会导致更加困难的局面,申诉人甚至都无法提起申诉。作为一项规则,调解不提倡聘请法律代理人,尽管也不禁止。这是削弱外部复审正式性和高价性的一个方面,以使一般公民

〔1〕 对丹麦监督专员办公室(Danish Ombudsman's office)的调查反馈中阐明了这一点。

〔2〕 2006/2007 年度,英国信息专员按照非正式程序处理了 45% 的案件;2006 年,爱尔兰信息专员在不用做出正式裁决令的情况下解决了 10% 的案件。

更容易接受。

3.2 中国政府信息公开的监督与救济机制

3.2.1 政府信息公开的监督机制

在中国,对行政机关各种活动的监督是全方位的,既有各级人民代表大会及其常委会对本级人民政府的监督,又有人民法院通过行使行政审判权、审理行政诉讼案件,在对自然人、法人及其他组织的合法权益进行救济的同时,对行政机关的活动进行监督,另外,还有行政系统内部的各种监督机制。行政系统内部的监督既包括上级机关对下级机关的监督,也包括专门的监察机关对本级人民政府及下级人民政府进行的监督,另外,还包括有权限的行政机关通过行政复议制度,在对公民、法人及其他组织的合法权益进行救济的同时,对有关行政机关的活动进行监督。与其他行政系统内部的监督机制不同的是,行政复议必须在公民、法人或者其他组织提出申请的情况下,才能启动,而且,随着依法行政的推进,行政复议和行政诉讼一样,更多地承担着对当事人合法权益进行救济的功能,因此,本报告将其放在"政府信息公开的救济机制"部分中加以说明。

根据《宪法》以及《中华人民共和国地方各级人民代表大会和地方各级人民政府组织法》,上级行政机关有权监督下级行政机关的活动。具体而言,国务院有权改变或者撤销各部、各委员会发布的不适当的命令、指示和规章;有权改变或者撤销地方各级国家行政机关的不适当的决定和命令(《宪法》第 89 条)。而县级以上的地方各级人民政府领导所属各工作部门和下级人民政府的工作,有权改变或者撤销所属各工作部门和下级人民政府的不适当的决定(《宪法》第 109 条,《中华人民共和国地方各级人民代表大会和地方各级人民政府组织法》第59、66条)。

同时,中国还设有专门的行政监察制度,由专门的行政监察机关负责对行政机关的活动进行监督。各级监察机关是人民政府行使监察职能的机关,依法对国家行政机关、国家公务员和国家行政机关任命的其他人员实施监察。国务院监察机关(即监察部)主管全国的监察工作,县级以上地方各级人民政府监察机关负责本行政区域内的监察工作,对本级人民政府和上一级监察机关负责并报告工作,监察活动以上级监察机关领导为主。各级监察机关对本级人民政府各部门及其国家公务员、本级人民政府及本级人民政府各部门任命的其他人员、下一级人民政府及其领导人员进行监察(《中华人民共和国监察法》第15、16条)。

监察机关主要履行下述职责:(1)检查国家行政机关在遵守和执行法律、法规和人民政府的决定、命令中的问题;(2)受理对国家行政机关、国家公务员和国家行政机关任命的其他人员违反行政纪律行为的控告、检举;(3)调查处理国家行政机关、国家公务员和国家行政机关任命的其他人员违反行政纪律的行为;(4)受理国家公务员和国家行政机关任命的其他人员不服主管行政机关给予行政处分决定的申诉,以及法律、行政法规规定的其他由监察机关受理的申诉;(5)法律、行政法规规定由监察机关履行的其他职责(《中华人民共和国监察法》第18条)。

监察机关经过检查和调查,可以做出监察建议或者监察决定,包括责令有关行政机关改正违法或者不当的行为、对责任人进行行政处分(《中华人民共和国监察法》第23、24条)。对公务员的处分包括:警告、记过、记大过、降级、撤职、开除。

行政监察制度与行政复议制度有很多相似之处,但是,两者却是完全不同的两项制度。首先,两者的目的不完全相同。虽然两者的目的和作用都包括对行政机关活动进行监督，以及对公民、法人及其他组织的合法权益进行救济，但是，行政监察的根本目的在于进行监督，而行政复议则以救济为主要目的。其次，承担行政监察和行政复议职能的机关不同。在中国，行政监察由专门的行政监察机关负责，而行政复议则没有专门的机关，只是一般由上级机关负责审查复议案件。再次，公民、法人及其他组织在行政监察和行政复议中的地位不同。公民、法人或者其他组织可以就有关行政机关或者其公务员的行为向上级行政机关或者监察机关投诉、举报，但是，投诉和举报并不是上级行政机关或者监察机关启动监督程序的必经阶段。而行政复议程序的启动则必须由公民、法人或者其他组织提出申请，而且，随着行政复议制度的改革，公民、法人或者其他组织在行政复议审查程序中的地位越来越重要。

具体到政府信息公开制度，《条例》所做的规定如下：

第二十九条　各级人民政府应当建立健全政府信息公开工作考核制度、社会评议制度和责任追究制度，定期对政府信息公开工作进行考核、评议。

第三十条　政府信息公开工作主管部门和监察机关负责对行政机关政府信息公开的实施情况进行监督检查。

第三十三条第一款　公民、法人或者其他组织认为行政机关不依法履行政府信息公开义务的，可以向上级行政机关、监察机关或者政府信息公开工作主管部门举报。收到举报的机关应当予以调查处理。

第三十四条　行政机关违反本条例的规定，未建立健全政府信息发布保密审查机制的，由监察机关、上一级行政机关责令改正；情节严重的，对行政机关主要负责人依法给予处分。

第三十五条　行政机关违反本条例的规定，有下列情形之一的，由监察机关、上一级行政机关责令改正；情节严重的，对行政机关直接

负责的主管人员和其他直接责任人员依法给予处分;构成犯罪的,依法追究刑事责任:

(一)不依法履行政府信息公开义务的;

(二)不及时更新公开的政府信息内容、政府信息公开指南和政府信息公开目录的;

(三)违反规定收取费用的;

(四)通过其他组织、个人以有偿服务方式提供政府信息的;

(五)公开不应当公开的政府信息的;

(六)违反本条例规定的其他行为。

《条例》明确要求针对政府信息公开工作建立健全工作考核制度和责任追究制度,针对未来可能出现的不依法履行《条例》规定的政府信息公开义务的情形,规定了明确的法律责任。同时,《条例》还明确要求建立健全社会评议制度,这意味着,除了行政系统内部的监督机制之外,《条例》还注重就政府信息公开工作引入社会监督机制,以便进一步推动各级行政机关的政府信息公开工作。

在监督主体方面,《条例》沿用了现行的行政监督机制,而没有引入像欧洲信息专员或者议会监督专员那样的制度。欧洲有关国家所建立的信息专员、议会监督专员都在政治和经济上独立于行政机关,一般由议会任命,对议会负责。而在中国,如前所述,《条例》属于国务院制定的行政法规,只能用以规范行政机关的活动,不可能对属于国家权力机关的全国人民代表大会及其常委会的事项做出规定。因此,也就无法像欧洲国家那样,通过《条例》建立类似于信息专员或者议会监督专员那样的监督机制。

3.2.2 中国政府信息公开的救济机制

在中国,公民、法人及其他组织认为行政机关就特定事项、针对特定当事人做出的有关决定侵害其合法权益的,可以依法提起行政诉讼或者申请行政复议，申请对行政机关的行为进行审查并对自身权益进行救济。也就是说，中国涉及行政机关活动的法定救济机制包括行政复议和行政诉讼。行政复议是行政机关系统内部的救济机制，由行政机关负责审查有关案件，而行政诉讼则由独立于行政机关的法院对案件进行裁判。《条例》参考了其他国家和地区推行政府信息公开制度的经验，明确允许政府信息公开的申请人通过行政诉讼和行政复议制度，保障自身在政府信息公开活动中的合法权益。具体规定如下：

第三十三条第二款　公民、法人或者其他组织认为行政机关在政府信息公开工作中的具体行政行为侵犯其合法权益的，可以依法申请行政复议或者提起行政诉讼。

在中国现行的救济机制下，除法律法规另有规定的以外，当事人对行政机关的具体行政行为不服的，可以申请行政复议或者提起行政诉讼（《中华人民共和国行政诉讼法》第37条）。也就是说，除特殊情况外，当事人可以自行选择直接提起行政诉讼，或者先申请行政复议，对行政复议决定不服的，再提起行政诉讼。

3.2.2.1　中国涉及行政机关活动的救济机制现状

所谓行政复议，是指有关的行政机关为了维护当事人的合法权益，而根据当事人的申请，对当事人认为侵害其合法权益的具体行政行为的合法性和合理性进行审查的法律制度。中国于1999年颁布了《中华人民共和国行政复议法》（以下简称《行政复议法》），国务院还于2007年5月23日颁布了《中华人民共和国行政复议法实施条例》（以下简称《行政复议法条例》）。需要注意的是，行政复议不同于行政诉讼，不是由作为司法机关的法院审理案件，而是一种行政机关内部的自我纠错机制。

根据《行政复议法》，除其他法律另有规定的以外，公民、法人或者其他组织认为行政机关的具体行政行为侵犯其合法权益的，可以自知道该具体行政行为之日起60日内提出行政复议申请(第9条)。在中国,申请行政复议是免费的。

行政复议案件原则上由做出具体行政行为的行政机关的上级行政机关负责审查。比如:

1. 对县级以上地方各级人民政府工作部门的具体行政行为不服的,申请人可以向该部门所属的本级人民政府申请行政复议,也可以向上一级主管部门申请行政复议;对海关、金融、国税、外汇管理等实行垂直领导的行政机关和国家安全机关的具体行政行为不服的,则向上一级主管部门申请行政复议(《行政复议法》第12条)。

2. 对地方各级人民政府的具体行政行为不服的,由上一级地方人民政府对行政复议申请进行审查(《行政复议法》第13条)。

3. 对国务院部门或者省、自治区、直辖市人民政府的具体行政行为不服的,由作出该具体行政行为的国务院部门或者省、自治区、直辖市人民政府负责审查行政复议的申请。对行政复议决定不服的,可以向人民法院提起行政诉讼;也可以向国务院申请裁决,国务院依照本法的规定作出最终裁决(《行政复议法》第14条)。

当事人申请行政复议可以采取书面形式或者口头形式。复议机关审查行政复议案件原则上采取书面审查的形式,但是,对重大、复杂的案件,申请人提出要求或者行政复议机构认为必要时,可以采取听证的方式审理(《行政复议法条例》第33条)。行政复议机关应当自行政复议申请受理之日起7日内,将行政复议申请书副本或者行政复议申请笔录复印件发送给被申请人(即作出具体行政行为的行政机关),被申请人应当自收到申请书副本或者申请笔录复印件之日起10日内,提出书面答复,并提交当初作出具体行政行为的证据、依据和其他有关材料(《行政复议法》第23条)。

行政复议机关应当自受理申请之日起60日内作出行政复议决

定,但是法律规定的行政复议期限少于60日的除外,对于一些案情复杂的案件,经行政复议机关的负责人批准,行政复议期限可以最多延长30日(《行政复议法》第31条)。

行政复议的决定包括以下几种:

1. 维持决定:适用于行政复议机关认定,被申请人做出原具体行政行为时认定事实清楚、证据确凿、适用依据正确、程序合法、内容适当的情形;

2. 履行决定:适用于行政复议机关经审查认定,被申请人未依法履行法律法规规定的职责,因此,责令其在一定期间内履行法定职责的决定;

3. 撤销、变更或者确认决定:是指原行政行为主要事实不清、证据不足,适用依据错误,违反法定程序,超越或者滥用职权,或者具体行政行为明显不当,行政复议机关因此做出撤销、变更或者确认该具体行政行为违法的决定;

4. 赔偿决定:是指申请人在申请行政复议时可以一并提出行政赔偿请求,行政复议机关对符合国家赔偿法的有关规定应当给予赔偿的,在决定撤销、变更具体行政行为或者确认具体行政行为违法时,同时决定被申请人依法给予赔偿。

除了行政复议制度之外,行政诉讼也是公民、法人及其他组织在行政管理活动中保障自身合法权益的一项重要制度。在中国,行政诉讼是和民事诉讼、刑事诉讼并行的一项诉讼制度,是法院应公民、法人及其组织的请求,通过法定程序对具体行政行为进行审查,进而解决一定的行政争议的活动。

中国现行的行政诉讼制度发端于1982年颁布试行的《民事诉讼法》,该法第3条第2款规定,法律规定由人民法院审理的行政案件,适用本法规定。据此,人民法院的经济审判庭开始了审理行政诉讼案件的司法实践。1989 年 4 月由全国人民代表大会通过了《中华人民共和国行政诉讼法》(以下简称《行政诉讼法》),该法于 1990 年 10 月 1 日施行,行政诉讼案件由人民法院的行政审判庭负责审理。最高人民法院还先后颁布了司法解释,指导各级法院审理行政诉讼案件。

与有些国家的制度不同,中国没有专门的行政法院审理行政诉讼案件,而是由设在法院中的行政审判庭负责审理。中国的法院分为四级,由高到低分别是:最高人民法院、高级人民法院、中级人民法院、基层人民法院。一审行政诉讼案件原则上由基层人民法院审理。中级人民法院负责审理的一审行政诉讼案件主要包括:确认发明专利权的案件、海关处理的案件;对国务院各部门或者省、自治区、直辖市人民政府所作的具体行政行为提起诉讼的案件;本辖区内重大、复杂的案件。

除法律法规另有规定的以外,当事人直接提起行政诉讼的,应当在知道做出具体行政行为之日起 3 个月内提出(《行政诉讼法》第 39 条)。除法律另有规定以外,申请人不服行政复议决定的,可以在收到复议决定书之日起 15 日内向人民法院提起行政诉讼,复议机关逾期不作决定的,申请人可以在复议期满之日起 15 日内向人民法院提起诉讼(《行政诉讼法》第 38 条)。

同其他诉讼一样,行政诉讼以公开审判为基本原则,除涉及国家秘密、个人隐私和法律另有规定的以外,所有案件均实行公开审理(《行政诉讼法》第 45 条)。法庭审理需经过法庭调查、法庭辩论等程序,所有证据必须经过当庭质证并经查证属实后方可以作为定案证据。

在中国,所有诉讼案件的审理原则上采取两审终审制,对于一审法院的裁判不服的,当事人可以在法定期限内提起上诉,二审法院的裁判具有终结效力。

法院做出的一审判决包括如下几种情形：

1. 维持判决。即法院通过审理，查清了案件的全部事实，确认被告的具体行政行为合法，予以维持。

2. 撤销判决。即法院通过审理，查清了案件的全部事实，确认被告的具体行政行为全部或者部分违法，因而全部或者部分地撤销被告的具体行政行为，并责令其重新做出具体行政行为。

3. 驳回诉讼请求判决。这是法院在查明案件事实的基础上而对原告诉讼请求做出的否定性判断，是对被诉具体行政行为的间接肯定。

4. 变更判决。这是指法院直接变更被诉具体性行政行为的判决。这种判决只适用于行政处罚，而且，只能针对显失公平的行政处罚做出。

5. 履行判决。这是指法律在判决中责令被告在一定的期限之内履行法定的职责。这种判决不只适用于行政不作为的案件，也适用于被告明确拒绝公民、法人或者其他组织的申请的案件。

6. 确认判决。这是指法院以判决的形式对被诉行政行为的合法性进行判定，包括确认被诉具体行政行为合法或者有效以及确认其违法或者无效。

针对行政机关公开政府信息的行为，《条例》为当事人规定了行政复议和行政诉讼两种救济途径，而且，当事人可以自行决定是先申请行政复议，还是直接提起行政诉讼。按照《条例》的规定，涉及政府信息公开活动的行政争议将和其他案件一样适用《行政复议法》或者《行政诉讼法》的规定。但是，涉及政府信息公开的行政复议案件或者行政诉讼案件往往不同于一般的行政案件，比如，在原告资格方面，复议申请人或者诉讼原告不一定与争议所涉及的政府信息有利害关系；在案件审理方式上，不能简单地套用公开审理的原则以及诉讼中对证据的质证规则，因为，此方面争议一般都涉及特定信息是否应当公开，如果不加区分地进行公开的审理和质证，则保密也就失去了意义，而且，在涉及国家秘密的案件中，并非所有的复议审查人员或者诉讼审判人员都有资格接触该信息。

3.2.2.2 中国地方政府在推行政府信息公开制度过程中实施救济的状况

中国许多地方政府所制定的政府信息公开方面的规定都引入了行政救济的机制，允许当事人就行政机关公开政府信息的行为申请行政复议或者提起行政诉讼。其中，上海市涉及政府信息公开的行政复议或者行政诉讼案件相对较多，行政救济机制在推进实施政府信息公开制度方面发挥了明显的作用。

根据上海市公布的年度报告，在该市推行政府信息公开制度的过程中，行政复议对推动公开、保障申请人权益发挥了很大作用。据上海市政府信息公开年度报告的统计，2004 年，上海市市政府受理了 21 件政府信息公开方面的行政复议申请，当年审结 13 件。在审结的 13 件复议案件中，维持具体行政行为的 6 件，申请人主动撤回申请的 1 件，确认具体行政行为违法的 3 件，责令行政机关履行职责的 1 件，政府机关自行纠正具体行政行为、申请人撤回申请而终止审理的 2 件，纠错率为 46.2%。2005 年，上海市市政府受理涉及政府信息公开的行政复议案件 62 件，当年已审结 57 件。在审结的 57 件复议案件中，维持具体行政行为的 26 件，申请人主动撤回申请的 3 件，确认具体行政行为违法的 9 件，责令行政机关履行职责的 3 件，政府机关自行纠正具体行政行为、申请人撤回申请而终止审理的 1 件，纠错率为 22.8%。而 2006 年上海市市政府受理有关政府信息公开的行政复议申请 106 件，当年办结 79 件。在办结的 79 件复议申请中，维持具体行政行为 61 件，纠错 18 件，纠错率为 17.2%。

而在行政诉讼方面，除了2006年度没有准确的统计数据之外，2004年上海全市发生针对各政府机关有关政府信息公开事务的行政诉讼案件6件，其中因对行政复议决定不服而提起行政诉讼的5件，对政府机关的答复不服而提起行政诉讼的1件；2005年全市发生针对各政府机关有关政府信息公开事务的行政诉讼案件29件，其中因对行政复议决定不服而提起行政诉讼的18件；对政府机关的答复不服而提起行政诉讼的11件。

根据对上海市有关部门和部分公务员的走访，包括曾经因政府信息公开而在行政诉讼中作为被告的部门在内，人们普遍认为，上海市信息公开制度的实施效果比别的地方好，是因为行政复议，尤其是行政诉讼制度的推动。正是由于允许当事人对政府机关公开信息的行为申请行政复议或者提起行政诉讼，才真正督促政府机关依法公开信息。

3.3 对最佳实践的建议

3.3.1 中央机构

欧盟国家的经验表明，许多职能最好由中央机构来执行，不仅仅是在政府信息公开的实施阶段，在政府信息公开的维持阶段也一样。这些职能被列举在上述3.1.2.1至3.1.2.4部分，即政策制定和系统建设职能、培训和建议职能、管理和监督职能以及提升公众认知职能。中央机构履行这些职能可以极大地节省时间和人力资源，因为其他单个政府机构就不再需要为此建立自己的系统、程序、培训和促进工作了。这样做还可以确保更强的一致性和绩效控制，因为只会有一个权威指南的来源，而不是每个机构都会自行对法令进行解释，后者可能会带来更大的错误风险。对于在第5节中着重论述的培训而言，只要中央机构参与相关资料的形成、委托他人实施培训就可以了，并不需要中央机构自己来实施培训。

3.3.2 复审机构

欧盟的经验强烈支持设立一个特定的、在信息公开领域具有专业知识的复审机构。另外还表明，如果除了正式的听审之外还有调解和非正式的解决方式，复审机构所能发挥的效果会更好。但是，只有在前述方法和原则得以适用的条件下，复审职能才能在现有体制下得以充分发挥。对于不满内部复审决定的申请人，如果能提供一种他们能够承担的、必要的其他选择的话，条例的目标将更容易达到。在那些申诉至法院是唯一选择的国家，由于这种机制非常复杂、成本也高，所以申诉率非常低，大部分案件都是由商界人士而非普通公民提起的。

3.3.3 其他建议

除此之外，我们还有必要注意以下几点：

第一，政府信息公开各类机构的设置既要认真借鉴国外成功经验，又要立足于本国国情。任何一个国家在设置政府信息公开的机构方面，都深受其历史、文化、宪政体制、政治制度等因素的影响。即便在欧洲，其各成员虽然在政府信息公开相关机构的设置方面存在一定的共性，但也存在这样那样的差异。而且，在世界范围这一大背景下，各国在政府信息公开领域的机构设置也是千差万别的。在此方面，每个国家都有必要虚心地总结和借鉴其他国家在某些方面成功的经验，但又必须特别注意相关制度是否符合本国的实际国情。因为，如果不顾自身国情地引入相关制度，即便该制度在其他国家是成功的，在自己的国家中却未必能够发挥应有的作用。而且，立法主体必须遵循自己所拥有的立法权限，需要考虑依据相关法律法规是否有权限就相关问题作出规定。中国的《政府信息公开条例》正是基于这样的认识，从中国的宪政体制等实际情况出发，对政府信息公开的机构设置进行了符合中国国情的设计，即由国务院办公厅负责主管全国的政府信息公开事务，各地县级以上人民政府负责主管本地方的政府信息公开工作，由监察机关依照《行政监察法》等法律法规对政府机关实施政府信息公开工作的情况进行监督，并依照现行的行政复议机制和行政诉讼机制对涉及政府信息公开的行政纠纷进行处理。

第二，设立专门的政府信息公开主管机构是实施政府信息公开法制的重要方面。欧洲各国在实施政府信息公开法制方面的一个成功经验就是，要指定专门的机构负责从宏观上领导政府信息公开的相关工作。欧洲的经验表明，通过指定专门机构，可以在履行政府信息公开的政策制定、系统建设、培训等职能方面，在各政府机关之间进行最低限度的互相协调，提高法律实施的效率。中国的《政府信息公开条例》正是借鉴了欧洲这方面的经验，指定了专门的机关负责管理政府信息公开的相关事务。在中央层面上，该机构是国务院办公厅，在地方层面上，此类机构则是县级以上人民政府办公厅(办公室)或者各地政府指定的其他机构。这些机构将在各自管辖的区域内，负责政府信息公开的推进、指导、协调、监督等工作。政府信息公开的主管部门应当和后述的联席会议一同，针对各部门在实施政府信息公开过程中发现的问题进行总结，形成一定的细则性规定，指导其他部门处理今后遇到的类似案件。

第三，必须就政府信息公开工作，在政府机关之间构建必要沟通机制，协调相关工作，共享工作经验。欧洲一些国家的经验表明，各政府机关为实施政府信息公开而建立的政府信息公开的网络是十分成功的。通过这样的网络，各政府机关之间形成了一个实施政府信息公开的平台，各政府机关负责政府信息公开工作的机构或者工作人员可以在此平台上就涉及各机关的工作进行沟通，共享各自在政府信息公开工作方面的经验和教训，这有利于各政府机关共同提高处理政府信息公开工作的能力和意识,也有利于在政府机关内部形成透明文化和公开氛围。中国很多地方政府在实施政府信息公开的过程中,已经确立了很多跨部门的联席会议制度(如上海市、湖北省等)。通过该制度,各类政府机关可以共同协调政府信息公开的工作,就一些疑难、复杂问题进行共同探讨。今后,可以进一步借鉴英国、爱尔兰等欧洲国家在政府信息公开网络方面的经验,进一步完善部门间的沟通与协调机制,通过面对面召开会议,或者通过利用现代信息技术,借助电子邮件、网络论坛、视频会议等形式进行定期或者不定期的沟通和信息共享,在政府机关之间形成共同研究政府信息公开问题的氛围和机制。另外,英国的信息交换所(Clearing House)在处理跨部门申请、疑难复杂申请等方面提供了很好的范例。而在中国为此设立专门性机构存在一定的困难,但是,中国可以进一步活用联席会议制度,使联席会议这一非常设机构可以发挥英国信息交换所在处理特定政府信息公开申请方面的作用。

第四,每个政府部门之中都需要指定专门机构或者专门人员负责政府信息公开工作,并确保主要工作人员具备实施政府信息公开的专业知识。欧洲有关国家的经验表明,无论是怎样的政府机构,都需要有专人负责政府信息公开的工作,政府信息公开职责的集中有利于法律的实施,并可确保处理政府信息公开事务的专业性和防止出错。也正是基于对这一问题的足够认识,条例要求各级人民政府以及县级以上人民政府的部门指定内部机构作为政府信息公开工作机构,负责本机关的政府信息公开事务。此类机构负责本机关的政府信息公开工作,包括具体受理和办理政府信息公开的申请。同时,对于一些工作量较大,所处理的政府信息和所涉及的政府信息公开申请较多的内部机构,可以考虑指定专人兼职负责本机构的政府信息管理工作,并配合政府信息公开工作机构。如前所述,在英国等欧洲国家,还委派负责 FOI 事务的高级职员担任“FOI 支持者(FOI Champion)”,这也是很值得借鉴的做法。在中国政府信息公开制度现有的管理体制下,可以考虑指派较高级别的领导干部具体负责领导本机关政府信息公开工作机构的工作,并要求各内部部门由其主要领导直接负责本部分的政府信息公开工作,对专职或者兼职负责本机构政府信息公开的人员进行直接的领导。同时,应当不断强化专家在政府信息公开工作中的作用,允许理论研究、实务工作的专家参与政府信息公开的各项工作,以确保合法、科学地推行政府信息公开工作。

4 政府信息公开的培训[1]

4.1 欧盟成员国政府信息公开的培训

4.1.1 经过培训的政府机关工作人员对推进政府信息公开是十分必要的

通过研究和调查，我们发现，人们普遍认为，接受较好培训的工作人员乃是确保政府信息公开制度得以有效实施的关键。给予培训细致的关注对确保获得下述正面的结果是十分必要的：

- 相关程序和政策得到正确且一贯的遵守，并可以提供较高水准的政府信息公开方面的服务——有益、充分并在时限之内；
- 符合要求的政府信息被公开（且不符合要求的信息不被公开）；

---

〔1〕 关于研究范围的说明：本部分主要分析针对政府机关工作人员的培训问题，至于如何提高公众对政府信息公开法制的认知，则在第5部分“实施”中加以介绍。

- 在不同政府机关,公众获取信息的机制是一致的,这可以确保公众对政府的信心和尊重。

为了普及最佳实践的方法以便于各方面借鉴学习,有效的政府信息公开培训要求做到:

- 提供及时的、与相关工作人员的需要、任务和职能相适应的培训;
- 获得高级管理层的支持;
- 提供培训所需的充分的资源(包括向工作人员提供时间和旅费,给予授课人备课和讲课的时间,另外,还包括会场、培训资料复印、信息技术运用方面的资源);
- 培训具有很强的实践性和"手把手性(hands—on)":不仅要有授课,还要有机会处理样本案例文件、针对其公开事务训练制定政府信息公开的决定,以及之后由学员小组或授课人对学员的成果进行检验。

如后述的例子所示,在政府信息公开制度实施的前后,培训的模式是所有差异的(而如瑞典等一些欧盟成员国,其政府信息公开制度已经实施了很长时间,以至于我们不能收集到其在准备实施该制度的阶段进行培训的数据)。通过调查表明,一些未提供政府信息公开培训的地区[比如,德国的北莱茵—威斯特法伦州(Nordrhein—Westfalen)]的政府机关工作人员在适用法律时遇到了一些困难,包括:对政府信息公开的申请缺乏认知,不能在规定期限内作出决定,曲解了法律规定,在作出不予公开信息决定时不能给出恰当理由。换言之,通过了解工作人员未被培训的结果,培训的重要性得到了进一步的支持。

如下表所示,在政府信息公开的培训方面,最佳的做法是设置两个阶段的培训(当然,两个阶段之间的培训模式会有所交叉)。

培训阶段	涉及的问题
实施阶段[1]	• 所有工作人员对政府信息公开的总体认知 • 使所有对外联系的工作人员(public contact staff)了解如何帮助公众查找信息(利用信息公开目录和提出公开信息的申请) • 使高级职员具备战略眼光 • 对政府信息公开的决定做出者和复审人员进行"手把手"的从业培训 • 对信息管理人员、法务人员、调查人员等进行专门培训
实施后的阶段("后续的维持"阶段)	• 在诸如针对新进入的工作人员所提供的入门培训以及客户服务课程、文件管理课程等基本培训项目之中,目前已经纳入了有关政府机关在政府信息公开方面的职责以及程序等方面的内容 • 对监督者和管理者进行政府信息公开方面的适时更新,包括对公开效果的跟踪和进度报告 • 仍需要开展面向政府信息公开决定做出者和复审人员的"手把手"的专业培训,但是,其形式和内容可以根据法院和复审机构作出的政府信息公开裁决加以调整 • 为文件管理人员、法务人员、调查人员等提供专门的政府信息公开方面的培训

几乎所有为政府信息公开实施阶段而准备的培训资料对于维持阶段的培训都是有用的。除了面向专业人士和从业者的培训之外,其他大多数政府信息公开培训都将被整合纳入面向公职人员的常规性培训课程。比如,英国司法部正在与国家行政学院(NSG)合作,在该学院的政策与法律课程中加入政府信息公开的内容,以使中央政府能

---

〔1〕 根据第5部分,实施(implementation)一词不仅是指信息公开法律完全生效之日,它也被用来指称政府信息公开规则成为法律之前必须完成的一些准备工作。因此,这里的"实施阶段"实际上也包括实施准备阶段。

被更具前瞻性地植入一种政府信息公开的文化。[1]

4.1.2 设计一项培训策略的模式

设计一项培训策略的模式包含以下步骤:

- 确定何种领域或何种文件最有可能成为政府信息公开的对象,或具有包含在公开目录之内的信息
- 确定特定工作团体的培训需要
- 确定各种培训的人数
- 评估各种授课方式、注意资源方面的限制(比如,脱离工作的时间、差旅成本)
- 设定具有以下性质的培训目标:

  ——具体的

  ——可测的

  ——可达到的

  ——以结果为中心的

  ——有时间限制的
- 准备好培训课程和材料
- 准备好授课时间表
- 考虑培训方式的多样性
- 实施培训
- 评估效果(有间隔的:最初、6个月之后、1年之后等)
- 审查和更改后续培训的材料/计划

另外,欧盟成员国(那些培训工作做得最好的国家)的培训经验

---

〔1〕 书面证明,英国国会下院宪法事务委员会:"信息自由——一年以来",第49页(Written evidence, House of Commons Constitutional Affairs Committee, *Freedom of Information—one year on*, p. 49),载 http://www.publications.parliament.uk/pa/cm200506/cmselect/cmconst/cmconst.htm。

告诉我们要牢记以下事项：

培训内容必须非常实用和具体，要提供案例分析、训练，甚至提供文书样本以供教学。应当在相关政策和程序出台后开展对从业者的培训。

培训材料需要适合每个机构的需要。应采用某些核心的共同材料（特别是，如果层次较高的内容具有灵活性和适应性），以确保一致的解释和政策适用，但是，每个机构应当定位于满足自己特定需要的培训。特定领域或人员的特定需要应当得到确认和强调。例如：

- 对于处理采购信息事项的人员，培训中需要包含更多有关商业信息、商业秘密、公共利益标准、保密条款以及咨询第三方的详细内容。
- 对于调查和执行人员，培训中需要具备更多有关机密性（及其限制）、合法特权（legal privilege）以及其他相关例外的详细内容。
- 对于处理个人信息的人员，培训中需要包含更多有关数据保护原则、个人隐私的例外、咨询第三方以及公共利益标准的详细内容。
- 考虑到机构的组织及其目前有关文件管理的实践，可能还需要对专门的文件管理人员，或文件管理中所有的从业人员进行另外的培训。

如果每个相关机构的最高层级都支持政府信息公开机制，并在培训项目中发挥示范作用，初学者就能够更好地接受培训的内容。

相关资源必须足以有效地开展培训，包括针对处理政府信息公开申请的人员的足够详细的"手把手"课程。政府机构的政府信息公开培训预算应当考虑下列因素：

- 政府机构可能收到的政府信息公开方面的申请数量；

- 涉及的事务领域；
- 目前有关文件和知识管理的情况；
- 整个机构的人员对培训的要求；以及
- 最合适的培训实施机制。

提前挑选出政府信息公开实施之前需要培训的关键因素，并将它们纳入针对新人员的标准入门培训当中。

下面的图表来自于一份苏格兰培训策略文件（a Scottish training strategy document，后文也要予以讨论），该图表引起了对该策略需要下工夫的三个层面的注意：

- 知识和信息（knowledge & information）——事实、立法和知识以及有关程序和步骤的信息。这个领域对于短期的预备实施很重要。
- 技巧和行为（skills & behaviours）——为实施政府信息公开制度并体现其精神，而需要工作人员掌握的东西。这包括做出有关政府信息公开事项的决定的专业技巧，也包括有关文件管理和客户服务的更一般的技巧。
- 文化和承诺（culture & commitment）——达到在态度方面（特别是在较高层次上）长期发展的手段，可以确保公共机构在实现立法的精神方面具有前瞻性。它的重要性在于，确保机构不仅仅采取一种最低限度的标准，不仅仅将政府信息公开视为一种技术/法律问题。[1]

---

〔1〕 信息自由实施小组："对苏格兰公共部门的培训策略"，第 8 ~ 9 页（Freedom of Information Implementation Group, *Training Strategy for Scottish Public Sector*），载 http://www.scotland.gov.uk/Resource/Doc/1066/0003833.pdf。

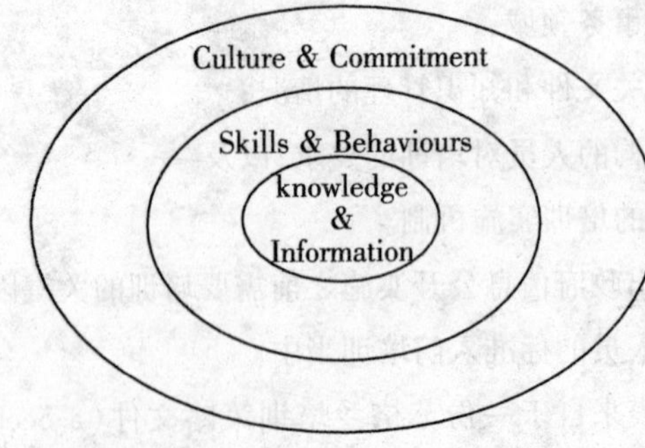

FOI:Training and Communication Strategy

4.1.3 培训模式

以下便是为实施政府信息公开制度所开展的主要培训模式。

4.1.3.1 为高级职员培养有关政府信息公开的战略眼光

这通常由提供给公共机构执行团体和高级管理者的一系列短小的简介构成。它并不试图讲解详细的程序或例外,而只是对政府信息公开的整体实施提供一种宏观的阐述。它应当在实施计划中尽早予以开展,因为高级管理者需要评估政府信息公开对他们的机构可能带来的影响并准备予以处理。苏格兰的调查显示这项培训至少要面向公共机构中1%的职员。

4.1.3.2 提高所有职员及对外联系职员对政府信息公开的认知

公共机构中每一位职员都至少需要对公众获取政府信息的权利有一个大概了解。所有对外联系的职员(无论是通过电话、邮件,还是当面与公众联系,包括保安人员)都需要知道应如何帮助公众提出政府信息公开申请或取得政府信息公开目录。所有在工作中要创建文件的职员都需要知道这些文件可能会公开,所以,他们需要了解适当的文件管理规则。

特别是在立法允许公众提出口头申请的情况下(正如中国《政府

信息公开条例》第20条所规定的)，认知培训应当及于保安人员。“公开社会正义倡导(Open Society Justice Initiative)”组织的一项评估结果发现，调查中有22%的申请人甚至无法提交申请，因为他们无法找到公共办公室的地点或可以向其提交申请的工作人员。[1] 他们建议：

“公共机构应当确保所有的人员，包括前台和接待人员，对公众成员接近机构以及提出信息申请的权利具有基本的理解。”[2]

在实施日期来临之前，所有与公众打交道的工作人员都要知晓公民在政府信息公开方面享有的权利，并知道应如何帮助他们提出政府信息公开的申请或者从政府信息公开目录中获取信息。

4.1.3.3　专门的政府信息公开培训

在所有的机构中都有一小部分人，基于其工作的要求或他们创建的各种文件，而需要接受特殊的政府信息公开方面的培训。例如：

——文件管理人员

——法务人员

——调查人员

——采购人员

——网络管理人员

每一类人员都需要具备政府信息公开方面的基本认知，并得到为满足其特定需要而准备的其他培训。这类工作人员中许多人都是贯穿政府的职业网络的一部分，将这些职业网络与专业培训安排结合起

〔1〕“公开社会正义倡导”组织：“透明和沉默：对十四个国家的信息公开法律及其实践的一项调查”，第84页(Open Society Justice Initiative, *Transparency and Silence: A Survey of Access to Information Laws and Practices in Fourteen Countries*, p. 84)，载 http://www.justiceinitiative.org/db/resource2/fs/? file_id = 17488。

〔2〕前引书，第53页。

来具有很大的价值。

4.1.3.4 针对政府信息公开从业者的培训

在由谁来针对政府信息公开的申请做出决定方面,欧盟国家中存在多种不同模式,所以,各国的负责人员必须详细了解所有立法中的相关规定。尽管将决定权集中于一个政府信息公开部门会让相关事务变得更容易、更有效率,但无论政府信息公开决定者是全职的还是兼职的,最初的培训需要都是一样的。需要指出的是,对一个每年仅处理少量政府信息公开事务的工作人员来说,要求他像具有同每天都要处理信息申请的工作人员同样的技术水平,这是异常困难的。如果公共机构还设有针对政府信息公开决定的内部复审机制,那么,内部复审人员也需要接受同样的从业者培训。

从业者培训需要涵盖以下几个方面:

- 公民获得信息的法定权利
- 事先的公开目录——是如何形成和保持的(第 9 ~ 12 条)[1]
- 如何处理一项信息申请
  ——受理申请(第 20 条)
  ——时间期限(第 24 条)
  ——处理申请的程序
  ——协调机制(第 7 条)
- 寻找相关的文件
- 与申请人协商以明确申请内容(第 21 条)
- 征求第三方(个人、商业机构)有关公开其信息的意见(第 23 条)
- 参照相关法律:保密法,以及其他包含有关公开或禁止信息公开的规定的法律 (第 14、17 条)

[1] 为方便起见,此处以中国的《政府信息公开条例》的规定为参照。

- 解释/适用该条例以决定公开或不予公开(第8、14条)

  ——诸如"国家安全"、"公共安全"、"商业秘密"、"国家秘密"、"个人隐私"以及"公共利益"等术语的含义
- 编辑文件——在公开之前删除不予公开的信息(第22条)
- 费用(第27、28条)
- 书面说明决定的理由(第21条)
- 更正个人信息记录(第25条)
- 申诉和监督机制(第33条)
- 对违反条例的惩罚(第34、35条)
- 汇编统计和年度报告(第31~32条)
- 适用特定的政府信息公开信息系统(如果有的话)

基于欧盟从业者培训课程的经验,一次这样的培训课程需要持续2天或3天。

一些机构将做出政府信息公开决定的责任赋予给他们的法务人员,后者具有法律方面的学识,这让他们具备了解释法律的坚强基础。但是,即使是法务人员也能从专门的政府信息公开培训中获益,因为他们的大学教育可能仅仅只在淹没于众多话题的政府信息公开方面花了很少时间。基于类似的原因,大多数申诉机构(行政文件管理委员会、信息专员)至少都需要其部分职员具备相关法律资质。对于法务人员而言,许多国家都有大量被赋予资质的政府信息公开及相关方面的短期培训课程,这些课程构成了法律从业人员继续教育的一部分。通常由律师事务所或专门的咨询人员提供这类培训。

针对从业者提供的大学课程

一些国家已经开始在政府信息公开方面发展专门的大学课程,以提供给政府信息公开方面的从业者,这些课程覆盖从结业证书、文凭到学位的各种层次。有时候这些课程被称为信息权利课程,尽管它们

会涉及一些法律部门,但是与一般的法律课程并不一样。一个长期的模板是英国艾伯塔(Alberta)大学提供的课程;[1]另外一个是由英国诺森比亚大学最近设立的[信息权利和实践——可获得法律硕士结业证书、文凭或学位的研究生课程(Information Rights and Practice—post—graduate courses leading to Certificate, Diploma or Masters in Law)]。[2] 另外,还有更专业的针对行政裁判所/信息专员办公室职员的大学课程,它们的重点在于政府信息公开案件的调解、纠纷解决和申诉程序方面。[3]

4.1.4 培训方式

培训中有许多方式可以运用,信息通讯技术的应用提供了很多的选择。但对于提高一般认知有效的一些方式对于专门的或从业者层次的培训则不一定有效。

4.1.4.1 认知层次的培训方式

- 面向大班的室内情况简介
- 室内时事通讯/期刊/网络上的文章
- 分发互动 CD/DVD[4]
- 以网络为基础的:常见问题解答、小测验、一般信息、传单、流程图

---

[1] 信息公开和个人隐私保护结业证书项目(Information Access and Protection of Privacy Certificate Program),载 http://www.govsource.net/programs/iapp/index.nclk。

[2] 载 http://northumbria.ac.uk/? view = CourseDetail&code = DTDIRL6。

[3] 例如:由澳大利亚莫纳西大学提供的裁判所程序研究生课程(the post—graduate courses in Tribunal Procedures offered by Monash University in Australia),载 http://www.law.monash.edu.au/postgraduate/law - tribunals.html 和 http://www.law.monash.edu.au/postgraduate/units - tribunals.html。

[4] 一个杰出的例子是由在 110 个海外地点都有办公人员的英国理事会(British Council)所提供的 CD,它可以跨越遥远的距离提供必要的培训。

- 电子学习:以电脑为基础的培训
- 录像/音频/CD/DVD
- 微端交流(Micro—communications):标语、传单、桌垫、鼠标垫和屏保
- 针对所有人员的电子邮件公告/信件/邮寄广告(将工资单发给每个工作人员)
- 当他们进入电脑系统时自动弹出的信息

4.1.4.2 针对从业者的培训方式

- 小组会议和讨论(当面的以及视频的会议)
- 从业者网络,特定利益集团
- 针对小组的技术培训课程
- 电子学习:以电脑为基础的培训
- 录像/音频/CD/DVD
- 网络广播(Webcasts)、播客(Podcasts)、互动卫星广播、会议
- 自我调节进度的学习手册,包括案例分析、测验以及经过处理后的样本

其他作为正式培训课程补充的提高和保持技术水平的手段有:

——互动方式:网络论坛、网络、会议、在线讨论、邮件组

——网站上的资源材料包括指南、程序以及流程图、指引手册、[1]公开的信息专员裁决的全文/摘要、案例分析、测验、会议记

---

〔1〕 英国国防部发布了一份杰出的指引手册范例:"对处理信息自由和环境信息规章申请的办公人员的指示(Hints for Desk Officers handling Freedom of Information and Environmental Information Regulations requests)",载 http://www.mod.uk/DefenceInternet/FreedomOfInformation/PublicationScheme/SearchPublicationScheme/HintsForDeskOfficers-HandlingFreedomOfInformationAndEnvironmentalInformationRegulations.htm。它不长、简单、具有可读性,很好地运用了颜色和漫画的形式以及"能做和不能做"的行为规则来覆盖最基本的要点。

录——包括音频/录像/演讲所用的PPT演示文稿、常见问答、公开日志,以及决定书范本

4.1.5 培训材料的样本

英国信息体制联合委员会(Joint Information Systems Committee, JISC)为政府信息公开的认知培训准备了一个课件包,包括10分钟长的录像、幻灯片、分发的复印资料以及主讲人的演讲笔记。[1] 录像中的案例分析虽然设于大学,但是也可以适用于公共部门的任何机构。他们还制作了另一个10分钟长的录像:“信息自由——对继续教育和高等教育工作人员的必要指导(Freedom of Information—Essential guide for Further Education and Higher Education Staff)”,[2]该录像对于入门和一般认知的培训很有用。

成功运用于有关政府信息公开培训录像中的方法有:

- 包含拍摄下来的由高级官员——总理、公共机构的部长或首席执行长官——发表的支持政府信息公开的演讲声明
- 全程记录政府信息公开申请的处理过程,通过展示相关文件表格和电脑截图来说明从受理开始的各个不同阶段
- 一个戏剧化的故事,关于公众通过使用政府信息公开的手段来寻求解决其问题的方法
- 运用诸如动画系列片中的或从电视节目中摘录出的幽默,比如“是,部长”这个电视节目(关于政府部长的一个英国连续喜剧)

另外,一个培训手册的范本是由“第19条(Article 19)”——一个非政府组织——制作的。“针对公职人员的信息自由培训手册(Free-

[1] 完全下载地址是 http://www.jiscinfonet.ac.uk/records-management/developers-pack。

[2] 载 http://www.jisclegal.ac.uk/publications/foivideoforstaff.htm。

dom of Information Training Manual for Public Officials)"[1]提供了一个为期 2 天的培训课程(内容包括案例分析、练习和角色扮演),但它同时也可以作为一个自我调节进度的学习手册。这个手册的内容具有普遍性而不是指向具体某个国家或某个政府的信息公开体制,所以为许多欧洲国家所使用。

4.1.6　培训时间

欧盟国家开展实践培训的时间安排差异很大,这在很大程度上取决于实施之前究竟有多少准备的时间。

针对高级职员的战略简介应当在实施阶段尽快开展,使公共机构能够清楚政府信息公开带来的影响并确认自己特定的培训需要。

对所有职员的一般认知课程应当在立法实施之前完成,当然,许多地方的实践都表明,让所有职员都接受培训并不可行。应当优先考虑,确保所有对外联系的职员在完全实施日期之前接受培训,以使公众成员在任何时候都可以得到建议、提出政府信息公开申请。

对政府信息公开从业者的培训至少不能在一些政策和程序出台之前开展。应当在关键术语得到合法解释以及至少政府信息公开程序和机制的大概轮廓得以勾勒之后才开展培训。这样,被培训者才不至于对这些内容感到陌生。否则,培训就会变得非常不实用和没有针对性,只囿于理论上和学术上的讨论。一旦相关政策和程序的详细内容得以公开,还会存在需要重新培训的风险。同样,从业者培训也不能比实践日期走得过于超前,如果不能快速将其所掌握的新知识和技能运用于实践,他们就可能忘掉在培训过程中所学到的细节。一个理想的时间安排是在实践之前 3 个月。但是,如果一定要在更早的时候开展培训,公共机构应当计划运用其他方式作为正式培训的补充,以

---

〔1〕 载 http://www.article19.org/pdfs/tools/foitrainersmanual.pdf。

对培训的内容予以巩固。

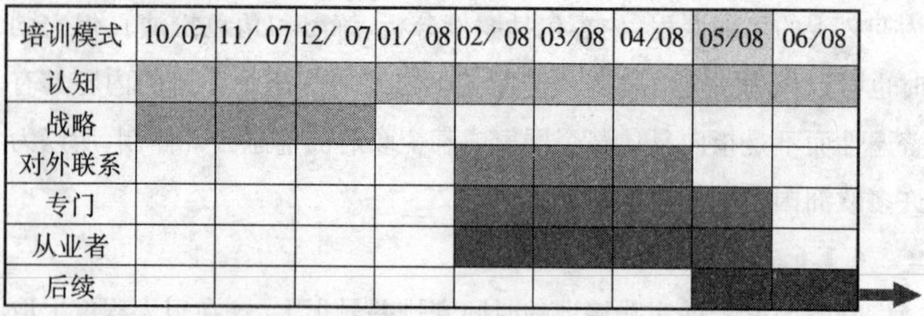

4.1.7 实施培训

整个欧盟在究竟由哪个机构来实施培训的问题上存在许多差异，其模式包括：

- 培训人员来自于负责政府信息公开的中央机构
- 培训人员来自于中央政府的培训院校(爱尔兰、斯洛文尼亚)
- 信息专员办公室或其他复审机构的工作人员，包括信息专员本人(英国、斯洛文尼亚)
- 培训人员来自于每个机构，他们接受了中央机构或有资质的外界培训者的培训
- 学院/外界咨询人员/私营部门提供者/律师事务所

由中央的政府信息公开部门在提供培训方面发挥领导作用具有许多优势。它能带来更好的效果和一致性，并能大量节省成本。基于这些理由，英国下院宪法事务委员会(House of Commons Constitutional Affairs Committee in the UK)对中央机构未能在培训中发挥这种领导作用提出了批评。[1]

---

[1] 英国国会下院宪法事务委员会："2000年信息自由法案——走向实施"，第41~42页(House of Commons Constitutional Affairs Committee, *Freedom of Information Act 2000—progress towards implementation*, pp. 41 - 42)，2004年12月，载 http://www.publications.parliament.uk/pa/cm200405/cmselect/cmconst/cmconst.htm。

中央机构在政府信息公开培训中可能发挥下述作用：

——设计培训的内容和材料

——监督培训内容的开展

——培训培训人员

——对培训人员赋予资质

——直接实施培训

在下述案例分析的两个例子中，中央的政府信息公开机构在发展和提供培训方面发挥了强大而有效的作用。

4.1.8　对最佳实践的案例分析

4.1.8.1　培训策略和材料的范例：苏格兰

隶属于苏格兰行政院（Scottish Executive，苏格兰负责实施政府信息公开的中央机构）的苏格兰信息公开实施工作组（Scottish FOI Implementation Group）发展出了一套全面的培训策略，勾勒出一个如何确定不同人员组织的培训需要以及通过不同方式满足这些需要的方案。结果是，针对苏格兰公共部门的培训策略[1]成为了一项杰出的模板。它有一个非常有用的附件，其中包含了一个有关不同人员组织的培训需要的矩阵。英国爱丁堡大学的培训计划则是另外一个优秀的范例。[2]

苏格兰决定授权在中央层面开发出一套核心培训材料，并使这些材料能为公共机构在自己实施培训时所用。这套材料由梅森（Masons，一家律师事务所）开发，经过数次工作会议之后，再由公共

---

〔1〕 信息自由实施工作组："针对苏格兰公共部门的培训策略"（Freedom of Information Implementation Group, *Training Strategy for Scottish Public Sector*），载 http://www.scotland.gov.uk/Resource/Doc/1066/0003833.pdf。

〔2〕 载 http://www.recordsmanagement.ed.ac.uk/InfoStaff/Training/Training_Strategy.htm。

机构中的一个跨部门组织加以审核。许多首席官员都直接接受了梅森的培训。从 2004 年 3 月起，整套培训材料都可从苏格兰行政院的网站上获得，可适用于每个公共机构以满足它们的培训需要。

在该套苏格兰培训材料中，包含了下述内容：

1. 有关政府信息公开的培训包(229 页)[1]

其中包括了对发展和实施政府信息公开培训的计划、培训技巧以及其他内容。其附件包括了能适用于每个公共机构需要的传单模板(leaflet template)，以及三个版本的 PPT 陈述：

* 一般陈述(31 张幻灯片)，
* 有关战略眼光的陈述(26 张幻灯片)，以及
* 完整陈述(85 张幻灯片)。[2]

2. 开放的学习手册(197 页)[3]

这个自我调节进度的学习手册由涉及政府信息公开不同方面的 20 个部分组成，包括公开目录、文件管理、政府信息公开申请的处理、决定制作和例外、与数据保护和环境信息规章的衔接、复审程序。每一部分都有相关材料、对关键术语的界定、网络链接，并提供自我评估列表、案例分析和问答以帮助学习。

4.1.8.2　案例分析：提供培训——英国警察

在英国，政府信息公开在警察部门的实施得到了总警长联合会(Association of Chief Police Officers ，ACPO)的一个项目小组的协助。它们的工作确保了政府信息公开工作在警察部门中得到高质且前后

〔1〕 载 http://www.scotland.gov.uk/Publications/2004/04/19245/35887。

〔2〕 这三个陈述的 PPT 格式可以下载，载 http://www.scotland.gov.uk/Publications/2004/04/19245/35887。

〔3〕 载 http://www.scotland.gov.uk/Publications/2004/02/18961/33482。

一致的实施。它们开发了一套全面的培训和辅助材料,其中包括一份350页的指南手册。特别引人注目的是,它们使用信息技术巩固培训效果,并提供了发展和保持政府信息公开技能水平的机制。下面是它们提交给下院宪法事务委员会的陈述中的摘要,其中概述了它们的一些方法:

"2.3 在Genesis的基础上创立有关政府信息公开的讨论小组

Genesis是由Centrex主持的一个数据库,可以通过一个安全网络、登录全国警察网络(Police National Network)。它是一个公告牌,允许用户通过信息方式和论坛互相交流,以及通过主题板块分享信息和文件……Genesis上有600~800个文件可供下载,其覆盖的领域包括:项目计划;海外经验;伦敦警察的经验;政府信息公开方面的人事安排;培训;处理申请的路线图;PPT陈述;政府信息公开国家项目;信息审核文件;对武装警察的指南;各个方面的全国性文件;全国性工作小组;总警长联合会的处置和保持计划;安全摄像合作关系;采购例外;指南手册;有关政府信息公开的文章;政府信息公开工作流程系统以及总警长联合会的标准许可证。2005年1月之后,该部门将继续使用Genesis以便于继续分享最佳的实践和决策方式(例如,公开目录新增的信息种类)……

2.6 全国培训的开展

25项培训课程目前正在开展,可以因此在全国造就350名受过训练的决定做出者。中央决定的做出者要适用公共利益标准,全国性培训确保了对该标准在全国范围内的一致适用。我们注意到,这些中央决定做出者可以通过Genesis和已经建立的网络系统互相交流。250,000份传单被分发给警察部门的雇员以提高他们的认知水平。另外,还有许多布告和一个中央培训网站[该网站由全国实用学习技术中心(NCALT)提供,所有的警察雇员都可以登录并接受在线培训]。地方警察部门组织的单日培训材料也得以分发。这些措施所针对的都是每个基本指挥单位(BCU)和部门的地方决定做出者,他们对中央决定做出者起着补充和支持作用。"〔1〕

4.1.8.3 案例分析:实施培训——爱尔兰

由于爱尔兰的国土面积较小,因此所涉及的相关人数也较少,这意味着在实施阶段及之后,可以由中央集中开展政府信息公开方面的培训。

3名澳大利亚政府信息公开专家培训人员被请到爱尔兰,他们待了6个星期,以实施战略和从业者层次的培训。〔2〕对高级管理层的战略简介持续了半天;对决定做出者的培训持续了2天或3天(导论课程加上专门扩展的有关特定例外的部分)。超过1000名的办公人员在第一个月接受了培训。该培训由为中央机构服务的管理和组织发展中心[Centre for Management and Organisation Development (CMOD),现在由公务培训和发展中心(Civil Service Training & Development Centre)]提供。对地方政府的培训则通过合作机构——地方政府管理事务委员会(Local Government Management Services Board)来提供,最初也是由澳大利亚培训人员实施的。在所有领域都向地方政府提供培训的公共行政学院(Institute of Public Administration)也提供了一些政府信息公开方面的培训。卫生医疗部门聘请澳大利亚培训人员组织

〔1〕 英国国会下院宪法事务委员会:"2000年信息自由法案——走向实施:第2卷,书面证据",第65页(House of Commons Constitutional Affairs Committee, *Freedom of Information Act 2000—progress towards implementation*: *Vol.* 2, Written Evidence, p. 65),2004年12月,载 http://www.publications.parliament.uk/pa/cm200405/cmselect/cmconst/cmconst.htm。

〔2〕 格里·基尼:"政府信息公开的实施",会议论文,1998年10月(Gerry Kearney, *Implementing Freedom of Information*, Conference paper, October 1998),载 http://www.ucc.ie/ucc/depts/law/foi/conference/。

了高强度的为期1天或2天的实施前工作讨论会,还对重点团队(例如,精神病医师团队、儿童保护人员、人力资源管理人员)进行了培训,讨论了对他们领域来说具有特殊性的问题。这些课程被录制下来,并被用于准备实施的进一步的认知培训。在实施之前的几个月里,针对政府信息公开决定做出者的为期2天的一系列培训在不同地域的卫生医疗部门一一展开。

在每一种情况下,地方培训人员都被邀请出席并观察培训过程,他们自己逐渐掌握了实施认知和初步培训方面的知识和技能。但要使他们掌握对决定做出者实施高强度培训的方法,则被证明是更为困难的。而且,我们还发现,让具备政府信息公开工作经验的从业者参与到培训过程当中是很有必要的。最困难的领域是对例外规定(比如个人隐私、商业信息、机密信息)的解释和适用以及对公共利益平衡标准的适用。详细的案例分析、使用文件样本加以练习、讨论和汇报,都能够给予被培训人在这些领域足够的训练和信心,以提高他们的技能。

4.2　中国政府信息公开的培训问题

条例能否得到很好的贯彻实施,在很大程度上取决于广大公务员能否充分领会政府信息公开制度的真谛、了解条例的各项规定、提升处理和管理信息的能力,为此,必须加强政府信息公开的培训工作。

当前,中国已经逐步形成了面向公务员的、较为完善的培训机制。针对公务员的培训包括以下几类(参见《中华人民共和国公务员法》第61条以及《国家公务员培训暂行规定》):

初任培训:适用于机关的新录用人员,在试用期内进行;

任职培训:适用于晋升领导职务的公务员,在任职前或者任职后一年内进行；

专门业务培训：适用于从事专项工作的公务员；

更新知识培训：适用于全体公务员，以增新、补充、拓宽相关知识为目的，用以进行更新知识、提高工作能力。

在培训机构方面，国家设置了以行政学院为主体的国家公务员培训施教机构，国家行政学院和省、自治区、直辖市行政学院按各自职责承担国家公务员的培训任务。同时，其他培训机构经过批准，也可以承担国家公务员培训任务。行政机关除了通过行政学院等国家专门设立的公务员培训机构实施公务员培训之外，也可以根据需要委托其他培训机构承担公务员培训任务。

而政府信息公开的培训带有很强的专业性和技术性，通过培训，既要提升广大公务员，尤其是各级行政机关负责人推进政府信息公开的意识和观念，更要提高搞到公务员处理政府信息公开申请、提高政府信息管理质量和效率的能力。因此，欧洲有关国家在推行政府信息公开制度过程中实施培训的有益经验、有效方法、培训计划与教材的范本等都将有助于中国有关部门提高自身进行政府信息公开培训的质量。

4.3 对最佳实践的建议

第一，应当充分认识政府信息公开培训的重要性。政府信息公开制度执行的效果如何，在很大程度上取决于执行该制度的政府机关工作人员的公开意识和处理水平。欧洲关于政府信息公开培训的经验已经充分地表明，适时、妥当、充分的培训可以提升政府机关各类工作人员对政府信息公开制度的认知程度，确保其准确地理解政府信息公开相关制度的具体规定，有利于其准确地做出相关决定。反之，则可能对政府信息公开制度的实施带来一定的负面影响。因此,为了更好地贯彻执行政府信息公开制度,必须充分重视培训工作,通过培训,在政府机关及其工作人员之中培养公开和透明的文化氛围,使各类工作人员掌握在自身岗位上处理政府信息公开相关工作的知识、判断能力和技能。

第二,政府信息公开的主管部门应当在培训中发挥主导作用。为了确保政府信息公开培训工作的成效,必须充分发挥政府信息公开主管部门的作用。欧洲有关国家的经验充分表明,中央机构对于培训工作的有效组织和大力支持是其培训工作取得成效的重要保障。在中国,国务院办公厅是全国政府信息公开工作的主管部门,它应当主导全国的政府信息公开培训工作,负责全国范围内培训内容的确定和培训教材与培训课程的开发,负责组织和对培训人员进行培训,并直接组织重要的、全国范围内的培训活动,对其他部门和地区开展培训给予必要的支持和指导。同时,应当发挥地方政府信息公开主管部门的作用,尤其组织协调本地区政府信息公开的培训工作,开展政府信息公开培训的经验交流和地区间合作。

第三,要给予政府信息公开培训以足够的支持。在政府信息公开的培训方面,国家要在人员、资金等方面给予充分的支持。首先,要确保有高水平的培训人员参与各类培训工作。培训人员既应当包括长期从事政府信息公开理论研究的人员,又应当包括具有从事政府信息公开工作相关经验的人员。政府信息公开主管部门应当对培训人员进行必要的筛选和培训。其次,各级政府要确保进行政府信息公开所需的各项经费充足到位。再次,应当将政府信息公开的培训全面纳入公务员培训计划,确保公务员参与培训的时间,将培训效果纳入整个公务员培训的评估体系。

第四,政府信息公开的培训要区分不同的阶段和对象。在《政府信息公开条例》实施之前和实施之后，培训的目标和需求会有所差别，因此，在设计培训方案时，有必要注意培训所处的阶段。政府信息公开制度正式实施之前，培训应当侧重于提升公务员对政府信息公开的认识，并确保具体处理相关工作的人员具备相关知识；实施之后，则应侧重对公务员进行知识更新和各项专业技能的培养。

同时，欧洲有关国家的经验也表明，为了使培训取得成效，必须对培训对象进行必要的区分。对较高级别的公务员，要着重培养其有关政府信息公开的战略眼光；对于一般的公务员而言，要重点提高其对政府信息公开的认知和意识；对于专门负责处理政府信息公开工作的公务员，则要对其信息管理能力、信息公开申请处理流程、信息公开纠纷处理等进行专门知识方面的培训。而且，培训需要采取纵向和横向相结合的方式，即既要重视对同一层级公务员的培训工作，又要注意对同类机构公务员的培训，后者更具有工作上的共性，也更便于开展有针对性的培训。

第五，政府信息公开的培训应当注意制订周详的计划并开发有针对性的教材，并注重采取多种多样的培训方式。培训课程和培训教材的设计与开发除了要具备一定的理论性外，还特别需要具备较强的实践性，必须和公务员的实际工作紧密相关，可以直接指导公务员在日常工作中处理政府信息公开的相关事务。为此，政府信息公开的主管部门应当在培训机构的配合之下，针对不同阶段、不同部门政府信息公开工作的需要，制订针对性较强的培训计划和方案。在课程内容和教材的安排上，要加大案例分析、实例演示、实习、讨论等的比例。在培训方式上，要避免单一的、以培训人员单方面讲解为主的授课方式，并更多地调动被培训者的积极性，形成培训者与被培训者之间以及被培训者相互之间的互动和讨论。为此，既要注重对日常工作中相关典型案例的收集整理，又要针对培训需要合理控制培训对象的规模。政府信息公开的主管部门还可以借鉴欧洲有关国家的经验,联合相关培训机构、政府信息公开的专家共同开发实用性较强的课程与教材。

5 政府信息公开的实施

5.1 欧盟成员国中的实施模式

本章将考察欧盟成员国在实施政府信息公开中得出的经验和遇到的问题，以及它们对此所采取的态度和做出的回应。然后说明它们将已有政府信息公开方面的最佳实践纳入到其实施过程当中的策略。

本章中使用的“实施（implementation）”一词所对应的是政府信息公开法律生效之后的时期，但它也被用来指政府信息公开法律实施之前必须完成的一些准备工作。从这些规则被通过到它们正式生效之间（其间延续几个月到数年），欧盟成员国开展了多种活动，本章将对其予以说明。政府信息公开的实施也经常会导致政府机构修改其他的政策和做法，例如文件管理，本章将用单独一节来讨论这个问题。

尽管本次调查要求所有的欧盟成员国提供实

施建议,但一些最先实施政府信息公开的国家由于实施年代过早,所以无法提供有用的反馈。在更近一些时候实施政府信息公开的国家中,从它们通过相关立法到正式实施,所经历的时间跨度大不相同:从3个月(波兰)、6个月(德国、斯洛伐克)、1年(爱尔兰)到5年(英国)。

英国和苏格兰采取了分阶段的模式,其中,公开目录被要求在提出政府信息公开申请的权利生效前1~3年间予以准备。但是,在这之前的数年间,许多公共机构已经开始适用有关知情权的行政法规,这类法规在很大程度上类似于政府信息公开法律,只是没有规定复审方面的权利。

在几乎所有的国家中,政府信息公开都被同时适用于所有的政府机构。爱尔兰在一些方面显得不同寻常。爱尔兰信息自由法案的范围仅仅包括法案通过(1998年4月21日)之后创建的文件档案,但个人信息除外,有关后者的知情权具有完全的溯及力。这个规定削减了可能予以公开的文件的数量。爱尔兰的实施是分阶段的,这也是它的一个不同寻常之处:法律从1998年起适用于中央政府部门,此后每年扩展其适用范围至地方政府、卫生医疗部门、高等教育部门,等等,以至数年。这样做的好处在于可以确保其适用范围更具操作性,并使后来实施的部门可以学习先前部门的经验。

那些从法律通过到正式实施之间跨度较长的国家(英国和苏格兰)在准备实施方面积累了大量的材料,本章的论述将主要以它们的经验为基础。

5.2　实施过程中存在的普遍困难

在实施过程中,欧盟成员国遇到了各种各样的问题,无论是问题还是补救措施都会在本章中予以考察。有一些问题是技术性的，与相关的立法本身有关；一些则与所采取的手段有关，而其他的则与态度有关。英国御前大臣福尔克纳勋爵（Lord Falconer of Thoroton）于2004年表示：

“一些海外的教训让人清醒。在世界的其他地方有三个问题困扰着（政府信息公开的）实施。一是缺乏领导，二是对处理公开申请的人的支持不够，三是没有意识到政府信息公开的实施并非一次性事件，事实上，它是一个过程，需要长时间的投入。”[1]

5.2.1 议会：什么是政府信息公开申请

在新的政府信息公开体制下，一个普遍的困难是确定哪些要求获得政府信息的申请属于政府信息公开申请，哪些不属于政府信息公开申请、不适用政府信息公开法律。比较普遍的问题包括：

是不是每一个书面申请都将被视为政府信息公开申请？

如何将日常（“一般事务”）的申请，诸如“图书馆什么时候开放”？与正式的“政府信息公开”申请区别开来？

在一些国家或地区，政府信息公开申请可以被区别开来，因为立法要求申请人在他们的申请中援引政府信息公开方面的法案；在其他国家或地方，是否支付申请费用可以用来区分出政府信息公开申请。但是，在立法没有对上述两种情况做出规定的情况下，比如中国的《政府信息公开条例》，就需要通过制定政策来确认何为政府信息公开申请。这一点对于下述几个方面来说是非常重要的：是否要在法定的时间期限里回复该申请，对该申请的拒绝是否会引起申诉的权利，是否要将该申请纳入统计系统。

---

〔1〕 对“政府信息公开运动（Campaign for Freedom of Information）”的演讲，2004年3月1日，载 http://www.dca.gov.uk/speeches/2004/lc010304.htm。

5.2.2　涉及的机构范围

另一个普遍的困难是确认哪些公共机构属于或不属于政府信息公开法律适用的范围，特别是在立法没有明确规定适用范围的情况下。一般而言，政府信息公开是否适用于下述机构是不明确的：

- 公共与私人的联合事业（比如，一座由公共资金和私人资金共同建造的桥梁）
- 转让给私营部门的公共职能（比如，一条出售给私人公司的铁路）
- 通过合同，由私营部门执行的政府事务（比如，一位私人心理医师为公共部门的病人提供健康服务，相关费用从财政资金支出而不是由病人直接支付）
- 由政府部分资助的机构（比如，一家歌剧公司或慈善组织）

甚至在完全实施政府信息公开数年之后，在外部复审中仍然会就某个特定机构究竟是否适用政府信息公开法律存在争议。

5.2.3　政府信息公开法律与其他法律之间的相互关系

政府信息公开法律的制定会与其他赋予或限制信息获取权利的法律之间产生潜在的冲突。导致问题产生的一个方面就是这些机制之间的相互关系。

欧洲大部分国家都通过数据保护（Data Protection，DP）方面的法律赋予个体公民获得自己个人信息的权利。有一些国家，比如爱尔兰，允许公民选择究竟是适用数据保护，还是政府信息公开方面的法律来获取自己的信息。在其他国家，比如英国，这类申请不得适用政府信息公开方面的法律，数据保护方面的法律是获得个人信息的唯一机制。达到这一结果的做法是，在政府信息公开体制下，通过引用第40条的例外规定拒绝其根据政府信息公开法律提出的申请。但是，许多公民和官员认为这样做有点让人糊涂，因为这看起来是对知情权的拒绝,而不是将它们重新定位为根据数据保护法案所享有的权利。

根据英国《环境信息规章》(Environmental Information Regulations, EIR),英国在处理环境信息申请方面也遵循了类似的做法。这些申请不能采取政府信息公开申请的形式,而只能在非常类似(但并不一样)的环境信息规章的规定下得以处理。同样,这也导致了一些困惑。[1]

如果有其他途径也对公民赋予了知情权,那么,必须制定一项政策以决定这些规定是否能与政府信息公开法律并行,是赋予公民一种选择的权利呢,还是必须排他性适用某些规定。不管答案如何,官员和公民都必须被告知相关的情形。

其他限制知情权的立法带来了更大的困难。每个国家都有通常叫做"保密法"的其他法律,它们在政府信息公开法律实施很久之前都已经存在了。这些保密规定限制官员在日常工作中公开政府信息,而且还有针对违反规定的惩罚措施。政府信息公开法律一旦实施,就需要澄清这些限制的地位,并向做出政府信息公开决定的官员提供建议,以使他们能正确地适用法律。大卫·巴尼萨(David Banisar)[2]探讨了在保密和公开各自的需要之间如何平衡和协调的问题,他建议采取各种不同的模式和原则来达到目的。

下面是欧盟中对该问题予以审查的例子:

1. 爱尔兰:在信息自由立法于1998年生效之前,爱尔兰审查了究竟哪些保密规定应当被政府信息公开法律所推翻,哪些可以仍然作

---

〔1〕 英国国会下院宪法事务委员会:《信息自由——一年以来》,第14~15页(House of Commons Constitutional Affairs Committee, *Freedom of Information—one year on*, pp. 14-15),2006年6月。

〔2〕 《政府信息公开和国家秘密》(*Freedom of Information and State Secrets*),2005年。

为对公开的限制。有关政府信息公开的法案的一个附件列举了那些没有违反政府信息公开法案的规定。政府信息公开法案包含了一个每5年对余下的限制性规定予以审查的程序。每个部长以及信息专员都可以针对余下的限制性规定向议会的一个委员会提出议案,然后由后者经过调查后作出报告。议会于1999年发布过一个报告,最近一次报告是在2006年。[1]

2. 英国:英国对超过400件立法进行了审查,(根据信息自由法案第44条)这些法律中包含了被认为违反了信息自由法案的限制公开规定。这次审查要考虑究竟是废止、修改还是保留这些规定。这个过程持续了数年,最终的报告于2005年发布。该报告表明了这次审查采取的方法、适用的标准以及最后的结果。[2] 他们采取的方法之一就是引入"日落条款(sunset clauses)",即随着时间的过去,这些禁止条款将在超过一定年限后停止适用。

在政府信息公开法律实施完毕之前,对保密规定的审查都不必结束。在积累了一定政府信息公开的经验之后再实施审查更具有优势,因为,人们可以更加清楚地发现,哪些保密规定对于保护信息不再有必要(即信息公开法案本身的例外规定已经足够)。

5.2.4 缺乏中央合作

在英国,尽管宪法事务部(Department of Constitutional Affairs, DCA)承担着实施方面的中央职责,但它的注意力主要集中在中央政

[1] 爱尔兰财政和公共服务联合委员会:《第七次报告:根据〈1997年信息自由法案〉(爱尔兰)第32条(2)对某些条款的审查》[Joint Committee on Finance and the Public Service, *Seventh Report*: *Review under section* 32(2) *of certain provisions of the Freedom of Information Act* 1997 (Ireland)];信息专员的报告可见:http://www.oic.gov.ie/en/Publications/SpecialReports/ReportstotheJointCommitteeoftheHousesoftheOireachtasSection32/。

[2] 英国宪法事务部:《审查对公开的法定限制》(Department of Constitutional Affairs, *Review of Statutory Prohibitions on Disclosure*),2005年。

府部门身上，而不是受政府信息公开影响的广泛公共部门。总警长协会(Association of Chief Police Officers，ACPO)对宪法事务部提出了下述批评：

- 对于要求获得可能属于不同机构的信息的申请，没有建立一种处理机制
- 对于同时提交给数个警察部门的申请，没有给予策略上的指导以建立一种由中央推荐的处理机制
- 重复付出和成本增加：在记录和处理政府信息公开申请方面，各种公共部门都需要自己对相关流程系统发布一份要求声明(a statement of requirement)，而不是由宪法事务部事先、及时、统一发布
- 总警长协会被迫针对诸如如何解释公共利益例外的标准之类的问题寻求法律建议，因为来自于宪法事务部的指南太不及时，结果也导致对工作人员的培训也不得不随之更改[1]

英国信息专员也表达了对在卫生医疗部门内缺乏中央层面的协调的忧虑，在该部门有超过800个机构。[2] 他对于宪法事务部拖延发布指南以及它与中央部门之外的公共机构之间缺乏联系，也发表了严厉的批评。[3]

5.2.5 缺乏资源：人员和培训

一个有效率的政府信息公开体制要求有充分的资源作保障：有足

---

〔1〕 英国国会下院宪法事务委员会：《2000年信息自由法案——走向实施》，第12~14页(House of Commons Constitutional Affairs Committee, *Freedom of Information Act 2000—progress towards implementation*, pp. 12-14)，2004年12月，载http://www.publications.parliament.uk/pa/cm200405/cmselect/cmconst/cmconst.htm。

〔2〕 前引书，第16页。

〔3〕 前引书，第26、30、36~39页。

够人手履行政府信息公开义务,并因人制宜地设置政府信息公开职责;有足够的培训以确保政府信息公开依法实施。德国的一些州评论道,缺乏培训导致了实施过程中的许多问题,比如,曲解法律规定、无理拒绝申请,以及在适用诸如保护商业信息之类的例外时发生困难。

整体缺乏人力资源的情况在拉脱维亚以及法国比较明显,[1]这导致了公共机构无法恰当地处理政府信息公开申请,或者无法在规定时限内处理完毕,或者在某些情况下完全无法处理。在针对14个国家开展的处理政府信息公开申请反馈率的一项深入研究中,总共有38%的申请没有得到反馈,而在法国和西班牙,这个数字分别是51%和61%。[2]

人员方面存在的另一种类型的问题在于,无法确定某个职位——比如政府信息公开协调员的职位(FOI Co-ordinator position)——的具体职责,这突出在勃兰登堡和法国。[3] 事先指定一个政府信息公开方面的职员,将有利于公众提出申请,同时也有利于公共机构协调、及时处理申请。

在英国,尽管在实施政府信息公开的大多数方面都存在一定程度的中央协调机制,但在政府信息公开的培训方面,中央机构(宪法事务部)仍然因为工作低效而受到了批评:

"地方政府协会(Local Government Association,LGA)向委员会(即宪法事务部),表达了对获得高质量培训的忧虑,因为一些商业培训课程可能会传播误导的信息……

---

〔1〕 "公开社会正义倡导"组织:《透明和沉默:对十四个国家的政府信息公开法律及其实践的一项调查》,第77页(Open Society Justice Initiative, *Transparency & Silence: A Survey of Access to Information Laws & Practices in Fourteen Countries*, p. 77),2006年。

〔2〕 前引书,第43页。

〔3〕 前引书,第142页。

一些地方当局认为,信息专员或宪法事务部应当要么实施培训,要么提供一些被推荐的且公认合格的培训人。”

“自2004年7月1日起,在宪法事务部的网站上才发布了适当组织这类培训的指南,鉴于此,公共机构的下述做法就并不让人感到奇怪了:它们既没有实施培训活动也没有设计培训计划。因为它们会考虑到,一旦宪法事务部发布了它曾经承诺的指南,它们就得更改这些培训或计划。在我们看来,宪法事务部应当认识到早日开展培训的必要,并应当及时地发布相关建议。”[1]

5.2.6 缺乏公众认知导致法案的低适用率

在最近实施政府信息公开法律的一些国家,政府信息公开法案的低适用率可能并不让人感到吃惊,部分的原因被归结为公众忽视了他们的新权利。但是,即使是在政府信息公开历史很长的国家,公众的认知程度也很低。例如,在自从1978年起就开始实施政府信息公开的法国:

“然而,缺乏对法律的认知和公民社会的需要,这的确会成为问题……通过在研究之前和研究当中的访问调查,‘正义倡导(Justice Initiative)’组织及其在法国的合作组织,‘网络媒介(Réseau Intermedia)’,发现公民社会的代表、记者、公共官员对法国有关文件公开的法律及其低水平的实施状况了解甚少。在这次研究的访问中,法国行政文件管理委员会(Commission d'accèss aux documents administratifs, CADA)的工作人员指出,监督机构既没有充分的资源,也没有发布命

[1] 英国国会下院宪法事务委员会:《2000年信息自由法案——走向实施》,第42页(House of Commons Constitutional Affairs Committee, *Freedom of Information Act 2000—progress towards implementation*, p. 42),2004年12月。

令要求针对法律实施教育或努力提高公众对法律的认知程度。"[1]

要经过许多年才能在公众意识中建立起对政府信息公开的认知，多方面的努力对于开始这项长期过程是有必要的。本章后面将就提高公众在政府信息公开方面的意识提出一些建议。

5.2.7　文件管理问题

实施政府信息公开通常都会集中暴露政府机构在管理其文件——无论是纸质的还是电子的——方面的问题。[2] 典型的问题包括：

- 大量的纸质和电子文件。这导致机构在处理文件和文件存档方面的实践可能前后矛盾或缺乏连贯性。
- 低劣的编目和检索制度。一些机构仍然依靠人工而不是自动索引和跟踪系统；一些机构不具备标准术语的辞典，导致搜索更加困难，得出不完整的结果。
- 与诸如电子邮件之类电子信息有关的问题，以及需要确立创建、处理、存储文件的标准的问题。对电子文件的版本控制也被认为是一个问题。

文件管理上的低效所导致的结果是，机构无法满足政府信息公开的时限要求，因为它无法迅速找出所有相关信息，甚至找不到。在一些国家，近 1/3 的外部复审都指责有关政府机关不能找到所有的相关信息。有时候，这被叫做"充分搜索"的问题。

---

[1] 前引"公开社会正义倡导"组织：《透明和沉默：对十四个国家的政府信息公开法律及其实践的一项调查》，第 78 页。

[2] 英国国会下院宪法事务委员会：《信息自由——一年以来》，第 18 ~ 19 页 (House of Commons Constitutional Affairs Committee, *Freedom of Information—one year on*, pp. 18 – 19)，2006 年 6 月；前引"公开社会正义倡导"组织：《透明和沉默：对十四个国家的政府信息公开法律及其实践的一项调查》，第 120 页。

许多国家已经意识到在管理电子文件方面日益加剧的挑战，也已经通过确立标准、提供指南和培训材料的措施予以回应。从政府信息公开的角度来看，电子邮件是最难以处理的一种文件格式类型，原因有以下几个方面：很难连贯地对其加以保持和储存；缺乏合适的标题或关键词；多种主题的混合（通常既涉及工作也涉及人事）；以及电邮通常是由个人个别处理而不是由单位统一处理的事实。从积极的一面来看，政府信息公开的引进对于机构提高这些领域的水平是一个很好的机会。文件管理如此重要，以至于下文还将更为详细地予以讨论。

5.3 解决实施中所存在困难的经验

5.3.1 实施计划

解决上述许多实施中的困难的一个方案是确立一个全面的实施计划，通过这个计划确认要完成的任务，以及由谁、在什么时候、如何完成。实施计划必须得到中央和每个公共机构中最高层级的认可，而且要得到足够的资源。

实施一项政府信息公开法律的基本含义在于，让所有受到影响的政府部门都要施行该法。为此，最好的做法是在中央设立一个机构，由它负责监督实施的顺利进行。

许多国家都设立一个中央工作组（central project team），全职负责准备工作（之后，该项目组可以向下级工作组授权），并辅之以一个指导性或建议性的委员会（steering or advisory committee），委员会的成员很有权力，他们较为疏远地监督相关活动。

项目组要尽快咨询其他与政府信息公开相关的利害关系人。在许多欧盟成员国，一个不完全的利害关系人列表包括了承担以下方面职责的一些机构：

- 政府档案和文件
- 环境信息公开
- 起草规章和立法以及向政府提供法律建议
- 信息技术和信息化
- 公共关系
- 公共服务培训机构（例如国家行政学院）
- 监察和复审部门（例如监察部）
- 再加上最重要的一些政府机构或部门（比如卫生医疗、法律实施、教育、地方政府部门）的代表

这些利害关系人的利益通常都会在一个面向整体政府（whole - of - government）的指导性委员会或咨询团体中得到反映。

接下来，每个机构或部门都一个个被鼓励建立自己的工作组（project team），并辅之以一个高级指导性委员会（senior steering committee）。这些工作组接受中央工作组的指示，在其自己的领域理解政府信息公开立法的含义，并设立和管理次级计划以确保做好准备。

在英国，从政府信息公开的法律通过到最终生效经过了一个相当长的时期（5 年），以下是英国的实施计划中所规定的最佳做法。相当长的准备期导致它的实施计划相比于其他欧盟国家的类似计划，显得非常详细。另外一个有益的情况是，英国政府对自己的实施过程中的成功与不足之处进行了评估，并发布了许多报告。更详细的内容可以从下述段落所引用的全文文件中获取，相关细节请见脚注。

政府信息公开实施项目（FOI Implementation project）将涉及通向政府信息公开法案成功实施的所有活动，会产生以下成果：

- 在与律师的合作下起草和准备次级立法（第 4、5、74 条和第 75 条的指令以及其他规定）；

- 对法定禁止(Statutory Bars)的审查报告;
- 收费方面的规章;
- 针对中央政府部门和非政府部门公共机构(Non Departmental Public Bodies,NDPBs)发布的有关例外规定的指南;
- 针对处理申请的组织结构而发布的指南;
- 每个主要政府部门对政府信息公开的高层支持;
- 建立政府信息公开方面的联系网络;
- 充分发挥信息裁判所的职能;
- 为公共机构处理申请说明电脑软件的作用;
- 一般的培训材料;
- 国务大臣对实施政府信息公开的年度报告;
- (持续至2003年9月的)政府信息公开路演(FOI Roadshows)。[1]

英国警察部门在政府信息公开方面的实施是最好的模式之一。第4章已经讨论了他们在培训和实施方面的杰出成绩。他们意识到了在实施阶段早期由中央来开展和协调相关工作的好处:

"总警长协会认识到,最好确立一种全国性的最佳实践和指南,然后在44个地方部门中分享结果,以避免重复工作和事倍功半。"[2]

他们的工作组成立于2001年,取得了以下成果:

- 为信息专员所认可的公开目录的模板

---

〔1〕《实施政府信息公开法案:高级项目初步文件》(Implementation of FOI Act: High Level Project Initiation document),2004年1月。

〔2〕英国国会下院宪法事务委员会:《2000年信息自由法案——走向实施:第2卷,书面证据》,第64页(House of Commons Constitutional Affairs Committee, *Freedom of Information Act 2000—progress towards implementation*: *Vol.* 2, Written Evidence, p. 64),2004年12月。载 http://www.publications.parliament.uk/pa/cm200405/cmselect/cmconst/cmconst.htm。

- 针对警察部门的交流策略
- 有关如何遵循政府信息公开的指南：从海外公共机构了解到的最佳做法和教训
- 针对警察部门与中枢协力的培训策略
- 对法案所要求的职责详细提供一般解释的指南手册，以及针对立法允许适用裁量权的情况的行为指南
- 通过一个工作流程系统完成的、针对地方实施政府信息公开法律的全国模板
- 就政府信息公开事宜向警察部门提供建议和帮助的单一部门，并提供与其他部门（包括信息专员）相联系的平台

英国国家审计署（National Audit Office）向各个机构发布了一个评估自己准备程度的实用手册。[1] 该手册包含一系列的问题，指出了存在的风险，对机构提出了建议以确保他们对实施做好充分的准备。

总之，从整体而言，英国拥有具有代表性的全国实施计划，每个相关机构也有自己更为详细的计划。

当然，一些与实施有关的活动最好是在最高层开展，而另外一些更适合在政府机构的层面上开展，有的活动则可以在任何层面开展。下面的列表概括了这样三个层次。

5.3.2　最好由中央开展的活动

下列活动由中央开展最为合适：

- 审查政府信息公开法制与其他提供信息公开途径的法律和机

[1]　英国国家审计署：《良好实践指南：倒计时——从需要知道到正确知道》（UK National Audit Office, *Good Practice Guides: Counting Down: Moving from need to know to right to know*），2004 年。

制之间的衔接

- 审查政府信息公开法制与其他限制政府信息公开的法律，特别是保密法之间的衔接
- 建立一个中央网站，为公众和从业者提供相关信息；载有政府信息公开内容、指南、链接的典型的一站式网站，如 www.foi.gov.uk、www.foi.gov.ie 等
- 建立从业者之间的联系网络，既可以在部门（卫生医疗/地方当局/教育/警察）内部建立，也可以按照地域建立；运用在线论坛、讨论组以及邮件列表组等方式
- 在政府机构之间建立协调机制以处理类似的和有交叉的申请（详细内容请见本报告第 3 章）
- 决定为编制年度报告而要求各机构提供的统计类型
- 监督遵循政府信息公开法制的情况、作出评估并提交报告
- 设计培训材料和培训课程（详细内容请见本报告第 4 章）
- 监督培训的开展、认定培训提供者资格（也可以自己实施培训）

5.3.3 既可以由中央，也可以由各个机构单独开展的活动

政府信息公开实施的某些方面由中央开展最有效，但是，如果中央没有开展，则每个机构应当自己予以实施：

- 解释和政策制定
- 为前置的公开目录设计模板（公开的结构、内容和方式）
- 设计处理政府信息公开申请的程序、形式、文书模板和系统（包括 IT 系统，但这个系统可能只对于详细说明的层次适用）
- 开展培训（详细内容请见本报告第 4 章）
- 准备公开材料（其形式如印刷材料、网上公布、DVD、布告）用于提高公众对政府信息公开制度的认知

5.3.4 由各个机构单独开展的活动

实施的某些方面必须由各个部门单独开展,以适应每个机构各自的需要:

- 在机构高层指定一名“信息支持者(Information Champion)”以支持政府信息公开
- 向各自履行当前职能(公开发布/网站公开、处理申请等)而实施政府信息公开活动的工作组分配资源
- 首先确认哪些材料可以包含在公开目录之中
- 准备公开的形式(网站、印刷品)
- 评估目前政府信息公开的准备情况,包括文件管理审查
- 如果需要,提高文件管理的水平
- 确认不同人员群体的培训需要(除了所有人员都需要的一般认知之外)
- 安排如何开展培训
- 与中央机构合作以提高顾客的认知水平

5.3.5 协调机制和联系网络

尤其是在实施准备阶段以及实施之后,在机构之间建立一个协调机制是很有必要的,该机制可以通过指导性委员会和不同联系网络的方式发挥作用。英国和爱尔兰此类组织方面都做出了优秀的示范。

在英国,高层的组织是御前大臣的咨询委员会(The Lord Chancellor's Advisory Group),其职权范围如下:

“为了帮助御前大臣依照2000年信息自由法案第87条(5)的规定向议会提交年度报告,通过履行以下职能而向他提供建议:

- 监督实施过程;
- 鉴别信息管理方面的最佳实践,并在各种公共机构之中和之间予以推荐;

- 根据适用信息自由法案的公众的需要以及机构如何才能最好地满足这些需要提出建议,并提出如何提高公众对其权利的认知的建议;
- 接受信息专员的准备报告并提供建议,以确保相关程序和指南及时到位;
- 通过协助培训和教育项目而在公共机构中提倡一种新的透明文化。"[1]

英国在实施过程中设立了许多不同层级的联系网络,并从那时一直延续至今:

- 政府信息公开高层支持者团体(Senior FOI Champions Group),并由该团体中的代表组成一个委员会。
- 政府信息公开从业者团体[FOI Practitioners Group,后来被称做信息权利从业者团体(Information Rights Practitioners' Group)],该团体每个月举行一次会议。它的代表来自英国政府部门、非政府部门公共机构以及行政职能下放机构(Devolved Administrations)。为了最好地利用这个网络,该团体还设立了一个电子论坛。
- 律师的联系网络。
- 信息主管(Communication Directors)联系网络。
- 新闻官员(Press Officers)联系网络。
- 由国家档案局(National Archives)管理的贯穿整个政府的文件

[1] 英国国会下院宪法事务委员会:《2000年信息自由法案——走向实施》,第30页(House of Commons Constitutional Affairs Committee, *Freedom of Information Act 2000—progress towards implementation*, p. 30)。

管理者联系网络。[1]

宪法事务部也建立了以部门为基础的联系网络，在其中，部门的具体问题可以得到解决，并可以分享通用的解决方案。

"5.10　尽管宪法事务部的职责范围在于中央政府的实施方面，但它仍然与广泛的公共部门紧密合作以促进政府信息公开的成功施行。宪法事务部与不同公共机构所属的政府部门合作，设立了四个部门小组，分别涉及卫生医疗、教育、刑事司法，以及地方政府和消防机构……

5.11　这些小组被用于：

- 向相关大臣汇报有关政府信息公开法律在各自部门中施行的情况；
- 为宪法事务部向不同部门咨询（咨询事项为宪法事务大臣根据政府信息公开法案所承担的法定职责，而这些职责与这些部门涉及的事项和一些实施法规相关）提供了一个机制；
- 为上述部门的代表提供了一个机制，以通知其领导部门和宪法事务部有关政府信息公开法案在其部门实施的情况；以及
- 分享部门内的良好实践，比如有效的政府信息公开记录和跟踪系统。"[2]

作为为实施政府信息公开做准备的一个部分，建立一个代表商界和更广大社会的咨询机制也是有益的。爱尔兰有两个主要的咨询机

---

〔1〕《政府对宪法事务部专门委员会〈2000年信息自由法案——走向实施〉报告的回应》，第18页（*Government's Response to the Department for Constitutional Affairs Select Committee Report Freedom of Information Act* 2000—*progress towards implementation*, p. 18），2005年2月。

〔2〕英国国会下院宪法事务委员会：《信息自由——一年以来》，2006年6月，"宪法事务部证据"，第49页（House of Commons Constitutional Affairs Committee, *Freedom of Information—one year on* June 2006 DCA Evidence, p. 49）。

构:商界咨询团体(Business Advisory Group)和公民咨询团体(Citizen's Advisory Group)。在英国,目前的咨询机构是信息权利使用者团体(Information Rights User Group),该团体的代表来自于政府内外,包括媒体的代表。

商界团体通常更为关注其成员的商业信息基于政府信息公开机制而被公开的风险。和他们合作、向他们解释政府信息公开的影响,有助于减轻他们的忧虑,比如,第三方咨询和申诉机制可以由此得到其理解。更为明确和精确的申请对于保护机密的商业信息是有必要的,让他们更为了解这一点有助于政府信息公开的决定做出者将商业信息中的敏感部分和不敏感部分区分开来。作为一种(政府信息公开的)"卖点",要让商界知道,他们也可以利用法案中的新权利获取对自己有价值的信息。

5.3.6 信息技术的适用

英国的实施计划包括了对适用信息技术的讨论,这些技术既包括跟踪和处理申请的技术,也包括在公开之前帮助处理文件以安全移动其中一部分的软件。[1] 一种可以使用的商业软件叫做"Redax",它可以适用于 Adobe Acrobat 的 PDF 格式文件。[2] 另一种处理 PDF 格式的软件叫"StampPDF",[3] 该软件可以提供增添页码、水印以及信息地位的功能,该软件和"Redax"都被政府信息公开从业者广泛适用于编辑信息中不予公开的部分。

〔1〕 英国国家档案局:《编辑:关于公开之前从纸质和电子文件中删掉不予公开信息的指南》,2006 年(The National Archives, *Redaction: Guidelines for the Editing of Exempt Information from Paper and Electronic Documents Prior to Release* 2006)。

〔2〕 载 http://www.appligent.com/products/product_families/redaction.php has a tour of the product, and a paper on the security issues。

〔3〕 载 http://www.appligent.com/products/product_families/stamping.php。

对于任何层级的机构而言，考虑如何使用信息科技以改善信息处理（正如下述的文件管理部分）或跟踪与管理政府信息公开申请都是明智的。有数种工作流程和申请跟踪系统可以特别适用于政府信息公开。[1]

在发展信息技术系统解决方案方面，我们可以在英国警察部门向下院宪法事务委员会提交的下述评论中看到中央机构相互协调的好处：

“2.8 针对记录和处理政府信息公开申请的工作流程系统发布一份要求说明

一份框架协议正在建构当中，所有警察部门、紧急部门、地方当局以及内务部都可以现在或者稍后某个时候在被指定的（系统）供应商中选择一个。这样的话，每个签署该框架协议的公共机构不仅可以享受该协议中巨额的折扣（最多可达33%），而且还可以节约制定一份要求说明（a Statement of Requirement）的成本，制定这份说明大约需要花费750小时的工作量。因此，机构节约下来的费用将非常可观。

2003年11月份，宪法事务部承诺制定一份针对工作流程系统的要求说明，但是实际上在2004年4～5月才予以制定，该说明在政府采购步骤方面设立了严格的时间限制，这给机构造成了相当大的困

---

〔1〕 乔伊斯·普洛特尼科夫、理查德·伍尔夫森：《其他国家和地区对政府信息公开申请的处理》，2003年10月（Joyce Plotnikoff and Richard Woolfson, *Management of Freedom of Information requests in other jurisdictions*, October 2003）；实施信息自由法案咨询委员会：《帮助管理和监控申请的电脑系统》，宪法事务部，2003年（Advisory Group on Implementation of the Freedom of Information Act, *Computer Systems for Aiding the Management and Monitoring of Requests*, Department of Constitutional Affairs 2003）；宪法事务部：《管理政府信息公开申请和环境信息申请的信息技术系统的一般用户手册》，2004年4月（Department of Constitutional Affairs, *Generic User Requirements Specification for IT Systems to Manage FOI and EIR Enquiries*, April 2004）。

难。我们认为这是说明宪法事务部应该向所有公共机构提供什么的一个例子,因为对于公共部门来说,可能由此节约数百万英镑的开支。"[1]

5.3.7 指南手册

在实施阶段遇到的一个问题是缺乏对政府信息公开法制的正确理解以及存在前后不一致的解释。适当的培训是对此问题的部分补救,但是,只有在政策和程序达成一致的基础上,培训才能予以实施。

和任何立法一样,政府信息公开法律中的概念和术语的含义和解释都不是明确和简单的,都需要仔细的解释以确保获得一致的结果。最好的办法是由中央机构研究和制定相关政策,在一份手册或一系列指南文件中解释有关概念、术语的含义,并将这些手册、指南分发给法案所涉及的所有机构。许多国家都是这样做的。许多机构在中央指南的基础上制定了自己的手册,根据自己的情况、工作人员的需要、掌握的特定种类的文件、面对的顾客基础等予以调整。要制定这类手册需要投入大量资源。英国警察部门2004年的例子表明,"一份指南手册草案通常有大概350页,需要1500~2000工作时间才能完成"。[2] 总警长协会指南的公开版本(不包含某些敏感事项)有274页。[3] 宪法事务部和信息专员制定的政府信息公开指南将会达到数百页,需要

---

〔1〕 英国国会下院宪法事务委员会:《2000年信息自由法案——走向实施:第2卷,书面证据》,第65页(House of Commons Constitutional Affairs Committee, *Freedom of Information Act* 2000—*progress towards implementation*: *Vol.* 2, Written Evidence, p. 65),2004年12月。载 http://www. publications. parliament. uk/pa/cm200405/cmselect/cmconst/cmconst. htm。

〔2〕 前引英国国会下院宪法事务委员会:《2000年信息自由法案——走向实施:第2卷,书面证据》,第65页。

〔3〕 英国总警长协会:《指南手册:信息自由》(ACPO *Manual of Guidance*: *Freedom of Information*),2006年。载 http://www. met. police. uk/information/files/acpo_foi_guidance_v3. pdf。

数月工作时间才能完成。[1]

一个指南手册应当涵盖处理政府信息公开事项的所有方面，包括处理申请从受理到决定制作的整个程序和系统。通常在手册中，一大篇幅的内容都是关于对拒绝申请和例外规定的详细解释，因为这是最有争议也经常被误解的地方。附件D包含了一个草拟大纲，我们根据其他的例子勾勒出了这种指南的可能内容。

5.3.8 文件管理

文件管理方面的不足是政府信息公开实施阶段经常遇到的问题。解决文件管理问题的第一步就是实施"信息审查(information audit)"，[2]对下列内容进行评估：

- 我们掌握着哪些类型的文件？
- 有多少文件？
- 这些文件是如何储存的，储存在哪里？
- 这些文件储存了多久？
- 应如何处理这些文件？
- 这些文件是如何制作索引的——索引的详细程度如何？

基于审查的结果，机构可以设计针对文件管理的指南/系统，包括文件的创建、检索、保存和处置，以及电子文件管理事项的处理。

有许多资源可以用来帮助管理文件。国际文件管理信托组织

---

〔1〕 英国信息专员发布的指南可见：http://www.ico.gov.uk/tools_and_resources/document_library/freedom_of_information.aspx；英国宪法事务部发布的指南可见：http://www.dca.gov.uk/foi/guidance/index.htm；苏格兰信息专员发布的指南可见：http://www.itspublicknowledge.info/Law/FOISA-EIRsGuidance/Briefings.asp；爱尔兰政府信息公开法案的指南可见：http://www.foi.gov.ie/decision-makers-manual。

〔2〕 例如，英国国家档案局制定了一份自我评估工作手册(self—assessment workbook)，帮助公共机构检查其遵循文件管理法规(Records Management Code)的情况，可见：http://www.nationalarchives.gov.uk/recordsmanagement/code/assessing.htm。

(International Records Management Trust)已经就管理电子文件制定了一个工作手册,并且在文件管理方面准备了一系列广泛的培训和教育材料。[1] 而澳大利亚的经验是提供大量指南(诸如:管理电子文件和作为文件的电子邮件;[2]电子邮件元数据标准、电子文件保存与网络资源存档[3]);在英国,国家档案局已经发布了有关在管理电子文件[4]和电子邮件[5]方面制定政策的指南;许多公共机构都发布了自己关于管理电子邮件的指南。[6] 英国国家档案局就执行"御前大臣根据信息自由法案第46条发布的关于文件管理的实施法规(Lord Chancellor's Code of Practice on the Management of Records under section 46 of the FOI Act)"制定了有益的指南。[7] 所涉及的内容包括:

- 什么是文件管理
- 文件管理
- 文件管理中的人力资源
- 积极的文件管理:文件保存和维护
- 积极的文件管理:文件创建
- 文件的处置

〔1〕 载 http://www.irmt.org/downloadlist/education.html。

〔2〕 载 http://www.prov.vic.gov.au/records/standards.asp。

〔3〕 载 http://www.naa.gov.au/records-management/create-capture-describe/index.aspx。

〔4〕 载 http://www.nationalarchives.gov.uk/electronicrecords/advice/guidelines.htm。

〔5〕 载 http://www.nationalarchives.gov.uk/electronicrecords/advice/default.htm。

〔6〕 载 http://www.recordsmanagement.ed.ac.uk/InfoStaff/RMstaff/ManagingEmail/ManagingEmail.htm。

〔7〕 法规本身见:The Code itself is at: http://www.dca.gov.uk/foi/reference/imprep/codemanrec.htm。英国国家档案局的材料见:http://www.nationalarchives.gov.uk/recordsmanagement/code/implementation.htm。

英国国家档案局也针对不同的部门(中央政府、地方政府、卫生医疗部门、警察部门等)发布了一系列模范行动计划(Model Action Plans),以帮助他们执行文件管理法规。[1]

5.3.9 公开目录

公开目录包含了公共机构事先公开的文件,它是公共机构实施政府信息公开的第一步。大多数机构都有相当数量可以公开的信息,无论是印刷的还是电子的形式,后者可以编辑之后发布到网站上。鉴于公开目录中文件数量的巨大,以及目前可用的网络技术,将公开目录置于网上对于大多数公共机构而言都是唯一可行的方式。但是,对于没有网络设备的公众成员也要准备相应的公开途径。

如果中央政府就目录的制定发布指南,这当然是有益的;在英国,信息专员所认可的目录模板为大多数公共机构所用。因为部门内部信息的相通性,每个部门都有自己的目录模板。[2] 公共机构可以使用目录模板,也可以自己制定。

不同的国家对包含在公开目录中的信息类型有不同的要求。一些国家,比如瑞典,设有一个文件登记系统,该系统记录了所有的官方文件,通常会排除掉那些不完整的,或尚未成为正式文本的,或只在部门内部适用的文件。建立一个文件等级系统的难易程度取决于当前

---

〔1〕 载 http://www.nationalarchives.gov.uk/recordsmanagement/code/model_action_plans.htm。

〔2〕 信息专员(英国):《公开目录:指南和方法论》,2003 年 4 月;《公开目录:得到认可的方法论》,2003 年 4 月;《实施准备:对公开目录的一个实用指南》,第一部分:"类别",2003 年 4 月[Information Commissioner (UK) Publication Schemes: Guidance and Methodology April 2003; Publication Schemes: Approval methodology April 2003; Preparing for Implementation: Publication Schemes a Practical Guide: Part I "Classes" April 2003];苏格兰信息专员发布的指南可见:http://www.itspublicknowledge.info/ScottishPublicAuthorities/PublicationSchemes/PublicationSchemeGuidance.asp。

文件管理系统的质量;在许多情况下,都不可能获得详细的数据,溯及查找也是不允许的。

在英国、爱尔兰和苏格兰,其政府信息公开目录没有完整的文件登记系统那么广泛。苏格兰和英国要求政府机构详细说明予以公开的文件类型(见英国信息自由法案第19、20条)。在爱尔兰,公开目录包含了有关机构组织、职能以及它们的政策、规则和指南等方面信息的内容(爱尔兰信息自由法案的第15、16条)。对于机构另外选择公开什么内容并没有限制。隐藏在政府信息公开目录之后的一个观念就是,通过公开与公众有利害关系的、尽可能多的信息,削减正式的政府信息公开申请数量。因此,许多机构也公开那些被不止一个公众成员申请的信息。一些机构还在自己的网站上公布"公开记录(Disclosure Logs)",机构在这些地方列出收到的政府信息公开申请以及这些申请的处理结果。在英国,"信息自由运动(Campaign for Freedom of Information)"组织发布了一份有用的报告,上面载有公开目录方面良好实践的例子。[1]

5.3.10 向公众推广政府信息公开

实施阶段一个至关重要的方面就是要确保公众了解新的法律。为了达到这个目的,可以采取下列措施:

- 公共推广和媒体发布
- 将手册、申请表、布告置于所有公众联系地点,例如,政府办公楼的公众受理区域、邮局、图书馆
- 在中央政府的网站和每个公共机构自己的网站上予以宣传

---

〔1〕 信息自由运动组织:《中央政府的公开目录:良好实践》,2004年2月(Campaign for Freedom of Information, *Central Government Publication Schemes: Good Practice*, February 2004)。

- 大众传媒——广而告之(印刷品、广播、电视、网站)
- 召开公开会议,让发言人参加社区群体组织的会议
- 通过信息传播途径,比如图书馆、信息亭、社区信息中心予以宣传
- 在发给顾客的标准权利章程(standard charter of rights)/传单中加入有关政府信息公开的内容
- 涉及顾客的权利,特别是当他们被拒绝享有政府的福利或服务时,在对他们的通信当中要包含有关政府信息公开权利的内容

用于机构内部或用于公众的宣传手段通常以一个中心标识为特征,对于在整个政府机构之间"推行"政府信息公开的"商标"很有帮助。用于网站、手册和海报的标识可以提升对政府信息公开的认知。本报告的附件 B 包含了政府信息公开海报和标识的例子。

5.4 建议

第一,政府信息公开的主管部门有必要就《条例》的有关制度拟定相应的工作指南,指导各级政府机关工作人员处理政府信息公开事务。为了避免各级政府机关工作人员对政府信息公开的相关制度缺乏正确理解或者存在不一致的认识,政府机关主管部门应当研究和制定相关的工作指南,对有关概念和术语的含义、不公开信息等的具体适用、相关的工作流程等做出明确的解释和说明。指南可以采取分阶段制作的方式,有关部门可以就《条例》实施中的迫切需要解决的问题,通过指南先行做出解释和说明,同时,可以根据《条例》实施中发现的各种问题进一步对上述文件加以更新和完善。

第二,应当对政府机关所持有的各类文件进行全面的清理。由于

政府机关所处理和掌握的信息数量十分庞大,为了确保政府机关能够在规定的时限内处理完结申请人所提出的公开申请,政府机关必须全面地了解本机关所掌握的各类信息的情况,为此,必须投入一定的时间、财力、人力来对本机关所拥有的信息进行彻底的清理,对其保存形式、基本内容、保存地点等加以明确,并依照较为科学的标准和规则予以归类。清理工作有可能不能够在《条例》正式实施前全部完成,但是,考虑到清理的必要性,即便此项工作会持续到实施之后,各级政府机关也仍旧要认真地对文件进行全面的清理。

第三,结合政府信息公开目录的编制,提升政府机关的信息管理能力。现在,许多国家都编制了详细的信息目录,这些目录涵盖了政府机关制作或者获取的全部信息。在欧盟,欧盟委员会已于1999年开始建立文档登记簿。所有制作出的文档一旦产生就均会自动地记录于登记簿中。该登记簿公布在网络上(http://register.consilium.eu.int),许多文档可以在线查阅、下载。该登记簿包括下述信息:编号、标题、文档号、主题、文档类型、发送人、收信人、文档日期、会议日期、存档日期。在中国,各级政府信息公开领导机构应当结合各自的实际情况,在现有的公文制作标准的基础上,制定编制政府信息公开目录的指南和文档制作标准。政府信息公开目录的编制应当充分运用最新的信息化技术,利用先进的搜索引擎和数据库技术,使该目录成为一种便捷地查询政府信息的平台。目录应当包括:文档标题、文号、制作时间、归档时间、签发人、制作部门、关键词、文档类型、获取方式等。在此方面,可以采取内外有别的处理方法,即所有政府机关内部先建立本机关的信息登记系统,机关内部各个机构应当及时将已经形成的信息登记到该系统内,并最终汇总到本机关的政府信息公开工作机构处。机关内部各机构均应当同时指定专人(兼职或者全职)负责信息管理工作。政府信息公开工作机构在协调各业务部门以及保密部门进行保密审查(必要时征询利益相关第三方意见)的基础上，确定可公开信息的范围，并将此类信息编入政府信息公开目录中。政府信息公开工作机构要在《条例》规定的主动公开信息的范围的基础上，及时对依申请公开信息的情况进行汇总，对于提出申请较多的信息，要及时纳入目录中。随着信息技术在政府机关的普及和全文电子化率的提高，今后所有公开的信息均确保可通过网络在政府信息公开目录中查阅并阅读和下载全文。鉴于数字化鸿沟的存在，政府机关的信息查阅场所应当为上网不便的当事人提供免费的查阅服务。

第四，应当结合《条例》的实施，对各种涉及政府信息公开的法律法规进行梳理。从已有的法律法规的规定看，其中有一些规定涉及政府信息的公开，如政府信息的主动公开、主动公开的方式等。对此，要通过梳理，弄清楚相关规定与《条例》有关规定之间的关系，以便实务中确定应当适用哪一个规定，并逐步考虑对一些不适应《条例》关于公开政府信息要求的规定加以完善。另外，还有一些规定是涉及保密的，如保守国家秘密、保护商业秘密、保护隐私等。对此，要通过清理，进一步明确相关规定同《条例》关于公开的规定之间的关系，发现各种不适应当前公开需求的规定，以便在未来修改相关法律法规的过程中考虑予以完善。

第五，为了更好地实施《条例》，必须要在人员、物质等方面提供足够的资源保障。欧洲的经验表明，政府信息公开制度的实施有利于提高政府的工作水平，但是，为了成功地实施该制度，就需要投入大量的人力和物力。无论是推行主动公开，还是实施以申请公开，政府机关都要为此安排专门的人员，配备相应的硬件设施，提供必要经费保障。《条例》已经要求各级政府机关制定本部门负责政府信息公开的机构，今后的课题是，能否从人员编制等方面确保有一定人数的工作人员专门投入到政府信息公开及其相关工作(如政府信息公开的技术支持、政府信息管理等)之中,能否确保政府机关有充裕的经费履行《条例》所规定的主动公开和依申请公开信息的义务。

第六,加强对《条例》的宣传,提高公众对《条例》和自身权利的认知。公众对政府信息公开制度和自身所享有的权利缺乏足够的了解和认识,必然导致其无法充分地对《条例》加以运用,这在一定程度上也是对立法资源的严重浪费。建议有关部门一方面利用现有各种普法活动,在全国范围内,面向大众,对《条例》及其有关规定进行普及和宣传。特别是,将政府信息公开的内容逐步纳入各阶段学校教育所推行的法制教育活动之中,确保政府信息公开占有一定的课时。同时,应当通过平面媒体、广播电视、网络等媒体对《条例》的相关知识进行宣传,包括通过媒体等组织涉及政府信息公开的知识问答等活动,提升公众对政府信息公开制度的认识。

6 建议:《政府信息公开条例》中需要澄清的方面

除了前面讨论的问题(包括费用、培训、监督以及救济)之外,为了获得更好的效果,《条例》还需要在下述几方面予以改进。

6.1 不予公开的信息

《条例》禁止行政机关公开涉及国家秘密、商业秘密、个人隐私的危及国家安全、公共安全、经济安全和社会稳定的信息。

6.1.1 "隐私"的界定

首先,没有一部中国法律或法规对隐私做过明确的界定。因此,要解决行使相关行政权力的过程中所遇到的困难,对隐私给出一个详细的解释是很重要的。

建议对“个人信息(personal information)”下一个定义。下述定义(从爱尔兰政府信息公开法案修正而来)可以作为参考:

“‘个人信息’即指关于一位可以确认的个人的信息,该信息

(a)只能为该个人或其家庭、朋友所知,或者

(b)为一个公共机构所掌握,如果被作为机密对待。

个人信息包括:

(i)与个人的教育、医疗、精神病或心理方面的历史记录有关的信息

(ii)与个人的经济情况有关的信息

(iii)与个人就业或工作背景有关的信息

(iv)与个人刑事方面的历史记录有关的信息

(v)与个人的宗教、年龄、性取向或婚姻状况有关的信息

(vi)公共机构为了确认个人身份而赋予个人的数字、字母、符号、字词、标志或其他事物,以及用作此种目的的任何标志或其他事物,

(vii)与个人福利权利、税收负担或财产有关的信息;

但是个人信息不包括(如果作为某公共机构的工作成员,某人担任或曾经担任过某职务)个人的姓名,或者与该职位、该职位的职能或获取该职位的条件有关的信息。”

最后的但书(“但是个人信息不包括……”)对于确保公职人员的尽责和他们的身份公开性(除非公开身份对他们的安全存在危害风险——在非常罕见的情形下)具有重要意义。

6.1.1.1 医疗信息

关于个人信息,如果个人的医疗方面的信息被公开,可能会使本人感到痛苦或给他们的健康造成损害,所以,许多国家都对医疗信息做出了特别规定。他们规定由医疗专家(比如一名医生)评估可能造成的伤害,如果可能造成伤害,该信息就只能经由该医疗专家获取。

6.1.2 “商业秘密”的界定

对“商业秘密”的界定非常必要,这样就可以避免在公开商业信息没有损害的情况下将该术语过分延伸,或对商业信息提供过分的保护。

一个重要的解释源泉在于现行的中国法律。如果本指南将被载于一份政策指南当中,那么,它应该考虑涉及商业秘密的中国法律,以及解释这些法律的法官所做出的判决。

《中华人民共和国反不正当竞争法》的第10条(3)对“商业秘密(commercial secrets)”下了一个定义:

“不为公众所知悉、能为权利人带来经济利益、具有实用性并经权利人采取保密措施的技术信息和经营信息。”

除此之外,还有其他一些可供参考的地方。国外的政府信息公开指南中的进一步阐释材料值得研究和加以考虑。

“商业秘密”包括“行业秘密(trade secret)”以及具有商业价值的其他信息,这些信息一旦被公开,其价值将会贬损,或者可能会给该商业信息的所有人造成损害。

决定某个信息是否属于“行业秘密”,需要考虑下列因素:

- 该信息在外界为人所知的程度
- 该信息在该行业雇员和其他相关人士范围内为人所知的程度
- 为保护该信息机密性而采取的措施的程度
- 该信息对于信息所有人及其竞争者的价值
- 为该信息所花的金钱多少或付出的努力程度也可能成为一个相关的考虑因素
- 他人可以正当获取或复制该信息的难易程度
- 技术性并非一个必要条件,但事实上,某信息越具有技术性,越可能被界定为行业秘密

- 必须具有秘密性和因此而采取的措施，以防止相关信息被他人为商业目的所知，或者限制相关信息被保证遵守机密性的人传播出去
- 最初具有秘密性的信息可能会随着时间的过去而丧失其秘密的特征
- 相关信息被用于、或可以被用于某行业或商业领域
- 相关信息一旦为行业对手所知，则不利于信息所有人
- 行业秘密不仅包括制造产品的秘密方法，而且也包括与顾客及其需要有关的信息。

6.1.3 其他不予公开的理由

除了规定在《条例》中的3种不予公开的信息类型之外，从国外的立法实践中可以知道，不予公开的信息还包括尚处于讨论、研究或审查阶段的信息，如果公开，将会干扰社会稳定或影响决策的制定。上述信息只是在特定情形下不予公开，并非永久地否定公开。

在一些欧盟国家，比如瑞典和法国，也有类似的例外规定。而在其他国家，则纯粹基于"损害标准"而非文件的形成阶段来决定是否公开，即并不是将"处于讨论阶段的信息"完全排除在外，而是要求决策者证明信息的公开会造成损害（扰乱社会稳定或决策制定）。这也构成这些国家的政府信息公开法案中的"公共利益衡量标准"的一部分：决策者需要衡量公开可能带来的好处（例如，告知公众有一件会对他们产生影响的重要议案）与可能造成的损害（因为公众会干扰政府通过该立法的努力）。在许多国家，这并不是绝对的例外，而要取决于根据相关标准的审查。

按照《条例》的现有规定，今后，一旦申请人要求获得这种类型的信息，政府机构就会陷入两难境地：公开的话，会给日常工作造成影响；拒绝的话，机构可能会被起诉到法院，因为它们的拒绝没有合法根

据。所以,相关机构有必要在今后的条例中详细界定这些事项。

6.2 政府信息公开年度报告

年度报告将总结某一具体年份中,政府机构在政府信息公开方面的工作情况,并从公众的角度对机构的相关活动做出公开评价。为了确保年度报告制度得以贯彻执行,至关重要的是要建立一个充分有效的信息收集制度,可以真实、准确地记录机构的信息公开活动,并确保年度报告及时向大众公开。其中很重要的是要设计一种覆盖所有机构的数据收集机制或IT系统,以确保从这些机构准确收集到某种具体信息,这样,还可以与国家的整体情况进行比较。

其他国家和地区收集的数据示例包括:

- 申请数量
- 个人申请(要求获得其个人资料)和非个人申请的数量
- 申请的结果(完全或部分准许、拒绝)
- 决定的理由(包括适用了何种例外规定)
- 每个申请中,被拒绝的文件的比例
- 内部复审和外部复审的数量
- 复审的结果
- 决定所需时间——花费的天数(例如,有多少决定是在时间期限内做出的)
- 申请所花费的时间

除了这些数据之外,还有一套标准的问卷,其中既有开放式的问题,也有封闭性的问题。

6.3 其他需要澄清的一些问题

6.3.1 提出政府信息公开申请的权利

《条例》第13条规定,"公民、法人或者其他组织还可以根据自身生产、生活、科研等特殊需要,向国务院部门、地方各级人民政府及县级以上地方人民政府部门申请获取相关政府信息"。这个规定可以被解读为,有权提出政府信息公开申请的主体仅限于那些对获取信息有特别需要的人。评论家注意到了这一点:

"《政府信息公开条例》背离以前中国乃至国际惯例的另一个方面在于,可以向政府申请获得的信息范围非常狭窄。第13条规定,除了政府自己主动公开的信息之外,公民、法人或者其他组织可以'根据自身生产、生活、科研等特殊需要'向政府申请获得信息。这种措辞暗示,申请政府信息的权利可能要受到某种'需要标准(a needs test)'的检验,尽管第20条规定,信息申请的内容不必说明其获得信息的需要。"[1]

但是事实上,《条例》的本意并非如此,任何公民、法人或者其他组织除了政府机关主动公开的信息之外,还可以通过申请获取政府信息,而且,第20条也没有要求公民、法人或者其他组织在提出申请时说明获取信息的目的或者用途。而且,在实务中去审查申请人的"特殊需要"不但不现实,而且也不经济。但是,不容忽视的是,第13条的确容易使人产生误读,因此,这一点需要在对行政人员进行指导时予以重点阐明。

---

〔1〕 载 http://www.freedominfo.org/features/20070509.htm。

6.3.2 《条例》和其他中国法律之间的关系

正如在其他章节中所述,非常有必要阐明《条例》与其他中国法律,特别是保密法之间的关系。如果情况是保密法的效力高于《条例》(因为它们在法律层级上处于更高的位阶),那么,关键就在于保密法要对受保护的信息给出清楚和详细的界定。此外,中国法院的判决和对这些法律的合法解释都可以成为很好的起点。

6.3.3 拒绝申请的其他理由

对于"令人伤脑筋的"或重复性的申请,以及如果遇到处理申请事宜将在很大程度上影响机构的工作的情形,现在的《条例》没有规定应如何拒绝。由于没有将处理费用作为一种威慑措施,所以,一些国家发现它们需要对这类少见的情形做出规定。同样,在中国的《条例》实施一两年之后,也可能有必要根据机构积累的经验考虑这个问题。

结　论

无疑，中国和大多数欧盟国家有关政府信息公开、信息自由、透明度或不管它们采取什么其他名字的法律和条例，都是在非常不同的背景下制定出来的。一些人希望能重建作为主体的公民和作为代理人的政府之间的关系，强调和要求所有行政活动具有更多民主上的合法性，其他人则追求将透明度作为一种向公众曝光腐败和公权力滥用的机制——或者干脆将那些有受到诱惑危险的人置于受公众监督的“玻璃屋”，以防止公务滥用的发生。一些人赞赏现代化电子档案管理的效果，认为它不仅使找寻利益相关公民所申请的信息变得容易，而且很大程度上方便了对保密和非保密信息的一般区分，因此，公开没有问题的内容不会导致事后的麻烦。

过去几十年的统计表明，政府信息公开法案

具有商业上的相关性,因为公司会利用这种法律获取与影响它们的规章、或者与市场以及一般政策情况相关的信息。付出巨大代价所获取的公共部门信息可以被升级更新,并且在某些情况下可以被作为附加值服务予以出售(最突出的例子就是地理信息),有越来越多的商业模式完全建立在政府通过各种方式收集的信息的基础上,这些信息是个人难以收集和说明的。

尽管涉及许多主体的利益,而且政府信息公开的管理(或更确切地说:促进)情况可以得到不同论据的说明,但是,这些法律制度的共同点在于:行政机关的现代化档案保存机制和明确规定的连接公民的界面提高了政府的行政能力,其原因在于行政机关具备了更有效的内部程序,在决策制定过程中可以在不同政府部门得到更好的后备信息,或者仅仅(或许对于一些法律制度而言是最重要的一点)是缘于公民可以基于更可靠的信息形成自己的判断。

政府信息公开可以促进在政府与公众之间建立有利双方相互理解的桥梁。但是,这种桥梁要成为现实,需要具备一个前提条件:政府部门必须有意愿向公众开放,方便公众获取信息。这种意愿并不会自动产生——规则制定出来之后,需要向公务员说明这样规定的原因和好处,还需要就相关机制和程序开展广泛的培训,以便将新的要求顺利地融入到已经确定的工作流程当中,或者干脆抓住机会创设更具效率的程序。

这份报告不仅仅重视规则的准备及其可能的内容,而且重视实施的准备、培训的手段和内部程序的采用,其原因正在于此。在任何行政机关中,这项任务都不简单,这一点可以从欧盟的例子中看出来——在像中国这样大的行政系统中,其工作量更为巨大。中国—欧盟信息社会项目试图通过可行的办法支持这种努力,特别要与欧盟专家建立联系,因为他们可以分享他们在实际操作中的经验,并且要针对政策制定和法律实施的最佳方案进行前瞻的、连续的辅助性研究。

附件 A:政府信息公开实施指南

关于典型措施和程序的一个详细大纲

目　　录

4.15.5 既无法确认、也无法否认文件的存在

4.16 将申请移送给其他机构

4.16.1 其他机关不同意移送的结果

4.16.2 移送机关的义务

4.16.3 移送对时限的影响

4.16.4 对申请的部分移送

4.17 查找文件

4.17.1 查询目录

4.17.2 从档案中提取相关文件

4.17.3 充分搜索

4.17.4 制作有关文件的过程

4.18 机构之间的协调

4.18.1 向其他机构咨询以确认信息的准确性和一致性

4.18.2 信息是否涉及全国性法规

4.18.3 这些法规是否已经被通过

4.19 征询第三方意见

4.19.1 第三方主体:政府、机构或个人

4.19.2 获得第三方意见所应采取的适当可行的步骤

4.19.3 向第三方披露申请人的姓名

4.19.4 相关文件涉及死者时的意见征询

4.19.5 相关文件涉及未成年人或小孩时的意见征询

4.19.6 相关文件涉及智障人士时的意见征询

4.19.7 征询意见以及共同或分享的个人事项

4.19.8 有征询意见必要时,申请处理时限的延长

4.20 做出与第三方意见相反的决定

4.20.1 对第三方决定提出建议的义务

4.20.2 第三方申诉的权利

4.20.3 在得出申诉结果之前推迟争议所涉文件的公开

4.21 如果文件中包含影响社会稳定或扰乱社会秩序的虚假或不完整信息，该如何处理

第五章：例外规定

5.0 例外清单

5.1 关键术语的界定

5.1.1 “危及”

5.1.2 “国家安全”

5.1.3 “公共安全”

5.1.4 “经济安全”

5.1.5 “社会稳定”

5.1.6 “国家秘密”

5.1.7 “商业秘密”

5.1.8 “个人隐私”

5.2 “公共利益”概念

5.2.1 制定条例的公共利益和原因

5.2.2 支持公开的公共利益

5.2.3 支持不予公开的公共利益

5.2.4 特定个人提出申请、但向整个社会普遍公开的公共利益

5.2.5 权衡公共利益

5.3 其他相关法律

（将所有的法律标题列举于此，并将全文内容或全文链接置于附录B中）

（遵循下述例子的格式对每个法律予以说明）

5.3.1 中华人民共和国保密法

5.3.1.1 该法中对术语的界定

5.3.1.2 关于解释该法的法院裁判

5.3.1.3 实施该法的指南

5.3.1.4 该法与本条例的相互关系

5.3.2 中华人民共和国档案法

5.3.2.1 该法中对术语的界定

5.3.2.2 关于解释该法的法院裁判

5.3.2.3 实施该法的指南

5.3.2.4 该法与本条例的相互关系

不予公开的根据

(不予公开的每个根据都各成一节,并遵循下述有关"商业秘密"例子的格式予以说明)

5.4 商业秘密例外

5.4.1 术语的界定

5.4.2 有关解释该法的法院裁判

5.4.3 有助于认定商业秘密的标准

5.4.3.1 该信息在信息所有人业务之外为人所知的程度

5.4.3.2 该信息在处于信息所有人业务之中的雇员以及其他相关人员的范围内为人所知的程度

5.4.3.3 为保守该信息秘密性而采取的措施的严密程度

5.4.3.4 该信息对于信息所有人及其竞争对手的价值

5.4.3.5 为获得该信息而花费的精力、金钱数量可能成为考虑的因素

5.4.3.6 他人可以正当取得或复制该信息的难易程度

5.4.3.7 技术性并非一个必要条件,但事实上,信息的技术性越高,就越有可能被认定为行业秘密

5.4.3.8 必须具有秘密性和因此而采取的措施，以防止相关信息被他人为商业目的而所知，或者限制相关信息被保证遵守机密性的人传播出去

5.4.3.9 最初具有秘密性的信息可能会随着时间的过去而丧失其秘密的特征

5.4.3.10 相关信息被用于、或可以被用于某行业或商业领域

5.4.3.11 相关信息一旦为行业对手所知，则不利于信息所有人

5.4.3.12 行业秘密不仅包括制造产品的秘密方法，而且也包括与顾客及其需要有关的信息

5.4.4 具有商业价值的信息

5.4.4.1 如何认定信息是否具有商业价值

5.4.4.2 向商界人士咨询

5.4.4.3 信息的公开是否会导致其价值的减损或被破坏

5.4.5 一般商业信息

5.4.5.1 公开该信息是否会给商业带来不利影响

5.4.5.2 认定“不利影响”

5.4.6 合同上的保密承诺

5.4.7 政府机构的商业秘密

5.4.8 可能支持公开的公共利益

5.4.8.1 公共健康和安全

5.4.8.2 执行政府职能的责任

5.4.8.3 公共支出的责任

5.4.9 政府采购(投标)中考虑的事项

5.5 既无法确认也无法否认文件的存在

第六章:决定书

6.0 决定书

6.1 根据本法案,谁是决定做出者

6.1.1 机构的主要官员或其他被授权的官员

6.1.2 部长或部长的代表

6.1.3 内部复审官员

6.1.4 授权书

6.1.5 更正或撤销决定的权力

6.2 赋予官员或部长的法律保护

6.3 包含于文件当中的对不予公开事项的说明

6.4 既无法确认也无法否认文件的存在

6.5 说明决定及其理由

6.6 决定做出者的姓名和任命

6.7 不属于机构或部长掌握的文件

6.8 收费明细

6.9 公开机制

6.10 做出决定所考虑的公共利益因素

6.11 复审的权利

第七章:获取文件

7.0 获取文件

7.1 决定立即生效,但是如何处理获取文件的问题

7.2 获取包含医疗或精神病信息的文件

7.2.1 获取医疗保健专业人士意见的机制

7.2.2 评估直接让申请人获取信息是否不利于他们的健康

7.2.3 通过医疗保健专业人士的间接获取

7.3 获取文件和第三方材料

7.3.1 不征询第三方意见情况下的获取

7.3.2 征询第三方意见但没有反馈

7.3.3 第三方无异议,但是否通过书面表示

7.3.4 第三方拒绝公开文件

7.3.5 推迟公开直至得知第三方申诉的结果

7.4 推迟获取的决定

7.5 获取的形式

7.5.1 检查文件的合理机会

7.5.2 谁能检查文件

7.5.3 申请人能检查多少次

7.5.4 申请人未前往检查文件的结果

7.5.5 申请人以某种特别形式申请获取

7.5.6 以另外的形式提供文件,但是如何处理费用的问题

7.5.7 在检查阶段对申请人和文件的监督

7.6 为检查准备好获取文件的复件

7.6.1 全文公开的文件

7.6.2 部分公开的文件

7.6.3 完全不予公开的文件

7.7 删除不予公开的事项(部分公开)

7.7.1 如何从部分不予公开的文件中删除不予公开的事项

7.7.2 区分的方法

7.7.3 覆盖条

7.7.4 处理电子文件(PDF)的软件

7.7.5 在页边空白处注明不予公开的规定

7.7.6 不能使用的方法

7.8 获取非文书类文件

7.8.1 抄本和速记本

8.0 个人信息的更正

8.1 谁能要求更正个人信息

8.1.1 之前已经获取信息的个人

8.1.2 之前未获取信息的个人是否能提出更正要求

8.1.3 代表另一主体的代理人

8.2 如何申请更正

8.2.1 申请人的个人信息

8.2.2 书面申请

8.2.3 申请人要提供需要更正的信息细节

8.3 谁负担证明责任

8.3.1 申请人负担证明责任

8.3.2 需要何种证据

8.4 应何时批准更正申请

8.5“不准确”的含义

8.6 如何处理更正申请

8.6.1 确认收到申请

8.6.2 机构通知申请人的时限

8.6.3 有权人员做出决定并说明理由

8.7 更正应当采取的形式

8.8 拒绝更正申请的程序

8.9 如果机构拒绝更正,是否应当对文件做出标记

8.10 谁应被告知该信息被更正

第九章:复审程序

9.0 复审程序

9.1 谁能申请内部复审

9.2 个人何时无权要求内部复审

8. 决定书

9. 咨询第三方

10. (在咨询第三方有关文件申请的情形下)通知书——告知第三方,尽管第三方持有异议,仍然决定批准公开

11. 对决定提出复审的申请表

12. 要求更正个人信息的申请表

附录 B:其他相关法律的全文

——保密法

——档案法

——国家安全法

——[其他法律]

附件 B:政府信息公开海报及标识示例

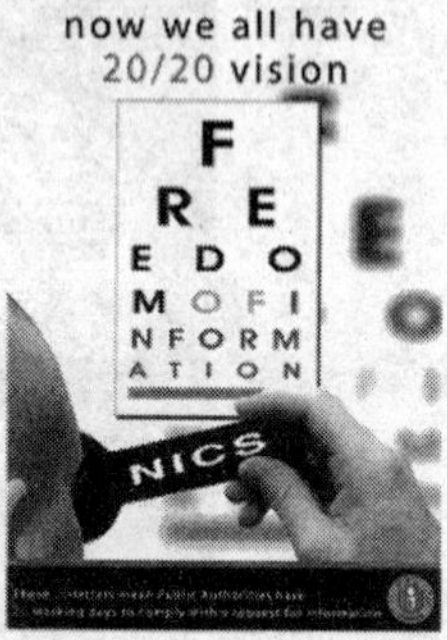

DESTROYING INFORMATION FOR THE PURPOSE OF NOT RELEASING IT IS a CRIMINAL OFFENCE
NICS

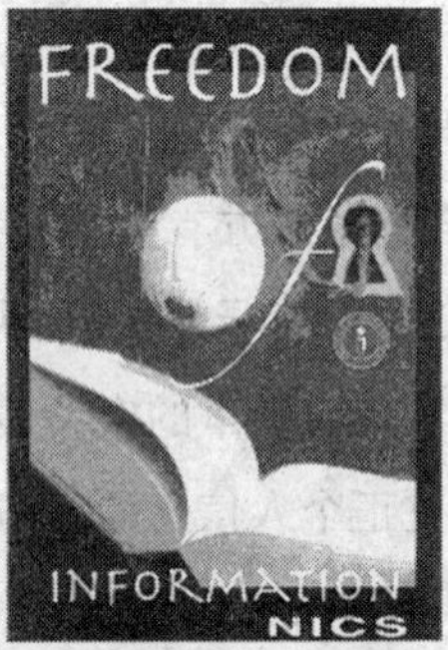
FREEDOM
INFORMATION
NICS

THE FOI MONTY
SHOW THEM EVERYTHING

THE UNACCEPTABLE WORLD

F.O.I.
REVOLUTION

F.O.I.
Freedom of Information Act

FREEDOM OF INFORMATION

FOI

Data Protection &
Freedom of Information

附件 C:欧盟成员国政府信息公开制度相关基本信息

Austria

Legislation

Bundesgesetz über den Schutz personenbezogener Daten

(Datenschutzgesetz 2000 – DSG 2000)

Full text of the law: http://www.ris.bka.gv.at/erv/erv_1999_1_165.pdf.

[Note for English speakers: The German Title "Datenschutzgesetz 2000" and the abbreviation "DSG 2000" should be used in English texts to avoid confusion. The law's full name and source should be given as "Datenschutzgesetz 2000 (DSG 2000), Austrian Federal Law Gazette part I No. 165/1999".]

Also:

- Article 20 § 3 and 4 of the Austrian Federal Constitutional Law: http://www.ris.bka.gv.at/erv/erv_1930_1.pdf.
- Federal Framework Act on Information (BGBl. 285 – 286/1987):

http://www.ris.bka.gv.at/erv/erv_1987_287.pdf.

- Federal Act on the duty to furnish information (Auskunftspflichtgesetz BGBl. 287/1987).
- Law on access to information on the environment, BGBl. No. 495/1993, BGBl. No. 137/1999.
- Federal Act on Administrative Procedures (Akteneinsicht BGBl. 51/1991).

Official Web Sites and Contact Details

Austrian Federal Chancellery

Bundeskanzleramt, Bundespressedienst

Ballhausplatz 2

A – 1014 Wien

Österreich

Telephone +43 / 1 / 531 15 – 2340

Fax +43 / 1 / 531 15 – 2814

post@bka.gv.at OR press – info.service@bka.gv.at

http://www.austria.gv.at/

Austrian Data Protection Commission

Datenschutzkommission

Ballhausplatz 1

1014 Wien

Österreich

Telephone +43 1 531 15 / 2525

Fax +43 1 531 15 / 2690

dsk@dsk.gv.at

http://www. dsk. gv. at (in English, http://www. dsk. gv. at/indexe. htm).

http://www. bka. gv. at/datenschutz/.

Belgium

Legislation

Article 32 of the Constitution.

Decrees of 23 October 1991, 22 December 1994, 30 March 1995, 16 October 1995 and of 11 July 1996 (at regional and community level).

Loi relative à la protection des données à caractère personnel du 8 décembre 1992.

Consolidated text of the Belgian law of December 8, 1992 on Privacy Protection in relation to the Processing of Personal Data as modified by the law of December 11, 1998 implementing Directive 95/46/EC—Unofficial English translation by K. Buyens, updated by Mieke Loncke.

http://www. law. kuleuven. ac. be/icri/itl/12privacylaw. php

Act N° 94 – 1724 of 11 April 1994 on the disclosure of information by the administration (at federal level). (In French): Loi du 11 avril 1994 relative à la publicité de l'administration. Modifee par Loi 25 Juin 1998 et Loi 26 Juin 2000.

http://www. privacyinternational. org/countries/belgium/loi – publicite. rtf.

Federal Act of 12 November 1997 on the disclosure of information by the administration (at municipal level).

Secrecy provisions (in French): Loi relative à la classification et aux habilitations de sécurité, 11 décembre 1998. http://www.staatsbladclip.be/lois/1999/05/07/loi - 999007004.html.

Official Web Sites and Contact Details

[one of the regional CADA offices]

Commission régionale d'accès aux documents administratifs

Boulevard du Jardin Botanique 20

1035 Brussels

Belgium

Telephone 02 / 800 37 34

Fax 02 / 800 38 08

Commission de la Protection de la Vie Privée

Président M. Michel Parisse

Rue Haute 139

B – 1000 Bruxelles

Belgium

Telephone + 32 (0) 2 213 85 79

Fax + 32 (0) 2 213 85 65

commission@privacycommission.be

http://www.privacycommission.be/

Bulgaria

Legislation

Constitution of the Republic of Bulgaria of 13 July 1991 http://www.parliament.bg/? page = const&lng = en.

Access to Documents of the Former State Security Service Act and

Former Intelligence Service of the General Staff Act, 1997.

http://www.infotel.bg/juen/klasific_informacia/ezd.htm.

Access to Public Information Act enacted in June 2000, then amended.

http://www.aip-bg.org/library/laws/apia.htm.

Law for the Protection of Classified Information.

Prom. State Gazette 45/30 Apr. 2002, corr. SG. 5/17 Jan 2003.

Personal Data Protection Act of 2002, later amended

http://www.aip-bg.org/pdf/pdpa.pdf.

Environmental Protection Act of 2002.

State Gazette No. 91,25 September 2002.

Handbook about the Act: http://www.aip-bg.org/pdf/env_hndbk_eng.pdf.

Official Web Sites and Contact Details

Ministry of Interior

29, Shesti Septemvri Str.

Sofia 1000

Bulgaria

Telephone +35929825000

spvo@mvr.bg is the e-mail of the Public Relations Directorate within the Ministry. (The Information and Archives Directorate does not list an e-mail on the website.)

http://www.mvr.bg/en/default.htm

Commissioner for Personal Data Protection

Ivo Stefanov

1, Dondukov Blvd.

1000 Sofia

Telephone + 359 2 940 2046

kzld@government.bg

Czech Republic

Legislation

Article 17 of Law No. 2/1993, Charter of Fundamental Rights and Freedoms.

http://www.psp.cz/cgi-bin/eng/docs/laws/listina.html (in Czech).

Act 106/1999 Coll. on a free access to information http://mujweb.cz/www/vaske/informace.htm (English translation).

Act 148/1998 Coll. dated 11 June 1998 on Protection of Classified Information and on Amendment to Certain Acts.

http://www.nbu.cz/en/act148.php (English translation).

Law on Access to Information on the Environment (1998) http://www.eel.nl/documents/czech_act.htm (English translation).

Personal Data Protection Act 2000

http://www.uoou.cz/index.php?l=en&m=left&mid=01&u1=legislation&u2=leg_101_2000&t= (English translation).

Act No. 310/2002 Coll. Regulation 348/2002 concerning Security Eligibility of Individuals.

Act No. 140/1996 Coll. on Disclosure of Files Established by Activities of the Former State Security Force.

Act 107/2002 amending Act No. 140/1996 Coll. on providing access to volumes created within the activities of the former State Security, and some other Acts.

Official Web Sites and Contact Details

Public Defender of Rights / Ombudsman

http://www.ochrance.cz/en/index.php (in English)

údolní 39

Brno

PSC 602 00

Czech Republic

Telephone (+420) 542 542 888

Fax (+420) 542 542 772

kancelar@ochrance.cz

http://www.ochrance.cz/en/

President of the Office for Personal Data Protection

Mr. Igor Nemec

Office for Personal Data Protection

Pplk. Sochora 27

170 00 Praha 7

Czech Republic

Telephone +420 234 665 111

Fax: +420 234 665 444

info@uoou.cz

http://www. uoou. cz/ (click "English" for translated page)

Cyprus

Legislation

The Processing of Personal Data (Protection of Individuals) Law 138 (I)2001 as amended by The Processing of Personal Data (Protection of Individuals) (Amendment) Law of 2003 (37(I)2003).

Unofficial English translation: http://www. dataprotection. eu/pmwiki/pmwiki. php? n = Main. CY.

Official Web Sites and Contact Details

Michael Kitromilides

Personal Data Protection Commissioner

40 Themistokli Derbi str.,

1066 Nicosia

Telephone: + 357 2 281 84 56

Fax: + 357 3 330 45 65

roc – law@ cytanet. com. cy

Denmark

Legislation

The Law on Party Access in Administration 13 May 1964.

Public Administration Act No. 571, 19 December 1985.

http://aabenhedskomite. homepage. dk/07love/forvaltningsloven_paa_engelsk. htm.

Access to Public Administration Files Act No. 572, 19 December

1985. http://www.privacyinternational.org/countries/denmark/dk-foi-85.doc.

Also:

- Act on Access to Information on the Environment. No. 292 of 27 April 1994.
- Access to Environmental Information Act (amended 2000).
- Act from the Ministry of Environment and Energy, Amending Certain Environmental Acts. No. 447 of 31 May 2000.
- Act Relating to the Processing of Personal Data (Act No. 429 of 31 May 2000): http://www.datatilsynet.dk/eng/index.html and then click on the name of the Act, or see http://www.datatilsynet.no/upload/Dokumenter/regelverk/lov_forskrift/lov-20000414-031-eng.pdf.
- Act on the re-use of public sector information, nr. 596, 24 June 2005: http://europa.eu.int/information_society/policy/psi/docs/pdfs/implementation/dk_act_596_24-06-05.doc.

Official Web Sites and Contact Details

Folkingets Ombudsmand

C/o Parliamentary Commissioner for Civil and Military Administration in Denmark

Gammel Torv 22

1457 Kbh. K.

Denmark

Telep hone: + 45 33 13 25 12

Fax: + 45 33 13 07 17

E-mail：ombudsmanden@ ombudsmanden. dk

http://www. ombudsmanden. dk/english_en/ (in English)

Direktφr Janni Christoffersen

Datasilsynet (Data Protection Agency)

Borgergade 28, 5th floor

1300 Kφbenhavn K

Denmark

Telephone + 45 33 19 32 00

Fax + 45 33 19 32 18

dt@ datatilsynet. dk

http://www. datatilsynet. dk/eng/index. html (in English)

Danish Environmental Protection Agency：http://glwww. mst. dk/homepage/

Estonia

Legislation

Article 44, Constitution of Estonia：http://www. oefre. unibe. ch/law/icl/en00000_. html (English translation).

Databases Act, Passed 12 March 1997 (RT1 I 1997, 28, 423)：http://www. legaltext. ee/text/en/X1060K6. htm (English translation).

Public Information Act, Passed 15 November 2000 (RT I 2000, 92, 597)：http://www. legaltext. ee/text/en/X40095K2. htm (English translation).

Personal Data Protection Act, Passed 12 February 2003 (RT1 I

2003, 26, 158): http://www. legaltext. ee/text/en/X70030. htm.

Information Society Services Act, Passed 14 April 2004 (RT2 I 2004, 29, 191):

http://www. legaltext. ee/text/en/X80043. htm (English translation).

Also:

- State Secrets Act, Passed 26 January 1999. RT1 I 1999, 16, 271.
- Approval of Procedure for Protection of State Secrets and Procedure for Issue of Permits for Access to State Secrets, Government of the Republic Regulation No. 216. Passed July 1999, RT I 1999, 61, 622.
- Archives Act. RT I 1998, 36/37, 552. http://www. legaltext. ee/text/en/X2058K5. htm.
- Environmental Register Act, Passed 19 June 2002 (RT I 2002, 58, 361). http://www. legaltext. ee/text/en/X60041. htm.

Official Web Sites and Contact Details

Director General Urmas Kukk

Estonian Data Protection Inspectorate

Andmekaitse Inspektsioon

Väike – Ameerika 19

Tallinn 10129

Telephone 627 4135

Fax 627 4137

info@ dp. gov. ee

http://www.dp.gov.ee/ (In Estonian)

http://www.dp.gov.ee/index.php? id = 14 (In English)

Finland

Legislation

Constitution of Finland, 11 June 1999: http://www.finlex.fi/pdf/saadkaan/E9990731.PDF (unofficial English translation).

Personal Data Act (523/1999): http://www.tietosuoja.fi/uploads/hopxtvf.HTM (unofficial English translation).

Act on the Openness of Government Activities, No. 621/99: http://www.finlex.fi/en/laki/kaannokset/1999/en19990621.pdf.

Also:

- Decree on the Environmental Protection Act. No. 86/2000.
- Archives Act No. 831/1994.
- Early "freedom of the press law" or Painovapauslaki 04/01/1919: http://www.finlex.fi/fi/laki/alkup/1919/19190001001 (In Finnish).

Official Web Sites and Contact Details

Minstry of Justice (Oikeusministeriö)

P. O. Box 25

FI - 00023 Government

Telephone +358 - 9 - 160 03

Fax +358 - 9 - 1606 7730

E-mail: oikeusministerio@om.fi

General information: viestinta.om@om.fi

Central Administration and Law Drafting Departments Etel? esplanadi 10, Helsinki

Judicial Administration Department Kasarmikatu 42, Helsinki

Criminal Policy Department Mannerheimintie 4, Helsinki

http://www.om.fi/

http://www.om.fi/en/Etusivu (In English)

Office of the Data Protection Ombudsman

Albertinkatu 25 A, 3rd floor

(or) P. O. Box 315

FIN-00181 HELSINKI

FINLAND

Telephone +358 10 36 66700

Fax +358 10 36 66735

tietosuoja@om.fi

http://www.tietosuoja.fi/ (in Finnish)

http://www.tietosuoja.fi/1560.htm (in English)

France

Legislation

Searchable database of French legislation: http://www.legifrance.gouv.fr/ (in French)

- 1978 Law on Access to Administrative Documents: Loi n°78-753 du 17 juillet 1978: Loi portant diverses mesures d'amélioration des relations entre l'administration et le public et diverses dispositions d'ordre administratif, social et fiscal; version consolidée au 14 juin 2006: http://www. legifrance. gouv. fr/texteconsolide/PPEAV. htm (in French) and http://www. cada. fr/uk/center2. htm (excerpts in English).

- 1978 Law on Data Processing, Data Files and Individual Liberties (Data Protection Act): Loi du 6 janvier 1978 modifiée relative à l'informatique, aux fichiers et aux libertés après adoption en par le Sénat du projet de loi de transposition: http://www. cnil. fr/fileadmin/documents/uk/78 – 17VA. pdf.
- 1998 law on classification of national security information: LOI No. 98 – 567 du 8 juillet 1998 instituant une Commission consultative du secret de la défense nationale: http://www. legifrance. gouv. fr/WAspad/UnTexteDeJorf? numjo = DEFX9700140L.
- 1979 law (amended in 2000) on the consultation of archives: Acts 79 – 18 and 2000 – 321.
- Loi No. 79 – 587 du juillet 1979 relative à la motivation des actes administratifs et à l'amélioration des relations entre l'administration et le public.
- Ordonnance n° 2001 – 321 du 11 avril 2001 relative à la transposition de directives communautaires et à la mise enoeuvre de certaines dispositions du droit communautaire dans le domaine de l'environnement: http://aida. ineris. fr/textes/ordonnance/text8900. htm.
- 2002 law that allows former adoptees and wards of the state to access their records and find out the names of their parents, relatives and their medical conditions: LOI n° 2002 – 93 du 22 janvier 2002 relative à l'accès aux origines des personnes adoptées et pu-

pilles de l'Etat: http://www. legifrance. gouv. fr/WAspad/UnTexteDeJorf? numjo = MESX0205318L.

- Loi No. 2002 – 303 de 4 mars 2002 relative aux droits des maladies et a la qualité du system de la santé public.
- 2004 Code du Patrimoine (revised law in regard to archives)
- Ordonnance n° 2005 – 650 du 6 juin 2005 relative à la liberté d'accès aux documents administratifs et à la réutilisation des informations publiques: http://admi. net/jo/20050607/JUSX0500084R. html.

Official Web Sites and Contact Details

CADA: Commission d'accès aux documents administratifs

35, rue Saint – Dominique

75 700 PARIS 07 SP

01 42 75 79 99

01 42 75 80 70

cada@ cada. fr

http://www. cada. fr/ (In French)

CNIL: Commission nationale de l'informatique et des libertés

(French Data Protection Authority)

Président Alex Türk

8 rue Vivienne – CS 30223

75083 PARIS Cedex 02

Telephone 00 33 (0)1 53 73 22 22

Fax 00 33 (0) 153 73 22 00

http://www. cnil. fr/ (In French)

http://www. cnil. fr/index. php? id =4 (English)

Germany

Legislation

Gesetz zur Regelung des Zugangs zu Informationen des Bundes (Informationsfreiheitsgesetz - IFG) or The Act to Regulate Access to Federal Government Information (adopted June 2005, came into force 1 January 2006).

Federal Data Protection Act (1990 and later amendments) (Bundesdatenschutzgesetz, BDSG). http://www. datenschutz - berlin. de/recht/de/bdsg/bdsg01_eng. htm.

Act Regarding the Records of the State Security Service of the Former German Democratic Republic (Stasi Records Act) of 20 December 1991.

Environmental Information Act (1994) (Umweltinformationsgesetz, UIG): http://www. iuscomp. org/gla/statutes/UIG. htm.

Law on the Preservation and Use of Federal Archival Documents (Bundesarchivgesetz - BArchG) of 6 January 1988 (BGBl. I S. 62), as amended at last by the Freedom of Information Law of 5 September 2005 (BGBl. I S. 2722): http://www. bundesarchiv. de/benutzung/rechtsgrundlagen/bundesarchivgesetz/index. html? lang = en.

Official Web Sites and Contact Details

Federal Commissioner for Data Protection and Freedom of Information

Der Bundesbeauftragte für den Datenschutz und die Informationsfreiheit

Husarenstraße 30

D – 53117

Bonn

Telephone +49 (0)228 – 997799 – 0 or +49 (0)228 – 81995 – 0

Fax +49 (0)228 – 997799 – 550 or +49 (0)228 – 81995 – 550

poststelle@ bfdi. bund. de

http://www. bfdi. bund. de/.

Also: http://www. bfd. bund. de/Vorschaltseite _ EN _ node. html (English).

http://www. bfd. bund. de/EN/Home/homepage_node. html (partial content in English).

http://www. bstu. bund. de/ (in German; site for the records of the state security service of the former German Democratic Republic).

Note: Due to the strong federal structure of the German Republic, many of the separate states within Germany also have their own freedom of information and/or data protection laws and agencies, and some of those that do not currently have such laws are working towards enacting them.

Greece

Legislation

Constitution of Greece (most recently amended 2001)

(English translation available by clicking on the link at http://www. synigoros. gr/en_law. htm).

Law No. 1599 on the Relations between citizens and the state and other provisions (1986).

Joint Ministerial Decision N° 77921/1440/1995 of the Ministries of the Presidency of the Government, the Interior, the National Economy and the Environment, Planning and Public Works about access to environmental information.

Law No. 2472 on the Protection of Individuals with regard to the Processing of Personal Data (1997) (as amended; English translations): http://www.dpa.gr/Documents/Eng/2472engl_all2.doc (also available from http://www.dpa.gr/legal_eng.htm).

Law No. 2690/1999 Ratification of the Administrative Procedure Code and other provisions (especially Article 45): http://unpan1.un.org/intradoc/groups/public/documents/UNTC/UNPAN001820.pdf (in English).

Law No. 3094, 22 January 2003: The Ombudsman and other provisions and PRESIDENTIAL DECREE No. 273: Regulations of the Ombudsman (available by clicking on the link at http://www.synigoros.gr/en_law.htm).

Law No. 3448 - 2006. http://www.poeota.gr/_download/N.3448-2006.pdf (in Greek).

Official Web Sites and Contact Details

Hellenic Data Protection Authority

Kifisias Av. 1-3

PC 115 23

Ampelokipi

Athens Greece

Telephone +30 210 64 75 600 or +30 210 64 75 696

Fax +30 210 64 75 628

E-mail contact@ dpa. gr

http://www. dpa. gr/ (In Greek)

http://www. dpa. gr/home_eng. htm (Pages in English)

The Greek Ombudsman ("Independent Authority")

5 Hadjiyanni Mexi Street

115 28 Athens

Fax (0210) 729 2129

http://www. synigoros. gr/en_index. htm (pages in English)

Hungary

Legislation

Act XX of 1949: The Constitution of the Republic of Hungary: http://abiweb. obh. hu/dpc/legislation/1949_XX. htm.

Act LXⅢ of 1992: on the Protection of Personal Data and Public Access to Data of Public Interest: http://abiweb. obh. hu/dpc/legislation/1992_LXⅢa. htm.

Act XXⅢ of 1994: on the Screening of Holders of Some Important Positions, Holders of Positions of Public Trust and Opinion – Leading Public Figures, and on the Office of History.

Act IV of 1978: on the Criminal Code:

http://abiweb. obh. hu/dpc/legislation/1978_IV. htm.

Act XLVⅡ of 1997: on the Handling of Medical and Other Related Data.

Act LXVI of 1992: on the Name and Address Records of Citizens ("the Records Act").

Act LXV of 1995: on State Secret and Service Secret (or "State and Official Secrets").

Act LXVI of 1995: on Public Records, Public Archives, and the Protection of Private Archives: http://www.th.hu/html/en/acts/Act_LXVI_of_1995.doc.

Act No. Ⅲ of 2003: On the Disclosure of the Secret Service Activities of the Communist Regime and on the Establishment of the Historical Archives of the Hungarian State Security: http://www.th.hu/html/en/acts/ABTL_4_2003_evi_Ⅲ_tv_e.pdf.

Act XXIV of 2003: Amending Certain Acts on the Use of Public Funds, the Public Disclosure, Transparency and Increased Control of the Uses of Public Property (The "Glass Pockets Act").

Act XC of 2005: on the Freedom of Information by Electronic Means:

http://abiweb.obh.hu/dpc/legislation/2005_XC.htm or http://www.freedominfo.org/documents/hu_trans_2005tvy90.doc.

Official Web Sites and Contact Details

Dr. Attila Péterfalvi

Parliamentary Commissioner for Data Protection and Freedom of Information

H-1051 Budapest

Nádor u. 22.

Hungary

Telephone +36 1 475 7186

Fax +36 1 269 3541

adatved@ obh. hu

http://abiweb. obh. hu/dpc/index. htm

Parliamentary Commissioners' Office of Hungary

http://www. obh. hu/ (In Hungarian)

http://www. obh. hu/index_en. htm (In English)

Historical Archives of the Hungarian State Security

1067 Budapest

Eötvös u. 7.

Hungary

Telephone (06 - 1) 478 - 6020

Fax (06 - 1) 478 - 6036

info@ abtl. hu

http://www. th. hu/ (In Hungarian)

http://www. th. hu/index_e_start. html (some pages in English)

Ireland

Legislation

Official Secrets Act 1963: http://www. bailii. org/ie/legis/num_act/1963/zza1y1963. 1. html.

National Archives Act 1986: http://www. bailii. org/ie/legis/num_act/1986/zza11y1986. 1. html.

Data Protection Acts 1988 and 2003:

http://www. dataprivacy. ie/viewdoc. asp? Docid = 70&Catid =

47&StartDate = 1 + January + 2006&m = l.

Freedom of Information Act 1997, amended 2003:

http://www.foi.gov.ie/foi.nsf/_v85mm2r37c5mm2t35cgsje9hg6c_?OpenFrameSet (or, 2003 version only: http://www.gov.ie/bills28/acts/2003/a903.pdf).

Statutory Instrument S. I. No. 279 of 2005, European Communities (Re-use of Public Sector Information) Regulations 2005:

http://europa.eu.int/information_society/policy/psi/docs/pdfs/implementation/ire_si_for_directive_2003-1-98.pdf.

Official Web Sites and Contact Details

Freedom of Information Central Policy Unit

Department of Finance

73/79 Lower Mount Street

Dublin 2

Telephone +353 1 6318258

Fax +353 1 6045750

cpu@finance.gov.ie

http://www.foi.gov.ie/

Office of the Information Commissioner

18 Lower Leeson Street

Dublin 2

Telephone +353 1-6395689

Fax: +353 1-6395674 or +353 1-6395676

info@oic.ie

http://www.oic.gov.ie/en/

Data Protection Commissioner

Canal House

Station Road

Portarlington

Co. Laois

Telephone +353 57 868 4800

Fax +353 57 868 4757

info@ dataprotection. ie

http://www. dataprivacy. ie/

Italy

Legislation

Law No. 801 of 24 October 1977: Establishment and regulation of the intelligence and security services and discipline of State secrecy.

Chapter V of Law No. 241 of 7 August 1990: http://www. parlamento. it/leggi/050151. htm (In Italian).

Decree No. 352 of the President of the Republic of 27 June 1992.

Law No. 39 of 24 February 1997: *Attuazione della direttiva* 90/313/ *CEE, concernente la libertà di accesso alle informazioni in materia di ambiente.*

Law No. 196 of 30 June 2003, Personal Data Protection Code: http://www. garanteprivacy. it/garante/document? ID=311066.

Law No. 36 of 27 January 2006: *Attuazione della direttiva* 2003/98/ *ce relativa al riutilizzo di documenti nel settore pubblico*: http://www.

cnipa. gov. it/site/_files/riusodatipub. pdf (In Italian).

Official Web Sites and Contact Details

Segretaria della Commissione

Commissione per l'accesso ai documenti amministrativi

Via della Mercede, 9

00187 Roma

Telephone 06.6779.6711 or 06.6779.6716

Fax 06.6779.6684

commissione. accesso@ governo. it OR commissioneaccesso@ governo. it

http://www. governo. it/Presidenza/ACCESSO/

President Prof. Francesco Pizzetti

Garante per la Protezione dei Dati Personali

Piazza Monte Citorio, n. 121

00186 Roma

Italia

Telephone + 39 06 696 771

Fax + 39 06 696 777 15

garante@ garanteprivacy. it

http://www. garanteprivacy. it

Latvia

Legislation

Law on Archives 1991, amended 1993:

http://www. arhivi. lv/engl/eng - lvas - law - on - arch. html.

State Secrets Act of 29 October 1996.

Law on Environmental Protection 1997, amended 2000: http://www. ttc. lv/New/lv/tulkojumi/E0042. doc.

Constitution of Latvia 1998: http://www. oefre. unibe. ch/law/icl/lg00000_. html.

Law on Freedom of Information 1998.

Law on preserving and application of the documents of former KGB and establishment of the fact of cooperation with former KGB 2003.

Personal Data Protection Law 2000, amended 2002: http://www. dvi. gov. lv/eng/legislation/pdp/.

Official Web Sites and Contact Details

Director Signe Plumina

State Data Inspectorate

Kr. Barona iela 5 - 4

Riga, LV - 1050

Telephone + 371 722 3 131

Fax + 371 722 3 556

info@ dvi. gov. lv

http://www. dvi. gov. lv/eng

Lithuania

Legislation

Article 25 of the Constitution of the Republic of Lithuania (25 October 1992): http://www3. lrs. lt/home/Konstitucija/Constitution. htm.

Law No. I - 1115 on Archives (5 December 1995).

Law No. Ⅰ－1338 on Declaration of the Property and Income of Residents（16 May 1996, amended 2000）.

Article 6 of Law No. Ⅰ－1418 on Provision of Information to the Public（2 July 1996, amended 2002）.

Government Resolution No. 1175 On Approval of the Order on Public Access to Environmental Information in the Republic of Lithuania, adopted on 22 October 1999.

Law No. ⅤⅢ－1436 on Registering, Confession, Entry into Records and Protection of Persons who Have Admitted to Secret Collaboration with Special Services of the Former USSR（23 November 1999, amended 2000）.

Law No. ⅤⅢ－1443 on State Secrets and Official Secrets（25 November 1999, amended 2001）.

Law No. ⅤⅢ－1524 on the Right to Receive Information from State and Local Authorities（11 January 2000, substantially revised in November 2005）.

Order of the Minister of Environment No. 273 On the Regulation on Possession of Documentation, Provision of Information Under the Public Requests and Visitor Service in the Ministry of Environment, adopted on 4 July 2000.

Law No. Ⅸ－1296 on Legal Protection of Personal Data（21 January 2003）.

Law No. Ⅹ－383 of 10 November 2005（related to Public Sector Information Implementation Status).

Official Web Sites and Contact Details

Director Ona Jakstaite

State Data Protection Inspectorate

Zygimanty str. 11 - 6a

LT - 01102 Vilnius,

Lithuania

Telephone (370 5) 279 1445

Fax (370 5) 261 9494

ada@ ada. lt

http://www. ada. lt//index. php? lng = en

Luxembourg

Legislation

From Banisar's report: There is no general right of access to documents. Some rules are contained in the Act of 1 December 1978 governing non-contentious administrative procedures, that contain the right of a person affected to be heard and to obtain access to the administrative file. The Grand Ducal implementing Regulation of 8 June 1979 relating to the administrative procedure to be followed by State and local authorities recognises the right of a person concerned to full access to the files relating to their administrative situation and to items of information on which administrative decisions likely to affect their rights or interests are or may be based.

Official Web Sites and Contact Details

Président Gérard Lommel

Commission nationale pour la protection des données

68, route de Luxembourg

L-4221 Esch-sur-Alzette

Luxembourg

Telephone +352 26 10 60 1

Fax +352 26 10 60 29

info@cnpd.lu

http://www.cnpd.lu/

Malta

Legislation

Data Protection Act ACT XXVI of 2001, as amended by Act XXXI of 2002.

http://www.dataprotection.gov.mt/dbfile.aspx/DPA.pdf.

Legal Notice 16 of 2003, Processing of Personal Data (Telecommunications Sector) Regulations as amended by L. N. 153 of 2003, L. N. 522 of 2004, and L. N. 109 of 2005.

Legal Notice 154 of 2003, Notification and Fees (Data Protection Act) Regulations, 2003 as amended by L. N. 162 of 2004.

Legal Notice 155 of 2003, Third Country (Data Protection Act) Regulations, 2003.

Legal Notice 125 of 2004, Processing of Personal Data (Protection of Minors) Regulations, 2004.

Legal Notice 142 of 2004, Data Protection (Processing of Personal

Data in the Police Sector) Regulations, 2004.

Malta has published a White Paper on planned freedom of information legislation.

Official Web Sites and Contact Details

Paul Mifsud – Cremona

Commissioner for Data Protection

2, Airways House, High Street

Sliema SLM 16

Telephone + 356 2328 7100

Fax + 356 2328 7198

commissioner. dataprotection@ gov. mt

http://www. dataprotection. gov. mt

Netherlands

Legislation

Article 110 of the Constitution of the Kingdom of the Netherlands, 2002: http://www. minbzk. nl/contents/pages/6156/grondwet_UK_6 – 02. pdf.

Act of 31 October 1991, containing regulations governing public access to government information: http://www. minbzk. nl/contents/pages/5306/public_access_government_info_10 – 91. pdf.

General Administrative Procedural Act of 4 June 1992 (Algemene wet bestuursrecht).

Personal Data Protection Act of 2000.

http://www. dutchdpa. nl/documenten/en_wetten_wbp. shtml? refer =

true&theme = purple.

The Archive Act

The Criminal Code

Official Web Sites and Contact Details

Ms. Dr. G. ter Horst

Minister of General Affairs, and Minister of the Interior

http://www.minbzk.nl/bzk2006uk/

Chairman Jakob Kohnstamm

College Bescherming Persoonsgegevens (Data Protection Authority)

Postbus 93374

2509 AJ Den Haag

Netherlands

Telephone + 31 70 888 85 00

Fax + 31 70 888 85 01

mail@ cbpweb. nl

http://www.cbpweb.nl/ (In Dutch)

http://www.dutchdpa.nl/ (In English)

Poland

Legislation

Article 61 of the Constitution of Poland (2 April 1997).

The Classified Information Protection Act of 22 January 1999.

Act of 6 September 2001 on access to public information, Journal of

Laws No. 112, item 1198: http://europa. eu. int/information_society/policy/psi/docs/pdfs/implementation/po_tra_%20dz - u - 01 - 112 - 1198_21 - 03 - 05. doc a. Act of 27 April 2001 Environmental Protection Law.

Official Web Sites and Contact Details

Office of the Commissioner for Civil Rights Protection

Aleja Solidarno ci 77

00 - 090 Warsaw

Telephone (+ 48 22) 55 17 700

Fax (+ 48 22) 827 64 53

E-mail rzecznik@ rpo. gov. pl

Ombudsman (contains the preceding)

http://www. brpo. gov. pl/index. php? e = 1&poz = 430 (In Polish)

http://www. rpo. gov. pl/index. php? s = 3 (In English)

Biuletyn Informacji Publicznej

http://www. bip. gov. pl/

Dr. Ewa Kulesza

Generalny Inspektor Ochrony Danych Osobowych

Komunikat Generalnego Inspektora Ochrony Danych Osobowych

ul. Stawki 2

00 - 193 Warszawa

Poland

Telephone + 48 22 860 - 70 - 81

Fax + 48 22 860 - 70 - 90

sekretariat@ giodo. gov. pl

http://www.giodo.gov.pl/en/

http://www.ipn.gov.pl/index_eng.html

Portugal

Legislation

Article 62 of the Code of Administrative Procedures (Act Decree N° 442/91 of 15 November 1991), which regulates the right of access to administrative information based on a specific interest in the document.

Law of State Secrecy No. 6/94, of 7 April 1994: http://www.terravista.pt/guincho/3938/Segredo%20de%20Estado.doc (in Portuguese).

Lei No. 65/93, de 26 de Agosto, com as alterações constantes da Lei No. 8/95, de 29 de Março e pela Lei No. 94/99, de 16 de Julho; Law number 65/93 on access to administrative documents of 26 August 1993.

Article 48 and 268 of the Constitution of the Portuguese Republic (1997): http://www.parlamento.pt/leis/constituicao_ingles/IND_CRP_ING.htm.

Act No. 67/98 of 26 October 1998 on the Protection of Personal Data (transposing into the Portuguese legal system Directive 95/46/EC of the European Parliament and of the Council of 24 October 1995 on the protection of individuals with regard to the processing of personal data and on the free movement of such data).

Official Web Sites and Contact Details

Comissão de Acesso aos Documentos Administrativos (CADA)

Rua de São Bento, 148—2o

1200 – 821 Lisboa
Portugal
Telephone 213 933 570
Fax 213 955 383
geral@ cada. pt
http://www. cada. pt/

Comissão Nacional de Protecção de Dados (CNPD)
Rua de São Bento, 148, 3o
1200 – 821 Lisboa
Portugal
Telephone (+ 351) 21 392 84 00
Fax (+ 351) 21 397 68 32
geral@ cnpd. pt
http://www. cnpd. pt/

Romania

Legislation

Constitution of Romania: http://www. avp. ro/consten. html (excerpt in English).

Law No. 16/1996 on the National Archives: http://www. apador. org/en/legi/lege_16_1996_e. rtf.

Law No. 35/1997 On the Organisation and Functioning of the Institution of the Advocate of the People: http://www. avp. ro/leg35en. html.

Law No. 189/1999 on the access to the personal file and the disclosure of the Securitate as a political police: http://www. cdep. ro/

legislatie/eng/Vol. 44eng. pdf.

Law No. 544/2001 Regarding the Free Access to the Information of Public Interest.

Law No. 677/2001 for the Protection of Persons concerning the Processing of Personal Data and Free Circulation of Such Data: http://www.avp.ro/leg677en.html.

Law No. 182/2002 on the protection of classified information.

Law No. 52/2003 regarding decisional transparency in the public administration.

Governmental Decision No. 878/2005 on public access to environmental information, 28 July 2005: http://www.apador.org/en/legi/hot_1115_2002_e.rtf.

Law on Certain Steps for Assuring Transparency in Performing High Official Positions, Public and Business Positions, for Prevention and Sanctioning the Corruption: http://www.sigmaweb.org/dataoecd/34/15/35015795.pdf.

Official Web Sites and Contact Details

Dr. Ioan Muraru

People's Advocate

B – dul Iancu de Hunedoara nr. 3—5

Sector 1, Bucharest

Romania

Telephone + 40 21 312 7134

Fax + 40 21 312 4921

avp@ avp. ro

http://www. avp. ro/indexen. html

Valeriu Guguianu—Tincu

Responsabil Acces Informatii Publice/Relatia Cu Societatea Civila

valeriu. guguianu@ publicinfo. ro

http://www. publicinfo. ro/pagini/contact. php

Consiliul National Pentru Studierea Arhivelor Securitatii

Strada Dragoslavele nr. 2—4

Sector 1 cod 011024

Bucharest

Romania

Telephone 021 319 09 35 or 021 319 09 36

Fax 021 319 09 32 or 021 319 09 56

office@ cnsas. ro

http://www. cnsas. ro/main. html

National Supervisory Authority for Personal Data Processing

http://www. dataprotection. ro/index. php? lang = en_GB (In English)

Slovak Republic

Legislation

Article 26 of the Constitution of the Slovak Republic 1992: http://www. oefre. unibe. ch/law/icl/lo00000_. html.

Act 211/00 on Free Access to Information (approved May 2000, went into force on 1 January 2001): http://www. info211. sk/zakon_en.

php.

Act No. 553/2002 of 19 August 2002 on Disclosure of Documents Regarding the Activity of State Security Authorities in the Period 1939 – 1989 and on Founding the Nation's Memory Institute (ústav pamäti ná530oda) and on Amending Certain Acts (Nation's Memory Act): http://www. upn. gov. sk/data/pdf/553_2002_en. pdf.

Act No. 428/2002 on Protection of Personal Data (amended through 2005): http://www. dataprotection. gov. sk/buxusnew/docs/act_428. pdf.

Act No. 215/04 on the Protection of Classified Information and on the amendment and supplementing of certain acts.

Act No. 205/2004 on assembling, storing and spreading environmental information.

Official Web Sites and Contact Details

Nation's Memory Institute

http://www. upn. gov. sk/.

President Pavol Husár

The Office for Personal Data Protection

Odborarske nam. 3

817 60 Bratislava 15

Slovak Republic

Telephone + 421 2 502 394 18

Fax + 421 2 502 394 41

statny. dozor@ pdp. gov. sk

http://www.dataprotection.gov.sk/

Slovenia

Legislation

Articles 38 and 39 of the Constitution of Slovenia (1991): http://www.us-rs.si/en/index.php? sv_path=6.

Archives and Archival Institutions Act (Official Gazette of the RS, No. 20/97): http://www.arhiv.gov.si/fileadmin/arhiv.gov.si/pageuploads/razno/AAIA.pdf.

Access to Public Information Act (2003, revised 2005): http://www.ip-rs.si/index.php? id=520.

Information Commissioner Act No. 113/2005: http://www.ip-rs.si/index.php? id=519&type=98.

Classified Information Act, 8 November 2001; Official Gazette of the Republic of Slovenia, No. 87/2001: http://nato.gov.si/eng/documents/classified-info-act/.

Personal Data Protection Act:

http://www.ip-rs.si/fileadmin/user_upload/doc/PDPA_-_consolidated_23.03.06.doc.

Official Web Sites and Contact Details

Natasa Pirc Musar

Informacijska pooblascenka (Information Commissioner)

Vosnjakova 1

1000 Ljubljana - SI

Slovenia

Telephone +386 (0) 1 230 97 30

Fax +386 (0) 1 230 97 78

natasa. pirc@ ip – rs. si

http://www. ip – rs. si/

http://www. ip – rs. si/index. php? id = 149

Spain

Legislation

Article 105(b) of the Constitution of Spain, 1992.

Article 37 of Ley 30/1992, de 26 de Noviembre, de Régimen Jurídico de las Administraciones Públicas y del Procedimiento Administrativo Común (modified by ley 4/99, de 13 January 1999) ("law on rules for public administration and administrative procedures"): http://noticias. juridicas. com/base_datos/Admin/l30 – 1992. html.

Ley 38/1995, de 12 de diciembre de derecho de acceso a la información en materia de medio ambiente: http://www. siam – cma. org/lexislacion/doc. asp? id = 89.

Organic Law 15/1999 of 13 December on the Protection of Personal Data: https://www. agpd. es/upload/Ley%20Org%E1nica%2015 – 99_ingles. pdf (Extracts in English).

Act 34/2002 of 11 July on Information Society Services and Electronic Commerce: https://www. agpd. es/upload/Ley_34 – 2002_LSSI_ingles. pdf.

Act 41/2002, of 14 November 2002, basic regulating Act on the autonomy of the patient and on the rights and obligations in matters of clinical information and documentation: https://www.agpd.es/upload/English_Resources/LEY% 20DE% 20AUTONOM% CDA% 20DEL% 20PACIENTE.pdf.

Act 32/2003 of 3 November (State Telecommunications Act): https://www.agpd.es/upload/Ley_32-2003_LGT.pdf.

Act No. 62/2003 of 30 December on fiscal measures, administrative measures and measures of a social nature: https://www.agpd.es/upload/ACT_62_2003.pdf.

Official Web Sites and Contact Details

El Defensor del Pueblo (Ombudsman)

Calle Zurbano, 42

28010 Madrid, España

Telephone 91 432 79 00

registro@defensordelpueblo.es

http://www.defensordelpueblo.es/

http://www.defensordelpueblo.es/web_ingles/ (In English)

Director Jose Luis Piñar Mañas

Agencia Española de Protección de datos

C/ Jorge Juan, 6

28001 - Madrid, España

Telephone 901 100 099 or +34 91 399 62 00

Fax +34 91 445 56 99

ciudadano@agpd.es

https://www.agpd.es/index.php

Sweden

Legislation

1766 Freedom of the Press Act, last amended in 1994: http://www.riksdagen.se/templates/R_Page____6313.aspx.

The Instrument of Government (Chapter 2 in English includes the Freedom of the Press Act): http://www.riksdagen.se/templates/R_PageExtended____6319.aspx.

Secrecy Ordinance (1980:657): http://www.notisum.se/rnp/sls/lag/19800657.htm (in Swedish).

Personal Data Act (1998:204): http://www.datainspektionen.se/in_english/personal_data.shtml.

SOU 2003:99. http://www.regeringen.se/sb/d/108/a/412.

Official Web Sites and Contact Details

Riksdagens ombudsmän—Justitieombudsmannen (Chief Parliamentary Ombudsman—JO)

(mail) Box 16327, 103 26 Stockholm

(office) Västra Trädgårdsgatan 4 Stockholm

Telephone 08 - 786 40 00

Fax 08 - 21 65 58

justitieombudsmannen@riksdagen.se

http://www.jo.se/default.asp?SetLanguage=en

Data Inspection Board / Datainspektionen

(mail) Box 8114 SE – 104 20 Stockholm Sweden

(office) Fleminggatan 14, 9th floor Stockholm Sweden

Telephone +46 8 657 61 00

Fax +46 8 652 86 52

datainspektionen@ datainspektionen. se

http://www. datainspektionen. se/in_english/start. shtml

Ministry of Justice

Rosenbad 4

103 33 Stockholm Sweden

Telephone +46 8 405 10 00

Fax +46 8 20 27 34

United Kingdom

Legislation

Official Secrets Act 1911 (Section 1); OSAs 1920, 1939, 1989 (c.6)

Public Records Act 1958: http://www. pro. gov. uk/about/act/act. htm.

Local Government (Access to Information) Act 1985.

Data Protection Act 1998.

Freedom of Information Act 2000.

Official version: http://www. opsi. gov. uk/acts/acts2000/20000036. htm.

Single page version: http://www. cfoi. org. uk/foiact2000. html.

Freedom of Information (Scotland) Act 2002: http://www. scotland –

legislation. hmso. gov. uk/legislation/scotland/acts2002/20020013. htm.

The Environmental Information Regulations 2004: Statutory Instrument 2004 No. 3391: http://www. legislation. hmso. gov. uk/si/si2004/20043391. htm.

Environmental Information (Scotland) Regulations: Scottish Statutory Instrument 2004 No. 520:

http://www. hmso. gov. uk/legislation/scotland/ssi2004/20040520. htm.

Statutory Instrument 2005 No. 1515: The Re-use of Public Sector Information Regulations: http://www. opsi. gov. uk/si/si2005/20051515. htm.

Official Web Sites and Contact Details

Information Commissioner's Office

Wycliffe House

Water Lane

Wilmslow

Cheshire SK9 5AF

Telephone 020 7025 7580

Fax 01625 524510

http://www. ico. gov. uk/

Ministry of Justice (launched 9 May 07)

http://www. justice. gov. uk/whatwedo/freedomofinformation. htm

http://www. justice. gov. uk/

http://www. foi. gov. uk/index. htm

Department for Constitutional Affairs (responsible for FOI until 9 May 07)

http://www.dca.gov.uk/

http://www.dca.gov.uk/rights/dca/foidcaintro.htm

List of public authorities covered by the FOI Act 2000:

http://www.dca.gov.uk/foi/yourRights/publicauthorities.htm

Directgov (information for the public)

http://www.direct.gov.uk/en/RightsAndResponsibilities/DG_4003239

The Information Tribunal

http://www.informationtribunal.gov.uk/

Formerly known as the Data Protection Tribunal, the Information Tribunal hears appeals from notices issued by the Information Commissioner under:

- The Freedom of Information Act 2000 (FOIA).
- The Data Protection Act 1998 (DPA).
- The Privacy and Electronic Communications Regulation 2003 (PECR).
- The Environmental Information Regulations 2004 (EIR).

Scottish Information Commissioner.

http://www.itspublicknowledge.info/

附件 D：主要参考文献

Access Info, Europe, *Submission to UK Government on Draft Regulation on Limits and Fees for FOI Requests.*

Access Info, Open Society Justice Initiative, *Briefing regarding the elaboration of a Council of Europe treaty on access to official documents*, Article 19.

Freedom of Information Training Manual for Public Officials, Article 19.

Response to Green Paper on the Review of Regulation 1049/2001 *on public access to documents*, July 2007, Article 19.

Association of Chief Police Officers (UK), *Manual of Guidance: Freedom of Information* 2006 available from: www.met.police.uk/information/files/acpo_foi_guidance_v3.pdf.

Banisar, David, *Effective Open Government: Improving Public Access to Government Information.*

Banisar, David, *Freedom of Information and State Secrets*, 2005.

Banisar, David, *Freedom of Information Around the World* 2006: *A Global Survey of Access to Government Information Laws*, Privacy International, 2006. Updates are online at http://www.privacyinternational.org/foi/survey.

Banisar, David, *Legal Protections and Barriers on the Right to Information, State Secrets and Protection of Sources in OSCE Participating States*, Privacy International 2007.

Campaign for Freedom of Information (UK), *Central Government Pub-*

lication Schemes: *Good Practice*, February 2004.

Campaign for Freedom of Information (UK), *Response to Fees Regulations Consultation Paper*.

Campbell Public Affairs Institute, *National Security and Open Government*: *Striking the Right Balance*, 2003.

Carter, Megan and Bouris, Andrew, *Freedom of Information*: *Balancing the Public Interest*, UCL London 2006.

Commission of the European Communities, *Green Paper*: *Public Access to Documents held by institutions of the European Community*: *a review*, Brussels 2007.

Covacich, Rosanna, *FOI Training Strategy*: *Information Management Unit*.

Cutts, Jenny, *Assessing Compliance with the Records Management Code*: *The Evaluation Workbook*.

Department of Constitutional Affairs Advisory Group on Implementation of the Freedom of Information Act, *Computer Systems for Aiding the Management and Monitoring of Requests*, 2003.

Department of Constitutional Affairs, *Code of Practice on the Discharge of Public Authorities' Functions under Part I of the Freedom of Information Act*, 2000.

Department of Constitutional Affairs, *Code of Practice on the Management of Records Under Section* 46 *of the Freedom of Information Act*, 2000.

Department of Constitutional Affairs, *Cost of the Freedom of Information Act to central government departments*: *initial analysis of spring* 2006 *costing exercise*.

Department of Constitutional Affairs, *Generic User Requirements Speci-*

fication for IT Systems to Manage FOI and EIR Enquiries, April 2004.

Department of Constitutional Affairs, *Implementation of FOI Act: High Level Project Initiation document* January, 2004.

Department of Constitutional Affairs, *Managing Information and Training: A Guide for Public Authorities in implementing the FOI Act and the EI Regulations.*

Department of Constitutional Affairs, *Model Action Plan for preparation for the Implementation of the Freedom of Information Act*, 2000.

Department of Constitutional Affairs, *Review of Statutory Prohibitions on Disclosure.* 2005.

Department of Constitutional Affairs, *Working with the Access to Information Central Clearing House : Toolkit for practitioners*, November 2006.

European Commission, *Model Requirements for the Management of Electronic Records.*

European Commission, *Public access to environmental information: Commission takes legal action against seven Member States*, 11 July 2005.

European Commission Secretariat General, *Overview of Member States' National Legislation Concerning Access to Documents.*

Freedom of Information Implementation Group, *Training Strategy for Scottish Public Sector*at http://www. scotland. gov. uk/Resource/Doc/1066/0003833. pdf.

Frontier Economics, *Independent Review of the impact of the Freedom of Information Act.*

Glover, Mark; Holsen, Sarah; MacDonald, Craig; Rahman, Mehrangez; Simpson, Duncan, *Freedom of Information: History, Experience and Records and Information Management Implications in the USA, Cana-*

da and the United Kingdom, ARMA and UCL.

Government's Response to the Constitutional Affairs Committee Report: Freedom of Information Act 2000—*Progress towards implementation*, February 2005.

Guidance by the Scottish Information Commissioner is at: http://www. itspublicknowledge. info/Law/FOISA - EIRsGuidance/Briefings. asp.

Guidance by the Scottish Information Commissioner on Publication Schemes is at: http://www. itspublicknowledge. info/ScottishPublicAuthorities/PublicationSchemes/PublicationSchemeGuidance. asp.

Guidance issued by the UK Department of Constitutional Affairs is at http://www. dca. gov. uk/foi/guidance/index. htm.

Guidance issued by the UK Information Commissioner is at http:// www. ico. gov. uk/tools_and_resources/document_library/freedom_of_information. aspx.

Guidance on the Irish FOI Act is at: http://www. foi. gov. ie/decision - makers - manual.

Hampton, Ellen, *Freedom of Information in Post—Communist Countries*.

Hart, Thomas, *Freedom of Information Checklist: Minimum requirements for a freedom of information Act*.

High Level Review Group on the Freedom of Information Act 1997, *Report to the Government* (Ireland).

Holsen, Sarah (2005), First pulse check on UK FOI community indicates good health, *Open Government: a journal on Freedom of Information*. Volume 1 Issue 3.

Holsen, Sarah et al. (2007), Journalists' use of the UK FOIA, *Open*

Government: a journal on Freedom of Information, Volume 3 Issue 1.

House of Commons Constitutional Affairs Committee, *Freedom of Information—one year on*, June 2006.

House of Commons Constitutional Affairs Committee, *Freedom of Information Act 2000—progress towards implementation*, Vols. 1 and 2, December 2004, http://www.publications.parliament.uk/pa/cm200405/cmselect/cmconst/cmconst.htm.

How to apply the access to public administration act: handbook for the administration (Bulgaria).

http://northumbria.ac.uk/?view=CourseDetail&code=DTDIRL6.

http://politics.guardian.co.uk/commons/story/0,9061,1333214,00.html.

http://politics.guardian.co.uk/commons/story/0,9061,1333231,00.html.

http://www.appligent.com/products/product_families/redaction.php.

http://www.article19.org/pdfs/tools/foitrainersmanual.pdf.

http://www.atirtf-geai.gc.ca/paper-models3-e.html.

http://www.austlii.edu.au/au/other/alrc/publications/reports/77/6.html.

http://www.dca.gov.uk/foi/map/modactplan.htm.

http://www.dca.gov.uk/foi/reference/foi-independent-review.pdf.

http://www.dca.gov.uk/foi/reference/imprep/codemanrec.htm.

http://www.dca.gov.uk/speeches/2004/lc010304.htm.

http://www. egovbarriers. org/.

http://www. foi. gov. uk/practitioner/feesguidance. htm.

http://www. foi. nhs. uk/forum/.

http://www. govsource. net/programs/iapp/index. nclk.

http://www. irmt. org/downloadlist/education. html.

http://www. jiscinfonet. ac. uk/records - management/developers - pack.

http://www. jisclegal. ac. uk/publications/foivideoforstaff. htm.

http://www. jiscmail. ac. uk/lists/freedom - of - information. html.

http://www. law. monash. edu. au/postgraduate/law - tribunals. html.

http://www. law. monash. edu. au/postgraduate/units - tribunals. html.

http://www. naa. gov. au/records - management/create - capture - describe/index. aspx.

http://www. nationalarchives. gov. uk/electronicrecords/advice/guidelines. htm.

http://www. nationalarchives. gov. uk/recordsmanagement/code/assessing. htm.

http://www. nationalarchives. gov. uk/recordsmanagement/code/implementation. htm.

http://www. nationalarchives. gov. uk/recordsmanagement/code/model_action_plans. htm.

http://www. prov. vic. gov. au/records/standards. asp.

http://www. publications. parliament. uk/pa/cm200607/cmselect/cmconst/415/41502. htm.

http://www. recordsmanagement. ed. ac. uk/InfoStaff/RMstaff/ManagingE-mail/ManagingE-mail. htm.

http://www. recordsmanagement. ed. ac. uk/InfoStaff/Training/Training_Strategy. htm.

http://www. scotland. gov. uk/Publications/2004/02/18961/33482.

http://www. scotland. gov. uk/Publications/2004/04/19245/35887.

Improvement and Development Agency (IDEA), *The Freedom of Information Act 2000: Good practice for district councils*, 2004.

Information Commissioner (Ireland), *Report of the Information Commissioner to the Joint Committee on Finance and the Public Service for the purpose of Review of Non-disclosure Provisions in accordance with The Freedom of Information Act*, 1997 [*section* 32] December 2005 http://www. oic. gov. ie/en/Publications/SpecialReports/ReportstotheJointCommitteeoftheHousesoftheOireachtasSection32/.

Information Commissioner (Ireland), *Review of the Operation of the Freedom of Information (Amendment) Act 2003*, http://www. oic. gov. ie/en/Publications/SpecialReports/InvestigationsComplianceReportsSection36/.

Information Commissioner (UK), *Preparing for Implementation: Publication Schemes a Practical Guide: Part I 'Classes'*, April 2003.

Information Commissioner (UK), *Publication Schemes: Approval methodology*, April 2003.

Information Commissioner (UK), *Publication Schemes: Guidance and Methodology*, April 2003.

Information Rights Journal, published by the UK Ministry of Justice: see http://www. foi. gov. uk/mailinglists. htm.

Information Tribunal (UK) Practice Directions.

Jakstaite, Ona*Data Protection in Lithuania: first practical experiences.*

Joint Committee on Finance and the Public Service, *Seventh Report: Review under section* 32(2) *of certain provisions of the Freedom of Information Act* 1997(Ireland).

Joint Information Systems Committee (JISC), *Records Management InfoKit.*

Joyce Plotnikoff and Richard Woolfson, *Management of Freedom of Information requests in other jurisdictions*, October 2003.

Kearney, Gerry, Implementing Freedom of Information, Conference paper, October 1998, at http://www. ucc. ie/ucc/depts/law/foi/conference/.

Kranenbord, Herke and Voermans, Wim, *Access to information in the European Union: A Comparative Analysis of EC and Member State Legislation*, Europa Law Publishing Groningen 2005.

Kulesza, Ewa, *Personal Data Protection in Poland: first experiences.*

Lamble, Stephen, Freedom of Information, a Finnish clergyman's gift to democracy, *Freedom of Information Review*, No. 97, February 2002, pp. 2 – 8.

Lidberg, Johan, *Keeping the Bastards Honest'—The Promise and Practice of Freedom of Information Legislation.*

Majtenyi, Laszlo, *Freedom of Information*, the Hungarian Model.

Mendel, Toby, *Freedom of Information: A Comparative Legal Survey* (UNESCO).

Ministry of Defence (UK), *Hints for Desk Officers handling Freedom of Information and Environmental Information Regulations requests*, at:

http://www. mod. uk/DefenceInternet/FreedomOfInformation/PublicationScheme/SearchPublicationScheme/HintsForDeskOfficers HandlingFreedomOfInformationAndEnvironmentalInformationRegulations. htm.

National Audit Office (UK), *Good Practice Guides: Counting Down: Moving from need to know to right to know*, 2004.

Open Society Justice Initiative, *Transparency and Silence: A Survey of Access to Information Laws and Practices in Fourteen Countries*, http://www. justiceinitiative. org/db/resource2/fs/? file_id = 17488.

Peers, Steve, *The New Regulation on Access to Documents: A Critical Analysis.*

Proceedings of the International Symposium on FOI and Data Protection in Germany and Europe.

Puybasset, Michele, *The French Approach.*

Regeringskansliet, *Public Access to Information and Secrecy with Swedish Authorities.*

Report to the Scottish Parliament on Progress on Implementation of the Freedom of Information (Scotland) Act 2002, May 2003.

Roberts, Alasdair, What's wrong with coordination?, *Open Government: a journal on Freedom of Information*, Volume 1 Issue 1, March 2005.

Rovsek, Jernej, *Freedom of Information and the E—Government Projects in the Republic of Slovenia.*

Spacek, David, *E—government and the Freedom of Information Legislation.*

Statskontoret (Swedish Agency for Public Management), *Principles of Good Administration in the Member States of the European Union*, 2005.

Published online at http://www. statskontoret. se/.

Swanstrom, Kjell Sweden, *The Culture of Openness*.

Tallineau, Jacques, *European Standards on Access to Public Information*.

Tallo, Ivar, *Access to information as the foundation of E—Government: the case of Estonia*.

Tallo, Ivar Estonian, *Public Information Act*.

The National Archives (UK), *Complying with the Records Management Code: Evaluation Workbook and Methodology*.

The National Archives (UK), *Model Action Plan for achieving compliance with the Lord Chancellor's Code of Practice on the management of records: [3] Model Action Plan for Higher and Further Education Organisations*.

The National Archives (UK), *Model Action Plan for Developing Records Management compliant with the Lord Chancellor's Code of Practice under section* 46 *of the Freedom of Information Act* 2000: [2] *Model Action Plan for Local Government*.

The National Archives (UK), *Record Creation and Management*.

The National Archives (UK), *Redaction: Guidelines for the Editing of Exempt Information from Paper and Electronic Documents Prior to Release*, 2006.

The National Archives (UK), *Strategic Assessment (for Records Management)*.

The National Archives of Scotland *Records Management Procedures Manual*, 2003.

Van Schagen, Jan, *Wobben, wobbed, gewobd: Freedom of Information in the Netherlands*.

Vleugels, Roger, *Overview of FOIA Countries Worldwide*, 2006.

Xie, Sherry, *Archival Legislation in China—Report I: Provisions Having Impact on Preservation* Interpares Project, 2005.

Xie, Sherry, *Legislation Study—People's Republic of China (Report Ⅲ): Access to Information in Chinese Legislation*, Interpares Project, 2005.

附　　录

中华人民共和国政府信息公开条例

中华人民共和国国务院令第492号

《中华人民共和国政府信息公开条例》已经2007年1月17日国务院第165次常务会议通过，现予公布，自2008年5月1日起施行。

总理　温家宝

二〇〇七年四月五日

中华人民共和国政府信息公开条例

第一章　总　　则

第一条　为了保障公民、法人和其他组织依法获取政府信息，提高政府工作的透明度，促进依法行政，充分发挥政府信息对人民群众生产、生活和经济社会活动的服务作用，制定本条例。

第二条　本条例所称政府信息，是指行政机关在履行职责过程中制作或者获取的，以一定形式记录、保存的信息。

第三条　各级人民政府应当加强对政府信息公开工作的组织

领导。

国务院办公厅是全国政府信息公开工作的主管部门，负责推进、指导、协调、监督全国的政府信息公开工作。

县级以上地方人民政府办公厅(室)或者县级以上地方人民政府确定的其他政府信息公开工作主管部门负责推进、指导、协调、监督本行政区域的政府信息公开工作。

第四条 各级人民政府及县级以上人民政府部门应当建立健全本行政机关的政府信息公开工作制度，并指定机构(以下统称政府信息公开工作机构)负责本行政机关政府信息公开的日常工作。

政府信息公开工作机构的具体职责是：

(一)具体承办本行政机关的政府信息公开事宜；

(二)维护和更新本行政机关公开的政府信息；

(三)组织编制本行政机关的政府信息公开指南、政府信息公开目录和政府信息公开工作年度报告；

(四)对拟公开的政府信息进行保密审查；

(五)本行政机关规定的与政府信息公开有关的其他职责。

第五条 行政机关公开政府信息，应当遵循公正、公平、便民的原则。

第六条 行政机关应当及时、准确地公开政府信息。行政机关发现影响或者可能影响社会稳定、扰乱社会管理秩序的虚假或者不完整信息的，应当在其职责范围内发布准确的政府信息予以澄清。

第七条 行政机关应当建立健全政府信息发布协调机制。行政机关发布政府信息涉及其他行政机关的，应当与有关行政机关进行沟通、确认，保证行政机关发布的政府信息准确一致。

行政机关发布政府信息依照国家有关规定需要批准的，未经批准不得发布。

第八条 行政机关公开政府信息，不得危及国家安全、公共安全、经济安全和社会稳定。

第二章 公开的范围

第九条 行政机关对符合下列基本要求之一的政府信息应当主动公开：

（一）涉及公民、法人或者其他组织切身利益的；

（二）需要社会公众广泛知晓或者参与的；

（三）反映本行政机关机构设置、职能、办事程序等情况的；

（四）其他依照法律、法规和国家有关规定应当主动公开的。

第十条 县级以上各级人民政府及其部门应当依照本条例第九条的规定，在各自职责范围内确定主动公开的政府信息的具体内容，并重点公开下列政府信息：

（一）行政法规、规章和规范性文件；

（二）国民经济和社会发展规划、专项规划、区域规划及相关政策；

（三）国民经济和社会发展统计信息；

（四）财政预算、决算报告；

（五）行政事业性收费的项目、依据、标准；

（六）政府集中采购项目的目录、标准及实施情况；

（七）行政许可的事项、依据、条件、数量、程序、期限以及申请行政许可需要提交的全部材料目录及办理情况；

（八）重大建设项目的批准和实施情况；

（九）扶贫、教育、医疗、社会保障、促进就业等方面的政策、措施及其实施情况；

（十）突发公共事件的应急预案、预警信息及应对情况；

(十一)环境保护、公共卫生、安全生产、食品药品、产品质量的监督检查情况。

第十一条 设区的市级人民政府、县级人民政府及其部门重点公开的政府信息还应当包括下列内容:

(一)城乡建设和管理的重大事项;

(二)社会公益事业建设情况;

(三)征收或者征用土地、房屋拆迁及其补偿、补助费用的发放、使用情况;

(四)抢险救灾、优抚、救济、社会捐助等款物的管理、使用和分配情况。

第十二条 乡(镇)人民政府应当依照本条例第九条的规定,在其职责范围内确定主动公开的政府信息的具体内容,并重点公开下列政府信息:

(一)贯彻落实国家关于农村工作政策的情况;

(二)财政收支、各类专项资金的管理和使用情况;

(三)乡(镇)土地利用总体规划、宅基地使用的审核情况;

(四)征收或者征用土地、房屋拆迁及其补偿、补助费用的发放、使用情况;

(五)乡(镇)的债权债务、筹资筹劳情况;

(六)抢险救灾、优抚、救济、社会捐助等款物的发放情况;

(七)乡镇集体企业及其他乡镇经济实体承包、租赁、拍卖等情况;

(八)执行计划生育政策的情况。

第十三条 除本条例第九条、第十条、第十一条、第十二条规定的行政机关主动公开的政府信息外,公民、法人或者其他组织还可以根据自身生产、生活、科研等特殊需要,向国务院部门、地方各级人民政府及县级以上地方人民政府部门申请获取相关政府信息。

第十四条 行政机关应当建立健全政府信息发布保密审查机制，明确审查的程序和责任。

行政机关在公开政府信息前，应当依照《中华人民共和国保守国家秘密法》以及其他法律、法规和国家有关规定对拟公开的政府信息进行审查。

行政机关对政府信息不能确定是否可以公开时，应当依照法律、法规和国家有关规定报有关主管部门或者同级保密工作部门确定。

行政机关不得公开涉及国家秘密、商业秘密、个人隐私的政府信息。但是，经权利人同意公开或者行政机关认为不公开可能对公共利益造成重大影响的涉及商业秘密、个人隐私的政府信息，可以予以公开。

第三章 公开的方式和程序

第十五条 行政机关应当将主动公开的政府信息，通过政府公报、政府网站、新闻发布会以及报刊、广播、电视等便于公众知晓的方式公开。

第十六条 各级人民政府应当在国家档案馆、公共图书馆设置政府信息查阅场所，并配备相应的设施、设备，为公民、法人或者其他组织获取政府信息提供便利。

行政机关可以根据需要设立公共查阅室、资料索取点、信息公告栏、电子信息屏等场所、设施，公开政府信息。

行政机关应当及时向国家档案馆、公共图书馆提供主动公开的政府信息。

第十七条 行政机关制作的政府信息，由制作该政府信息的行政机关负责公开；行政机关从公民、法人或者其他组织获取的政府信息，由保存该政府信息的行政机关负责公开。法律、法规对政府信息公开的权限另有规定的，从其规定。

第十八条 属于主动公开范围的政府信息，应当自该政府信息形成或者变更之日起20个工作日内予以公开。法律、法规对政府信息公开的期限另有规定的，从其规定。

第十九条 行政机关应当编制、公布政府信息公开指南和政府信息公开目录，并及时更新。

政府信息公开指南，应当包括政府信息的分类、编排体系、获取方式，政府信息公开工作机构的名称、办公地址、办公时间、联系电话、传真号码、电子邮箱等内容。

政府信息公开目录，应当包括政府信息的索引、名称、内容概述、生成日期等内容。

第二十条 公民、法人或者其他组织依照本条例第十三条规定向行政机关申请获取政府信息的，应当采用书面形式（包括数据电文形式）；采用书面形式确有困难的，申请人可以口头提出，由受理该申请的行政机关代为填写政府信息公开申请。

政府信息公开申请应当包括下列内容：

（一）申请人的姓名或者名称、联系方式；

（二）申请公开的政府信息的内容描述；

（三）申请公开的政府信息的形式要求。

第二十一条 对申请公开的政府信息，行政机关根据下列情况分别作出答复：

（一）属于公开范围的，应当告知申请人获取该政府信息的方式和途径；

（二）属于不予公开范围的，应当告知申请人并说明理由；

（三）依法不属于本行政机关公开或者该政府信息不存在的，应

当告知申请人,对能够确定该政府信息的公开机关的,应当告知申请人该行政机关的名称、联系方式;

(四)申请内容不明确的,应当告知申请人作出更改、补充。

第二十二条 申请公开的政府信息中含有不应当公开的内容,但是能够作区分处理的,行政机关应当向申请人提供可以公开的信息内容。

第二十三条 行政机关认为申请公开的政府信息涉及商业秘密、个人隐私,公开后可能损害第三方合法权益的,应当书面征求第三方的意见;第三方不同意公开的,不得公开。但是,行政机关认为不公开可能对公共利益造成重大影响的,应当予以公开,并将决定公开的政府信息内容和理由书面通知第三方。

第二十四条 行政机关收到政府信息公开申请,能够当场答复的,应当当场予以答复。

行政机关不能当场答复的,应当自收到申请之日起15个工作日内予以答复;如需延长答复期限的,应当经政府信息公开工作机构负责人同意,并告知申请人,延长答复的期限最长不得超过15个工作日。

申请公开的政府信息涉及第三方权益的,行政机关征求第三方意见所需时间不计算在本条第二款规定的期限内。

第二十五条 公民、法人或者其他组织向行政机关申请提供与其自身相关的税费缴纳、社会保障、医疗卫生等政府信息的,应当出示有效身份证件或者证明文件。

公民、法人或者其他组织有证据证明行政机关提供的与其自身相关的政府信息记录不准确的,有权要求该行政机关予以更正。该行政机关无权更正的,应当转送有权更正的行政机关处理,并告知申请人。

第二十六条 行政机关依申请公开政府信息,应当按照申请人要求的形式予以提供;无法按照申请人要求的形式提供的,可以通过安排申请人查阅相关资料、提供复制件或者其他适当形式提供。

第二十七条 行政机关依申请提供政府信息,除可以收取检索、复制、邮寄等成本费用外,不得收取其他费用。行政机关不得通过其他组织、个人以有偿服务方式提供政府信息。

行政机关收取检索、复制、邮寄等成本费用的标准由国务院价格主管部门会同国务院财政部门制定。

第二十八条 申请公开政府信息的公民确有经济困难的,经本人申请、政府信息公开工作机构负责人审核同意,可以减免相关费用。

申请公开政府信息的公民存在阅读困难或者视听障碍的,行政机关应当为其提供必要的帮助。

第四章 监督和保障

第二十九条 各级人民政府应当建立健全政府信息公开工作考核制度、社会评议制度和责任追究制度,定期对政府信息公开工作进行考核、评议。

第三十条 政府信息公开工作主管部门和监察机关负责对行政机关政府信息公开的实施情况进行监督检查。

第三十一条 各级行政机关应当在每年3月31日前公布本行政机关的政府信息公开工作年度报告。

第三十二条 政府信息公开工作年度报告应当包括下列内容:

(一)行政机关主动公开政府信息的情况;

(二)行政机关依申请公开政府信息和不予公开政府信息的情况;

(三)政府信息公开的收费及减免情况;

(四)因政府信息公开申请行政复议、提起行政诉讼的情况;

（五）政府信息公开工作存在的主要问题及改进情况；

（六）其他需要报告的事项。

第三十三条 公民、法人或者其他组织认为行政机关不依法履行政府信息公开义务的，可以向上级行政机关、监察机关或者政府信息公开工作主管部门举报。收到举报的机关应当予以调查处理。

公民、法人或者其他组织认为行政机关在政府信息公开工作中的具体行政行为侵犯其合法权益的，可以依法申请行政复议或者提起行政诉讼。

第三十四条 行政机关违反本条例的规定，未建立健全政府信息发布保密审查机制的，由监察机关、上一级行政机关责令改正；情节严重的，对行政机关主要负责人依法给予处分。

第三十五条 行政机关违反本条例的规定，有下列情形之一的，由监察机关、上一级行政机关责令改正；情节严重的，对行政机关直接负责的主管人员和其他直接责任人员依法给予处分；构成犯罪的，依法追究刑事责任：

（一）不依法履行政府信息公开义务的；

（二）不及时更新公开的政府信息内容、政府信息公开指南和政府信息公开目录的；

（三）违反规定收取费用的；

（四）通过其他组织、个人以有偿服务方式提供政府信息的；

（五）公开不应当公开的政府信息的；

（六）违反本条例规定的其他行为。

第五章 附 则

第三十六条 法律、法规授权的具有管理公共事务职能的组织公开政府信息的活动，适用本条例。

第三十七条　教育、医疗卫生、计划生育、供水、供电、供气、供热、环保、公共交通等与人民群众利益密切相关的公共企事业单位在提供社会公共服务过程中制作、获取的信息的公开，参照本条例执行，具体办法由国务院有关主管部门或者机构制定。

第三十八条　本条例自2008年5月1日起施行。

中国部分地方政府颁布的政府信息公开（政务公开）法规文件

法规文件名称	颁布单位	颁布时间
北京市政府信息网上公开试行办法	北京市监察局、北京市信息化工作办公室	2005年7月7日
天津市人民政府关于进一步深化政务公开工作的通知	天津市人民政府	2001年8月27日
河北省政府信息公开规定	河北省人民政府	2005年3月29日
辽宁省政府信息公开规定	辽宁省人民政府	2005年12月14日
吉林省政务信息公开管理办法	吉林省人民政府	2004年9月5日
黑龙江省政府信息公开规定	黑龙江省人民政府	2005年12月31日
上海市政府信息公开规定	上海市人民政府	2004年1月20日
江苏省政府信息公开暂行办法	江苏省人民政府	2006年8月7日
中共浙江省委办公厅、浙江省人民政府办公厅关于贯彻落实中办发[2005]12号文件精神进一步推行政务公开的实施意见	中共浙江省委办公厅;浙江省人民政府办公厅	2005年7月5日
安徽省行政机关文件公开发布管理规定	安徽省人民政府	2002年12月4日
福建省政务公开暂行办法	福建省人民政府	2001年9月11日
江西省人民政府关于进一步推行政务公开的决定	江西省人民政府	1999年8月3日
山东省人民政府关于进一步推行政务公开的意见	山东省人民政府	2005年9月2日

续表

法规文件名称	颁布单位	颁布时间
湖北省政府信息公开规定	湖北省人民政府	2004年5月18日
湖南省推行政务公开制度办法(试行)	湖南省人民政府办公厅	2002年6月26日
广东省政务公开条例	广东省人民代表大会常务委员会	2005年7月29日
海南省政府信息公开办法	海南省人民政	2005年8月31日
重庆市政务信息公开暂行办法	重庆市人民政府	2004年6月2日
四川省政务公开规定	四川省人民政府	2006年8月5日
陕西省政府信息公开规定	陕西省人民政府	2005年12月10日
甘肃省人民政府机关政务公开实施方案(试行)	甘肃省人民政府办公厅	2005年6月16日
广州市政府信息公开规定	广州市人民政府	2002年11月6日
广州市依申请公开政府信息办法	广州市人民政府	2007年12月19日
大连市人民政府政务公开实施细则	大连市人民政府办公厅	2005年10月19日
宁波市政府信息公开规定	宁波市人民政府	2004年10月12日
深圳市政府信息公开规定	深圳市人民政府	2006年8月3日
杭州市政府信息公开规定	杭州市人民政府	2004年4月27日
苏州市政府信息公开规定	苏州市人民政府	2005年11月2日
哈尔滨市政务公开规定	哈尔滨市人民政府	2003年12月24日
太原市政府政务公开规定	太原市人民政府	2003年6月3日
郑州市政府信息公开规定	郑州市人民政府	2005年7月26日
武汉市政府信息公开暂行规定	武汉市人民政府	2004年5月31日
成都市政府信息公开规定	成都市人民政府	2004年5月19日
成都市政务公开依申请公开办法	成都市人民政府	2006年11月30日
贵阳市政府信息公开暂行规定	贵阳市人民政府	2005年5月31日
乌鲁木齐市政府信息公开办法	乌鲁木齐市人民政府办公厅	2005年9月26日

文件检索截至2008年2月，所列文件限于部分省、自治区、直辖市以及省会城市及较大城市颁布的规定。

爱尔兰2003年信息自由法（修正案）运行评述*

——信息专员对法律修正和引入对公众申请收费后影响的调查

（2004年6月）

（节译）

这是我根据《信息自由法》（1997年版和2003年版）第36节的要求，为遵守《信息自由法》的规定，并使人们能行使本法赋予的权利，而进行的调查报告。这项调查研究了公共机关的实践和采用的程序。

这份报告特别关注《信息自由法》的修正和引入对公众申请收费的影响。

根据《信息自由法》第36(5)节的要求，我向财政部和所有公共机关提供了本报告的副本。根据通常的做法，我的2003年度报告的一个副本也附送到爱尔兰国家议会。

---

* *Review of the Operation of the Freedom of Information (Amendment) Act* 2003 (http://www.oic.gov.ie/en/Publications/SpecialReports/InvestigationsComplianceReportsSection36/File,571,en.pdf).

爱尔兰信息专员埃米莉·奥赖利(Emily O'Reilly)

2004 年 6 月

目　　录

建议的总体回顾与概要

导言

1997 年《信息自由法》在 2003 年 4 月被修正。修正案引入了这些规定:

· 把获取内阁文件的期限延长到 10 年

· 把对政府记录的保护,扩展到将公务员的选拔包括在内

· 准许将作为审议过程一部分的记录,纳入不可申诉的范围之列

· 对涉及安全、国防和国际关系的记录给予更多保护

·规定对最初申请、内部审查和信息专员的独立审查收取申请费

2003年7月1日,财政部长设定了收费金额:最初申请为15欧元,内部审查为75欧元,信息专员独立申请为150欧元。财政部长规定,为持有医疗卡者或受经济援助者提供减免。收费规定于2003年7月3日生效。

我在第一部分中将更为详尽地描述这些发展的背景。

当时,对于这些改变将改变乃至削弱信息自由法的目标和运行,存在着来自政界、公众及媒体的相当关注。更少的记录将被披露;公共机构的工作人员可能认为,收费是一种阻止除最执着申请人之外的人充分利用他们获取信息权利的方式。同样令人忧虑的是,当政府信息公开申请被拒绝时,公众可能因费用原因而放弃行使申诉权。显然,如果这些预言被证实是准确的,那么,在信息自由法的详题(Long Title)中雄辩地宣布的,作为信息公开法基础的诸法律原则,将被贬损。

根据《信息自由法》第36节的规定,我进行了一项调查,以确定这些改变对这部法律运行的影响。在本文第三部分和第四部分中描述了我的发现。对于调查方法的描述见于我们的官方网站(www.oic.ie)。

此外,我考察了海外对基本立法的修正以及与收费机制相关的程序机制经验。我在第二部分中对此有所勾勒。

总体的结论

根据我的调查,这些改变的影响可以概括如下:

1)对《信息自由法》的使用率下降了50%以上,而非个人的信息申请下降了75%;

2)作为开放的和运行完好的民主政治的关键要素,媒体现在不大可能利用信息自由法。新闻记者的使用率在2003年持续下降。在

2003年第一季度和2004年第一季度之间，申请的数量下降了83%，并且仍在继续下降；

3)信息自由法的其他使用者，个人和有代表性的团体，为获取对他们有直接或间接影响决定的信息，而对信息自由法的使用，远少于以前；

4)所有商业机构的申请量在两年内下降了28%，其中在2003年第一季度和2004年第一季度间，申请量下降了53%；

5)尽管有这些改变，公共机构看似仍以公正和平稳的方式在运营信息自由法。根据某些告诫，并没有证据表明，信息自由法的修正或者“预收”费用的引入，在这方面已改变了公共机构的行为。

虽然我知道，据传闻有一些案件索取高昂的检索费用，但我发现，在抽测到的公共机构中，几乎不索取检索费用。在2002年和2003年，这样的收费要求仅占可收费案件的6%。

我发现，在类似的国家和地区，爱尔兰几乎是唯一的收取审查和申诉费的。我还发现，爱尔兰信息检索的方式与其他国家总体上是一致的。但是在爱尔兰信息公开收费是强制式的，其他国家对这些费用的收取，更多似乎采取了裁量式的姿态。

结论和建议摘要

根据我的结论，我提出了多条建议，我认为它们将有利于改进信息自由法的运行：

· 鉴于引入申请费对信息自由法应用的影响，我建议，在将来对信息自由法下展开的任何审查，考虑在内部审查阶段和向信息专员办公室申请时预先收费的政策。

· 注意到一些申请人已因信息自由法的修正而被阻于申请之外，我建议他们重新考虑，并在这方面行使他们获取信息的权利。

· 鉴于预收费后的弃权规定很少使用，以及显然应使申请人知悉可资利用的方法,从而让申请费用保持在最小化的水平,我建议财政部为公众提供关于这项收费规章运行的详细信息。

·在那些申请人同意接受比最初申请要少的记录时(也就是说,已经结案),我认为这些申请与那些被撤回的申请境遇相同,如果这样,已经支付的申请费应该退还。我建议,中央政策组确保公共机构遵循一贯性的进路,来收取被撤回的申请和内部审查的费用。

·我知道,大量的申请会产生实质性的检索费用。当公共机构帮助申请人更好地关注于所需的记录时,这些费用可以被减少。我建议,所有的公共机构在面对可能产生重大检索费用的申请时,应留意在信息自由法下对他们科以的义务。

·我确信,当在先的决定被推翻时,应当退还申诉的费用。我建议财政部重新考虑它在这些情形下的收费政策。

·鉴于收费对提交申请量的影响,我建议,所有公共机构审查自己的政策,以确保处理尽可能多的信息公开申请。

·我认为,从媒体从业人员的角度,可以为优化信息自由法的运行做更多事情。我建议,新闻记者及其雇员应在这方面进一步探究他们的策略。

·鉴于我发现的决策程序方面的不足,我建议所有公共机构审查和改进他们这方面的程序。

·留意到《信息自由法》已经运行超过六年,我相信,在记录管理政策的设计和实施方面,公共机构的进展并不令人满意。我建议,财政部长根据《信息自由法》第15(5)节授予的权力,使记录管理政策和系统能在最优的水平上运行,以满足信息公开法的需要。

·我认为,英国和苏格兰式的收费进路在很多方面有值得推荐之处。我建议,在将来对信息自由法进行审查时,应对现有的运行模式予以审查。

·鉴于在一些其他国家和地区，对议会成员提出的特殊类型公开申请的收费方式作出了规定。我建议，在任何未来的审查中，应考虑对爱尔兰国会成员的收费问题。

·关注到在国外，媒体人员收费申请方面有不同政策，我建议在将来的审查中考虑这个问题。

·涉及对理解国家重要问题有特殊帮助的记录，公共机构在根据本法免收费用方面可以进行裁量。根据国外的经验，这种标准应被简化为，当申请具有公共利益或总体上是为公共利益服务时，准许免收费用。我建议在未来的审查中考虑这个问题。

在第五部分中将详细地描述我的发现、结论和建议。

最后，我要感谢那些为这份报告的形成做出贡献的人们：圣帕特里克学院的教务长马克·摩根（Mark Morgan），他在设计方法方面提供了帮助，我国外的同行们花费时间为我准备了第二部分的材料，利亚姆·凯利（Liam Kelly）、伊丽莎白·马丁（Elizabeth Martin）和其他工作人员参与实施了这项调查。我还要对公共机构的联络官员提供迅速和周到的帮助表达感激。

一 1997年《信息自由法》修正和引入收费的背景

《信息自由法》

《信息自由法》于1997年4月通过，并于1998年4月21日生效。该法的主要目标是赋予公众获取官方信息的权利，并尽可能地同公共利益和隐私权相一致。该法已通过规章来延展适用于所有公共机构，以及履行法定公共职能的私人团体。时至今日，该法已经延伸适用于大约400个机构。

秘书长高级小组报告

政府于2002年6月25日成立了秘书长高级审查小组,来审查《信息自由法》的运行情况。在报告中,该小组这样描述它所涉及的内容范围,"根据1997年《信息自由法》生效以来4年的经验,考虑:

·关于如何适用信息自由法例外规定的问题;

·在信息自由法的运行和规定中,在实践中满足公共利益需要的程度;

·在促进决策程序的透明度和保持程序的有效性之间的适当平衡"。

该小组共提出15条建议,包括:

·对《信息自由法》的第19、20、24节的八条拟议修正案,

·在任何对立法的修正中,将由公务使用者网络(the Civil Service Users Network)在1999年对《信息自由法》运行的评判中提出的主要技术修正包含在内,

·在立法修正中,将财政部中央政策组基于《信息自由法》运行经验提出的修正建议考虑在内,

·引入信息公开申请的预收费和对费用审查的考量。

在获取信息方面的核心建议,集中于对第19、20、24节的修正和申请收费的引入。

第19节

在修正之前,《信息自由法》第19节是为保护与政府会议有关的某些记录,而规定的可以裁量的免予披露的信息。这方面核心的建议在于:

·把例外由可裁量的改为强制的。

·对第19(1)节加以修正,确保对为内阁会议而使用的相关记录加以保护,即使申请公开这些记录以用于其他目的,仍是如此。

·规定针对帮助内阁审议被提交到内阁的任一事务而成立的专家或工作组的记录的例外。基于信息公开的目标,这样一个小组应由秘书长向政府证明。

·规定部长之间的通信,当涉及尚在内阁议事日程之中的事项,或即将提交到内阁的文件,或涉及由内阁授权解决部长之间的事项时,免予披露。

·把内阁记录的保护期限从5年延长到10年。

第20节

在修正之前,《信息自由法》第20节规定了一项可裁量的例外,由于事实上申请人将因此知悉该机构将做出的重大决定,需要考虑同意披露这些记录是否与公共利益相悖,从而为涉及公共机构审议程序的某些记录提供保护。该小组建议,当同意披露比拒绝申请更有利于公共利益时,要披露这些记录,并重新衡量公共利益标准。

第24节

在修正之前,《信息自由法》第20节规定了一项可裁量的例外,当可以合理地预期,披露将对本国的安全、国防、国际关系或涉及北爱尔兰的事务产生不利影响时,对某些记录提供保护。该小组建议,为提高对国际关系中通信的保护程度,应该考虑提出可选择的或额外的措施,包括适用信息公开例外的可能性。

收费的引入

该小组报告,尽管存在关于收费的安排,但在实践中没有运行,只在很少的部分的案件中收取了费用。它建议引入信息公开申请的预收费,并考虑引入对审查的收费。

2003年《信息自由(修正)法案》

我的前任凯文·墨菲(Kevin Murphy)在2003年2月政府公布拟议的立法计划之后,首先知道将公开一部对信息公开法修正的拟议法案。他不是高级小组的成员,而且我的办公室在涉及对信息自由法可能的修正方面也没有参加商议。我的办公室询问财政部,是否将会参加对拟议修正法案的咨询,并简要地说明专员对于《信息自由法》的修正有一系列的建议,这些建议源自他在先前五年中从事的信息公开审查工作。应财政部的要求,在2003年2月5日将建议的修正列表提交给财政部。随后在2003年2月28日公布了2003年《信息自由(修正)法案》。

值得注意的,法案中对第19、20、24节的拟议修正比高级小组提出的修正更为深入。例如,对第19节的拟议修正是将对内阁记录的保护期从5年延长到10年的规定,也可以适用于某些部的通信。进而,对第20节的拟议修正是当秘书长签发证明书宣布这项记录包含涉及政府部门审议过程的事项时,对涉及公共机构审议过程的记录进行强制保护。至于第24节的拟议修正规定,无论它们的披露是否可能对国际关系造成负面影响,都对某些类别的记录予以强制性豁免。

评论

2003年3月11日,凯文·墨菲使用他在《信息自由法》第39节项下的权力,公布了对拟议修正的某些条款的使用和运行的说明。在说明中,他报告了如果拟议的修正已开始运行,他在1998年4月以来做出的一些较为重要的决定,将如何被影响或削弱。尤其是,他表明了对于法案中构建的两项特定拟议的修正方式的关注,这包括第19节(政府会议)和第20节(公共机构的审议)。

2003年《信息自由(修正)法案》在国会两院通过时,仅对最初提议作了某些小的修正,在2003年4月被签署成为法律并从当日起生效。

1997年信息自由法之2003年(收费)规章

2003年《信息自由法修正案》规定了对于根据《信息自由法》提出的申请和之后提出的审查申请的收费。2003年6月30日,财政部制定了1997年《信息自由法(收费)规章》(S. I. No. 264 of 2003),并于2003年7月7日开始执行。这一规章规定了对特定信息公开申请、内部审查申请和信息专员审查申请收费的不同金额。该规章规定的收费如下:

	费用	减少的费用*
申请	15欧元	10欧元
内部审查	75欧元	25欧元
信息专员	150欧元	50欧元

* 持有医疗卡的人和被抚养人

涉及记录检索而收取的费用保持不变。

二 国外收费和审查信息公开立法的经验

导言

财政部部长在2003年3月4日,在上议院介绍修正法案时说道:

"……最初的《信息自由法》明确宣布,除非申请的是个人信息或者适用例外的情形,否则必须对一项信息公开申请收取(检索和获取的)费用。实际上发生的事情与规则相反,收费成为例外……困难之处在于并不是一直收取费用,也并没有认识到信息公开的真正成本。因此,本法案含有这一条款,准许财政部长规定获取记录、申请对决定审查的费用,且这项费用必须预先支付。"

2003年6月30日,恰好在暑假之前,财政部长说,"信息自由法的实际使用者数量没有被影响,或者因费用减少而获得资格……(而且)当大约三分之一的人口拥有医疗卡时,信息公开申请中指向非个人信息的实质性部分,可以被期望因为收费的减少而去增加信息公开的申请。"

秘书长高级审查小组的报告发现,仅在很少的案件中收取了检索和获取的费用。它继续表述道,“预收费用是对收集费用的唯一有效安排”。脱开此时的评论,该小组似乎建议申请和申诉费用将是申请人必须缴纳的全部收费,而反对将这些“预收的”费用与修正的信息公开法规定的检索和获取费用相结合。

本章针对爱尔兰及其他对获取信息权利、公共机构证明决定正当性的责任以及独立审查权利等有类似立法规定的国家和地区,就现行的收费规定以及征集实践来加以比较。本章还考察了其中部分国家和地区信息公开立法规定的审查程序及其结果。

收费

被研究的收费制度包括新西兰、昆士兰州、西澳大利亚州、不列颠哥伦比亚省和安大略省,这些国家和地区在法系方面,尤其是在信息公开立法方面总体上与爱尔兰相似。我还考察了可能在苏格兰和英国其他地方适用的拟议收费。很多方面采用了相似的方式,但仍存在分歧;有的单独收取检索和获取费用,而诸如爱尔兰等,则把申请费与检索和获取费用相结合。

以下的图表阐明了所采取的不同进路(价格单位为欧元)。

可收取的费用(欧元等价物)——爱尔兰以及其他国家和地区

	新西兰	昆士兰州	西澳大利亚州	不列颠哥伦比亚省	安大略省	苏格兰	英国其他地区	爱尔兰
申请费	无	20.80	18.00	无	3.10	无	无	15.00
内部审查费	无	无	无	无	无	无	无	75.00
信息专员申诉费	无	无	无	无	6.20 个人 15.60 非个人	无	无	150.00

续表

	新西兰	昆士兰州	西澳大利亚州	不列颠哥伦比亚省	安大略省	苏格兰	英国其他地区	爱尔兰
处理/监督 +	38.15 * (1 小时免费)	12.40	18.00 * *	18.60 (3 小时免费)	18.60 (个人/非个人)	成本10%,最大值为74.63 ∧	成本10%,最大值为82.08 ∧∧	无
检索和获取 +	38.15 * (1 小时免费)	12.40 (如果 > 2 小时)	无	18.80 (3 小时免费)	18.60 (个人/非个人)	成本10%,最大值为74.63 ∧	成本10%,最大值为82.08 ∧∧	20.95
影印 (A4 纸)	0.11 (前20 页免费)	0.12	0.12	0.16	0.12	未决定	未决定	0.04
不同媒质的拷贝	实际发生费用	实际发生费用	实际发生费用	实际发生费用	实际发生费用	未决定	未决定	0.51—10.16
邮寄和包装	无	无	发生费用	发生费用	无	未决定	未决定	无
减免机制	由公共机构裁量	检索和获取费用的减免,由公共机构裁量	至少有25% 金额由公共机构裁量	由公共机构裁量	由公共机构裁量	无(未决定)	无(未决定)	减少费用 + + 申请费10 欧元;内部审查费 25 欧元;信息专员申诉费 50 欧元
费用适用于个人/非个人	仅用于非个人	仅用于非个人	仅用于非个人	仅用于非个人	个人/非个人	个人/非个人(未决定)	个人/非个人(未决定)	仅用于非个人

\+ 每小时费率

* 最初商业申请人的全部获取成本

* * 仅在发现记录和进行决策的开始时

∧ 重新获得实际费用的 10%,最多为 895 欧元,最初的 149 欧元免费

∧∧ 重新获得实际费用的 10%,最多为 820 欧元

\+ + 持有医疗卡的人和他们的被抚养人

收费分析

个人/非个人

绝大多数情况下,收费仅适用于八种机制中的非个人信息。在所考察的这八个地区中,只有一个地区(安大略省)当前对个人记录收取检索和获取的费用。在现阶段,苏格兰和英国其他地区也打算就保存个人信息的记录收取检索和获取费用。由于苏格兰和英国的立法将于2005年1月1日生效,这些国家和地区最终将适用怎样的收费结构,还未作出最终的决定。

申请/申诉费用

在所研究的国家和地区中,在申请和申诉费用的做法上有明显的分歧。在所考察的八种制度中,有四种对信息公开申请收取费用。费用的范围在3.10欧元到20.80欧元之间,其中爱尔兰对非个人申请征收15.00欧元。

在内部审查和向信息专员提起申诉的阶段,爱尔兰的做法和国外收费的差别最大。爱尔兰是八个国家和地区中唯一对内部审查决定收取费用的(75欧元)。只有爱尔兰和安大略省对提交给信息专员的申请收费:安大略省对个人信息和非个人信息分别收取6.20欧元和15.60欧元,爱尔兰对非个人信息收取150欧元。

处理/监督

在被考察的地区中,对处理申请的时间(例如,决定什么应该披露),或者监督准许向申请人披露记录的检查时间,爱尔兰是唯一不收取费用的。

检索和获取

在每小时检索和获取的收费方面,爱尔兰以20.95欧元仅次于新西兰(38.15欧元)居于第二。然而,在新西兰,在检索和获取的第一小时或其中一部分是免费的。在昆士兰州和不列颠哥伦比亚省每小时的费用分别是 12.40 欧元和 18.80 欧元，在昆士兰州的前两个小时，在不列颠哥伦比亚省的前三个小时并不收取费用。安大略省为检索和获取每小时收取 18.60 欧元，而西澳大利亚州根本不收取费用。

影印

在决定收取影印费的地区中，爱尔兰每张 A4 纸收取 0.04 欧元，是最便宜的。在比较的背景下，这意味着，在爱尔兰 4 欧元可以用来支付包括 100 页内容的非个人申请，而这在不列颠哥伦比亚省则需要 16 欧元。然而，不列颠哥伦比亚省不收取申请、审查或上诉的费用，而且最初三小时对记录的检索和获取也是免费的。

其他媒质

爱尔兰的收费是在 0.51 欧元到 10.16 欧元之间，相比较而言这在费用方面是比较优惠的。然而，这方面总体影响不大，因为我办公室的实践表明，记录的大部分是以 A4 纸张形式披露的。

邮寄和包装

只有西澳大利亚州和不列颠哥伦比亚省收取邮寄和包装费用。

允许的费用减免

在爱尔兰，当申请者是医疗卡的持有者（或被抚养人）时，他可以享受费用/收费的减免。减免的结果是，最初申请的费用由 15 欧元减至 10 欧元，内部审查费用从 75 欧元减至 25 欧元，向信息专员申请的费用从 150 欧元减至 50 欧元。在案件的检索和获取费用中，不能对超出收取费用的实施成本部分收费（通常的方针是少于 10 欧元的收费）。此外，如果涉及的记录对理解对国家有重要意义的事务有特殊帮助，这一费用可以被减少。

安大略省准许对检索和获取费用予以 100% 的免除，但不能免除 3.10 欧元的申请费。昆士兰州在经济困难的情形下准许免除全部收费，但不能免除 20.80 欧元的申请费。西澳大利亚州规定，减免必须至少占总费用的25%,也准许裁量减免全部费用。

收费实践

正如财政部长在上议院说明的那样,他认为,直到那时,检索和获取费用的收取仍是缺少规律性的。我的前任于2001年的法律遵守情况报告中的调查研究支持了这位部长的观点,即虽然一些机构最近开始更为规律地收取检索和获取费用,但这项费用并未曾被一以贯之地收取。

我的调查揭示,在2002年1月到2003年12月间,在对公共机构的抽样调查中,仅在不到6%的涉及非个人记录的申请中,收取了检索和获取费用。我不能说明为什么收费的比率如此之低,但一些传闻色彩的证据可以提示,在很多申请案例中,公共机构职员很容易找到这些信息,或者感到直接披露这些记录而不考虑重新获取的费用,是更为有效的和较少麻烦的处理申请的方式。

这样的经验不仅在爱尔兰存在,在西澳大利亚州(那里不收取检索和获取费用),对收费的规定完全是裁量性的,而非强制性的。即使在申请人没有获得费用减免的资格时,很多机构也根本不收取费用,或者只收取比应收费用要少的费用。这反映了西澳大利亚州信息专员的观点,信息公开不意味着自筹经费,反之,它是在纳税人出资的现有资源内提供的一项服务。根据她的2003年年度报告,60%以上的处理、检索和获取费用被减少或免除,而在125个机构之外的78个需要支付申请费的机构中,没有收取任何处理费用。

在安大略省,出现了类似的模式。在2002年(的最新数据)中,对17922件申请中的11450件收取了申请费之外的费用。在这些案件中,由于经济困难、高估费用,或者信息披露有利于公共健康或安全,费用被全部免除或免除了35%的费用。在58%的可以收取费用的申请案中,或者根本没有收费,或者被全部或部分减免。

在昆士兰州，尽管在这方面没有可资利用的详尽数据，但公认的是，很多申请耗费的时间不到两小时，可能少于一般预期的时间（前两小时免费），从而不产生费用。

对信息公开和引入收费影响的评述——来自国外的经验

在所研究的国家中，对信息公开体制的运行有很多评述，有学者、法定的委员会和信息专员评论了引入收费或修正信息公开立法的影响。下文对在这些国家中拟议的改变，以及对改变进行的评估加以评述。

安大略省

安大略省的《信息公开和隐私权保护法》于1988年生效。当时，申请获取记录或申诉都不收取费用。1996年，作为总体的合理化举措的一部分，该省引入了收费机制。如下图所示，尽管收费水平远低于爱尔兰，收费的引入还是导致申请数量下降20%以上，并逆转了信息公开申请全面增长的趋势。直到近期信息公开申请的数量才恢复到1996年之前的水平。

安大略省信息专员在她的1998年年度报告中评价了收费的影响，她说道："申请和申诉的数量陡然下降的真相迫使我们质疑，新的收费，尤其是申诉归档费是否走得太远。"在她的1999年报告中，她认为高收费不应该再是获取政府掌握信息权利的阻碍，并呼吁对政府信息公开收费结构加以审查。目前，没有这样的审查计划。

阿斯代尔·罗伯茨教授，在他1999年题为"削减和信息公开——联邦、不列颠哥伦比亚省和安大略省法的晚近实践"的报告中发现，安大略省收费增加的主要影响，不是费用的扣除，而是通过减少申请量来避免费用。他还补充说，信息公开法的修正案通常被认为是改进政府效率策略的必要部分。这一观点在爱尔兰秘书长高级审查小组的报告中得到响应，在审查信息公开法之后，它得出这样的结论，"在财政部进行更为广泛经济调整的背景下,收费机制的合理化,也有助于应对信息公开带来的行政成本负担问题”。

昆士兰州

在2001年11月,对昆士兰州的收费机制进行了修正,首次引入了处理费和检查费,而影印费从每页0.30欧元减少到0.12欧元。在之后的两年中,申请费用从18.25欧元增加到20.80欧元,增加了1.55欧元。

尚不明确这些改变是否产生了重要的影响。

昆士兰州				
年份	合计	个人	非个人	内部审查
1998—1999	7,493	3,159	4,334	291
1999—2000	10,444	4,801	5,643	327
2000—2001	10,558	5,436	5,122	376
2001—2002	10,997	5,436	5,561	275
2002—2003	11,111	5,566	5,545	212

在2001年12月,昆士兰州法律、宪法和行政委员会公布了它对昆士兰州信息公开运行状况的评述。

它发现信息公开法对透明政府、责任政府有所贡献,并推进了公众对昆士兰州政府的公众参与。它提议的一些立法改革包括:

·发展政府一体化的策略来促进政府掌握的信息在信息公开法之外的更多披露

·立法规定为处理信息公开申请提供灵活的咨询方式

·要求规制机构和部长关注文件披露可能带来的损害,而不仅是相关文件属于哪一类别的文件。

在收费方面,该委员会考虑,当披露中存在公共利益或属于公共利益(例如,社区组织的请求)时,费用是否应当被减免。该委员会对此的特别建议是:

· 对卷帙浩繁的申请而言，重新收回全部费用是不公正的，而且任何新法律不应包含这样的条款

· “近亲属”申请获取死者的记录，不应收费

· 内部和外部的审查不应收费

维多利亚州

1989 年 11 月，维多利亚州法律、宪法和行政委员会公布了它对州信息公开运行的回顾。

尽管它的立法起草是在爱尔兰《信息自由法》颁布的八年之前，但许多问题和引入修正案和信息公开收费之前在爱尔兰发生的讨论背景非常相似：

· 对获取信息的收费是否与其成本相关

· 国会议员是否应继续免费获取信息

· 信息公开法是否应规定限制不合理的卷帙浩繁申请的权力

· 部门的优先权受信息公开申请影响的程度

该委员会建议，根据信息公开法，应对国会议员继续免除所有信息公开请求收费。它还建议，当处理一项申请可能实质性地和不合理地使政府机构背离它们的运营轨迹时，政府机构应拒绝对并非落在信息公开例外范围之内材料的申请。

1993 年维多利亚州规定收取 11.80 欧元的申请费。国会议员也要负担这一申请费，但他们不负担消耗在检索和获取上的时间收费。

澳大利亚

澳大利亚法律和宪法事务常务委员会在 1987 年关于信息公开的报告中，探讨了一些在 17 年后仍引起共鸣的问题。

它关注这一事实，根据信息公开法的原则，诸多应被要求支付申请费用的申请者，并未被通知要收取这些费用。

更特别的是，关于爱尔兰在过去几个月中的一些问题，委员会关

注对国会议员和新闻记者的费用减免。

它建议收取国会议员的费用,除非:

· 议员代表委托人提起的申请,应该视为委托人直接申请来对待

· 在答复议会问题时,提供常规的申请材料

· 申请常规提供给议员的材料。

对于新闻记者,它引用了一份由检察总长办公室提交的文件:

“不能自动地排除对新闻记者的(收费)……我们通常期望新闻记者付费,因为坦率地说,他们提出的申请大多代表所在的报业公司。我想他们可能和背后没有商业组织的国会议员有所区别。”

该委员会不建议对新闻记者规定特定的费用减免条款。

英国/苏格兰

立法在2005年1月1日才生效,而且收费机制尚未最后确定。有待对英国/苏格兰的收费模式作更为密切的观察。

在爱尔兰,当公共机构首先确定信息是否为自己持有时,或考虑是否适用特定的豁免例外时,没有被授权为此收取任何额外的费用。

在检索和获取方面,英国拟议的做法是仅收取与检索和获取相关的实际费用的10%,最多可收取550英镑。如果其实际上超过550英镑,则无处理这项申请的义务,如果公共机构想处理的话,那么,它可在收回全部成本的基础上处理这项申请。

苏格兰的模式对申请人更为有利一些,因为它的上限是600英镑,而且前100英镑是免费的。

结论

在所研究的7个地区中,只有3个对信息公开申请收费。内部审查都不收费,只有安大略省收取向信息专员办公室申请的费用。而且安大略省收取的费用(分别是个人信息6.20欧元,非个人信息15.60欧元)实质性地低于爱尔兰对非个人信息收取的150欧元。

这样的比较,较为明确地证实了爱尔兰预收费的结构和数额与国外实践的不同。尤其是,相比较而言,向信息专员办公室申请的150欧元的费用似乎是太多了。我在第五章将继续探讨这一问题。

三　预收费对使用《信息自由法》的影响

当2003年7月引入收费时,在我看来收费将对《信息自由法》的使用者有显著的阻吓效果,对关于非个人信息的申请则尤其如此。

为证实当下的趋势和《信息自由法》的使用情况,我请求所有政府部门的秘书长和其他22个公共机构的负责人(总共有37个)(见附录)为我选择性地提供从2002年1月到2004年3月间的每个月的数据。为分析《信息自由法》在2003年4月修正前后,以及在2003年7月引入收费之后,是如何运行的,我对数据和期限进行了选择。在提供的信息中包括每月的详细资料:

· 提交的申请总数

· 申请的类别(例如,个人、非个人)

· 申请人的类别(例如,新闻记者、国会议员、企业等)

· 申请的结果(例如,批准、部分批准、拒绝等)

· 内部审查申请的数量

· 批准减免申请/申诉费用的数量

· 签署的例外证明书的数量。

本章还包括我的办公室汇编的关于申请总数、收取的费用、被撤回的申请等信息。对方法论及收集的数据的描述,可见于我办公室的网站 www. oic. ie。

分析和结论

公共机构

申请总计

我期望发现《信息自由法》的使用有所减少,但我不相信被证实的情形,即在数量上发生了迅速的或戏剧化的减少:在2003年一季度和2004年一季度之间,申请总量下降了50%以上。加之,我发现非个人信息的申请在同一时期下降了75%以上,而对个人和非个人混合信息的申请下降了20%。

尽管虑及2003年第一季度申请人活动的猛增,我发现,《信息自由法》的修正和可能更为至关重要的收费的引入对《信息自由法》运行的影响,远远超出了高级小组报告的作者、政府或国会议员在通过修正法案时可能想象的程度。与本章有关的可资比较的数据见附录Ⅲ。

申请类别

在2002年和2003年间,公众向被调查的37个公共机构提交的申请总量增加了3%。从表面上判断,提交到公共机构的信息公开申请数量看起来将遵循确定的逐年递增的趋势(尽管增长的速度非常缓慢)。然而,近期的观察揭示了大部分的增加发生在2003年第一季度,当时经历了下列申请的猛增:

1)关于个人信息的申请。申请人或他们的代理人寻找涉及在企业学校或教育、卫生保健机构中花费时间的记录,在那时,这些信息由居民制度救济委员会(the Residential Institutional Redress Board)搜寻,

2)颇具嘲讽的是关于非个人信息的申请大部分由高级小组报告和政府拟议的立法修正案促成。

当申请量从最高峰处开始减退时,在2003~2004年间,对个人信息的申请水平看来达到2002年的水平,而非个人信息的申请在2002

年第四季度和2003年第四季度之间下降了三分之二。在2004年第一季度,非个人信息的申请数量比在引入收费之前18个月中的最低季度水平记录还要少50%以上。

在行政系统中,这种减少甚至更为显著。同样是1月至3月间,2004年比2003年的非个人信息的申请数量下降了75%,而2002年第四季度的申请量比2003年第四季度的申请量下降了70%。尽管有些证据证明这种减少是稳定的,非个人信息的申请总量是2002年水平的40%。

申请人类别

在分析这些数据时,我注意到所有公共机构的统计分类,这包括新闻记者、企业、国会议员、职员及其他。

新闻记者

2003年,在被调查的37个公共机构中,媒体成员对《信息自由法》的使用比2002年增加了9%。然而,在2003年第一季度活动的猛增,大约占了2003年新闻记者全年提交申请的46%。但是与2003年第一季度相比,2004年第一季度新闻记者提出的申请减少了83%,并继续减少;与2003年第四季度相比,2004年第一季度的申请量进一步减少了31%。

行政系统的数据甚至更令人担忧。2004年第一季度的申请量比2003年第一季度降低了84%,2004年第一季度的申请量比2003年第四季度的申请量减少了46%。直白地说,这意味着,新闻记者在2004年第一季度只向行政系统提交了83件申请,换言之,每月提交28件申请,每月向每个部门提交2件申请。相比之下,在2002年中,他们每个月提交92件申请。

我对那些在政府和国内贸易行为方面负责引导这些政策和开支决定的部门进行了检视。

我发现,2004年第一季度财政部收到的新闻记者的申请比2003年第一季度减少了90%,比2004年第一季度减少了大约60%。其结果是,财政部在2004年1月到3月间,每个月仅收到3件来自新闻记者的申请,而在2002年下半年每月的申请量为14件至18件。

总理府和企业、贸易和就业部在这期间也见证了类似的申请减少,当前它们每月仅收到一件来自新闻记者的申请。

企业

企业向被调查的所有公共机构提交的申请在2002年到2003年间下降了28%,在2003年第一季度和2004年第一季度间下降了53%。

作为负责在企业、促进就业、发展贸易和贸易管制和劳工保护领域的实施和发展政府政策的部门,企业、贸易与就业部所收到的企业申请在2002年到2003年间下降了61%。这意味着,2002年每季度平均有11件申请,而2003年每季度平均申请量降到4件。下降是如此明显,以至于我不相信,这完全会是因为信息公开联络组的原因。该小组试图处理尽可能多的信息公开法之外的申请。在2004年存在某些搭便车的迹象,但要确定这一观点还为时过早。

财政部于2003年第四季度接到的企业申请比2002年第四季度下降了83%;2003年接到的企业申请总量比2002年降低了43%。总理府收到的这类申请的数量都可以忽略不计。

国会议员

在被调查的公共机构中,由国会议员提交的申请总数在2003年比2002年高171%。这样的增加主要发生在2003年1月至6月。相比之下,2003年第四季度申请的数量比2002年同期低40%。

然而,上述数据表明,总的来看,国会议员申请数量所受的影响,看来不像其他类别所受影响那么大。尽管2003年第一季度比2004

年第一季度降低了74%（在行政系统中降低了79%），但2004年第一季度的最新数据表明，申请量达到了2002年同期水平。说这种恢复是持久的，或者受到季节性的或其他因素的影响，都为时尚早。

工作人员

这类申请主要倾向于涉及工作人员个人记录的申请。同样地，《信息自由法》的修正和收费的引入没有影响到这类申请人。在2002年到2003年间，可能由于增加了与这些申请有关的在信息公开法之外的记录披露，因此申请略有下降。无论如何，在2003年第四季度和2004年第一季度之间的数据只是略低于2002年的季度数据。

其他

这一类包括由上述类别并未包含的那些个人和组织提出的申请。这类申请主要涉及个人信息，很多申请涉及公共机构的决定，这些决定对于个人或团体有直接或间接的影响。这些申请包括个人寻求关于相邻土地的废弃物处理信息，或地方行动小组或支持组织寻求知道对他们自己生活社区产生影响问题的信息。

2004年第一季度的“其他”申请数量比2003年第一季度下降了44%。比2003年第四季度下降了5%（在行政系统中下降了2%），这证明了下降仍在继续。2003年下半年的申请总量比2002年同期减少了大约20%。这与此前提及的非个人申请下降了50%相一致。我想，假设这一下降主要归因于非个人申请的减少，这是合理的。

在实际限定的时间内，这些数据表明，在2003年第一季度和2004年第一季度间，申请减少了超过1000件。即便因2003年第一季度的数据没有代表性而打了折扣，但根据在2002年第四季度和2004年第一季度之间的区别推断，如果当前的模式继续下去，今年提交的申请将减少近1700件。

申请结果

在结果分析中,我观察当公共机构处理申请时发生了什么,即该申请是被全部批准、部分批准、拒绝、在信息公开法之外处理、撤销还是移送到另一公共机构。

结果的模式在2003年中发生改变。被完全批准的申请所占的百分比有所增加,获部分批准的申请百分比略有增加,而被拒绝的申请数量减少了。涉及非个人信息的申请比涉及个人信息的申请更经常被拒绝。由于非个人申请的百分比下降,可以预期的是批准全部获取信息决定的百分比会相应地增加。

然而,在被调查的公共机构中,对行政系统和更广泛地履行公共服务的机构在2003年的运行情况的分析表明,尽管个人向行政系统的申请比向公共服务机构(对机构照护的申请信息可能有所扭曲)的申请比率更高,但相对于公共服务机构51%(在2002年不变)的批准率而言,行政系统仅对所有涉及个人信息和非个人信息申请的35%批准予以全部公开(高于2002年的28%)。我承认,问题涉及不同类别的记录(例如政府记录、部门审议过程等),需要考虑不同的因素;我也承认,不是所有涉及机构照顾的申请都已完成(见我2003年年度报告)。但即便如此,在2003年第四季度向行政系统提交的申请中,被全部批准的申请数量增加到43%,这个数据确实提示了这样的结论:行政系统对《信息自由法》的适用比其他公共机构更为严格。

另一个要注意的是所处理的《信息自由法》之外申请的下降。在结果方面,在2003年第一季度和2004年第一季度之间,它所占比率从14%降低到9%。这一下降看来始于2003年第二季度,从那时到现在持续下降。与其他公共机构相比,这一模式在行政系统中并不非常明显,它们在2004年第一季度仅处理了7%的《信息自由法》之外的申请。

内部审查申请

如前所述,从2003年7月开始对涉及非个人信息的内部审查申请收取75欧元的费用。

在2002年,对所有公共机构而言,每季度平均被申诉到内部审查阶段的决定比率为13.5%(2002年下半年为15%)。在2004年第一季度,被申诉到内部审查阶段的案件减少到7%。在行政系统中则尤为显著;从2002年平均约为15%减少到2004年第一季度的7%。

免除证书

根据《信息自由法》修正案,某些公共机构可能像以前根据《信息自由法》第25节一样,根据该法第19节、20节签发免除证书。一般而言,签发这些与某一记录有关的证书,准许公共机构在之后接到《信息自由法》项下的申请时,拒绝披露该条记录。

根据《信息自由法》第19(4)、20(1A)(d)和25(11)节规定,应该向信息专员提交详细说明这些被签发的证书的数量的报告。

第19节

第19节规定保护有关政府或内阁的记录。根据《信息自由法》修正案,在特定背景下,政府的定义包括由秘书长向政府确认的官员的委员会。《信息自由法》第19(4)节规定,政府秘书长应该向专员提交详细写明他或她签发证书数量的报告。

政府秘书长告知我,他在2003年没有签发过这样的证书。

第20节

第20节允许免予披露涉及公共机构审议程序的某些记录。第20(1A)(a)规定,当一个政府部门的秘书长签发证书,写明特定记录包含"涉及部门议事程序的事项"时,则准许拒绝披露这项记录。根据对每个秘书长的咨询,我已经知道,在2003年没有根据第20节签发证书。

信息专员办公室

对收到申请的总体评述

我的办公室在2003年接到的申请总量(1119件),为被前文提及的收到的关于公共机构案件申诉数量(464件)所扭曲(见本章开始的“申请类别”)。如果不计这些折损,那么,2004年第一季度的申请量比2003年第一季度下降了56%。与2002年第四季度(那时猛增还不明显)收到的申请量相比,2003年第四季度的申请总量下降了44%。

通过对涉及个人信息的、涉及非个人信息的以及混合的申请来加以总体地分析,就会呈现出一幅更为清晰的图景。

涉及个人信息的申请

在2002年中,提交到我办公室的“个人”审查申请的数量,平均为每季度在80到100件之间。在2002年年底,开始感觉到因救济制度启动导致的申请量的增加,这类申请在2003年上半年继续增加。然而,在2003年下半年和2004年,提交到我办公室的个人申请数量急剧下降,约为2002年水平的三分之二。对2002年和2004年第一季度的数据分别加以分析,解释了在那些没有收取费用的案件中,对本办公室的申诉有了明显不规律的减少。在2002年第一季度,接到的62件申请涉及教育和有关健康事务的个人记录,其中很多是涉及公共机构的案件。在2004年,这样的案件有38件。同样的,个人申请的减少看来与提交到我的办公室的这类案件申请下降有根本的联系。

非涉及个人信息的申请

非涉及个人信息申请的审查模式,在2002年和2003年间走势更为稳定。虽然在收费生效之前的一周提交了61件申请,而在7月初出现了“短时间的偏离”。当下,非涉及个人信息的申请当前达到了2002年至2003年初水平的三分之一到一半之间。

混合申请

混合申请的走势看来未受影响。然而，当知悉必要的费用时，一些申请人可能将申请限于涉及个人信息的申请（即不再提起非个人信息方面的申请）。

收费后的经验

根据我自己管理申诉收费事务的经验，注意到有50件申请把“混合”申请（即个人和非个人信息请求的混合）变更为个人申请，大概是为避免150欧元的费用，这是有益的。此外，14件申请由于没有缴纳相应的费用，而被认为无效。因此，显然，引入收费对申请人申诉权的行使，总体上有着直接的影响。

到2004年3月底我的办公室收到的申请费总计15,125欧元。我的办公室建立信息公开申请和申诉机制所需的费用要远远超过这个数字。同样的，在我的办公室相关的范围内，我认为这很难与引入费用所宣称的目标相一致，该目标是这些收费将有助于提供信息公开带来的行政费用负担。

四 《信息自由法》修正案对信息公开文化的影响

随着《信息自由法》的修正和收费的引入，一些公共机构有意或无意地表示了对此的关注，它们可能因此改变处理信息公开申请的进路。在实现公开、隐私保护、维护公共机构和政府合法利益的平衡方面，国际上公认1997年《信息自由法》是信息公开立法最好的样板之一。它宣布了保密文化的终结，并被认为在公务系统和公共机构的现代化中发挥关键作用。

政府明确，《信息自由法》将被认真执行，并表示承诺在该法1998年4月生效之前，为公共机构提供12个月的准备期。并开展了空前的培训计划,从而使公务系统和行政员肯定地掌握了信息公开的诸原则。

2003年《信息自由法》的修正,通过限制或规定某些类别记录免予公开的例外,降低了公开的程度。若非支付必要费用,非涉及个人信息的申请或申诉将不被考虑。

我担心这些新的限制可能产生某些令人不快的负面影响。尤其是,它们可能导致对公共机构信息公开的积极承诺的侵蚀,可能对公务员个人产生影响,令其在处理信息公开申请时采取较少建设性的做法。我还担心,对于低质量的决策和根本没有做出答复的情形,高昂的内部审查和申诉费用可能被用作"过滤器",来考验申请人的决心。

考虑到这些,为考察在2002年1月至2003年12月之间信息公开决策的质量和模式,我的职员拜访了之前确定的17个公共机构。我的办公室选择了这些特定机构所有信息公开文件中的大约15%,进行分类的随机抽样,并在下列标题之下进行调查:

· 对信息公开申请的答复和不答复

· 申请结果(批准、拒绝等)

· 决定的时间

· 决定程序的质量

· 对例外的主张

· 收取检索和获取费用

我通过两项单独的考察来引导这一阶段的调查:一项调查着眼于被选定机构在2002年1月至2003年12月之间的实践,同时获取受修正案和引入收费影响的数据,调查二则关注这些机构在2002年7月至12月间以及2003年同期的实践。

应该提及的是阿斯隆理工学院掌握的所有文件都被审查了,因为这个学院收到的申请量很少。相应地,因为样本量小,这些数据没有体现于汇总的结论中。已经述及，在这个学院中确定的模式与总体结论一致。

此外，我的工作人员会见了每个公共机构中的信息公开联络官。

本章概述了我在这方面的发现。被调查的公共机构详情见附录Ⅱ，搜集的数据在附录Ⅳ中列出。

分析和结论

我已经描述了《信息自由法》修正案和新的收费机制对申请人行为的影响。在本章中，我考察了另一核心的行为主体——公共机构及其雇员的行为。

所搜集到的数据给我提供了关注和建议所需要的额外研究的背景。然而，我没有发现有某种一般的行为模式可以表明，公共机构或其职员因为《信息自由法》的修正，而体系化地改变了在该法运行中的做法；我也没有发现任何证据可以证明，《信息自由法》、检索和获取费用、申请或申诉费用正在以可能阻碍该法的使用者实现其信息获取权利的方式运作。

下文简洁地概述了关于答复与否、答复的及时性、结果、决定的质量、例外的主张，以及检索和获取收费的运作方面的调查结论。

答复与不答复和答复的及时性

在被调查的公共机构中，我没发现有证据表明，它们在修正案颁布或引入收费之后不答复政府信息公开的申请。反之，我发现，除了2002年有个一季度的答复率是97%之外，在其他全部时间段的答复率为99%~100%。大体上，被调查的行政系统不如公共机构做得那么好，但是差别很小。

然而，不是所有的答复都是在四周时限内作出的。我没能辨别出，平均75%的“准时”答复的政府部门在2002年和2003年之间其行为方式有何不同。然而，由于其他公共机构的平均准时答复率从

2002年的84%减少到2003年的75%,因此,政府部门在2003年中略有下降。这一下降在年底看来已经被扭转了。

结果

我发现,在《信息自由法》修正以及引入收费之后,获取记录被全部或部分批准的决定,其百分比略有增长。这并不像第三部分的概述分析所发现的那样显而易见,但这可能使得本章分析的机构样本更沉重地向“政策类型”(policy-type)部门倾斜,它们对信息公开申请的拒绝率可能比“以客户为基础”的公共机构更高。

一个问题是,从表面上看,《信息自由法》之外的申请看不到了,在更为广泛的公共服务领域则尤其如此。我希望,这不是为收取费用,而通过把某些以前不曾收费的申请类型,批量地混入《信息自由法》下的程序来实现的。然而,如前所述,我知道作为一种迹象,即更多的申请在收到之后被迅速处理,而且自始就没有被记录为信息公开申请。我也知道,在一些组织中这些事项的记录往往是不可靠的,而且在某些情况下是子虚乌有的。

我在第五章将继续探讨这个问题。

决策程序的质量

最初申请

在决定质量方面,我关注了记录被全部或部分拒绝的情形。我注意到三个关键的指标:

· 是否援引了《信息自由法》的相关部分?

· 是否对例外予以了解释?

· 对有争议的记录是否可以适用例外?

是否援引了相关部分?

在2002年到2003年间,没有形成降低标准的一般形式,我发现80%到90%被调查的案件都援引了《信息自由法》的相关部分。非公务员系统在2003年做得要比公务员系统好,但差别不大。

是否解释了例外?

宽泛地说,在所检视的案件中,说明适用信息公开例外的决定数量有所增加,从2002年的76%增加到2003年的85%。

对记录是否适用例外?

适用例外记录的百分比范围相对宽泛(占所调查案件的65%到84%),2003年比2002年略有增加。

我调查的这方面没有揭示出任何关于决定标准下降的情况,比较突出的一个事实是,在对例外加以解释说明,以及对记录适用例外方面,需要做得更多——尤其是现在申请人为申请付费,则更需如此。我将在第五部分继续探讨这个问题。

内部审查

在决定批准、部分批准或拒绝获取记录的信息公开申请方面,我发现要求进行内部审查的案件数量有所下降,在2003年的后两个季度中减少了3个百分点,下降到8%。这个数字与我在第三部分中的发现是相符的。

在内部审查决定的质量方面,我发现,它在2002年到2003年间有一定程度的改进。然而,鉴于申请人因内部审查所发生的费用,我特别关切的是,在内部审查阶段的决策绩效指标要比最初决定阶段至少低10%。

例外的主张

在作为调查样态的两年周期里,最经常使用的例外是第28节(个人信息)和第10节(记录不存在或找不到)。其他被广泛援引的包括第19节(政府事务)、第20节(审议过程)和第21节(调查、检测等)。援引例外的剧增发生在2002年第四季度和2003年第一季度。这与在这段时间申请的激增相一致。

我关注在拒绝或只是部分批准获取记录时这些例外的使用,特别是那些为《信息自由法》修正案进一步限制的情形:第19节(政府事务)、第20节(审议过程)和第24节(国家安全/国防)。我在第一部分已经描述了该修正案对这些特殊例外的影响。

没有证据表明在该修正案之后对第19节的使用有所增加。反之,我发现第19节的使用在2003年减少了。这标志着对这类记录的申请减少(或许是暂时性的),并与信息公开联络官表达的观点一致。

我没能辨别出人们是以怎样的形式在使用《信息自由法》第20节。然而,明确的是,《信息自由法》的修正案没有导致这类例外使用的增加。此外,根据我的申请,财政部和总理准许我的工作人员去利用他们2002年/2003年中所有援引的第20节例外的文件和记录。而工作人员从这些文件中抽取了10%的样本(超过40份),并考察了每个案件的决定和记录。而在少量案件中对适用例外的理由予以更清晰地说明则可能是有助益的。没有证据表明,在《信息自由法》修正之前或之后,第20节被这些部门不适当地援引。

公务员系统之外的机构根本没有去援引《信息自由法》第24节。除了2003年第3季度之外,没有第24节的使用有所增加的迹象。反之,如果它现在有基于阶层的规则,由于在这一领域提出的记录申请很可能减少,它的使用将进一步减少。

检索和获取

在涉及的17个机构的文件中,相对于非涉及个人信息的申请的实际数量而言,实际发生的检索和获取费用的申请非常之少。2002年发生了116件,而2003年发生了160件,这分别占非涉及个人信息的申请的4.5%和6.4%。然而,如前所述,我知道一些情况下申请的记录数量非常之大,在有些案件中达到数千欧元。在这样的案例中,根据申请费的要求,申请被简化乃至全部终结。我将在第五部分继续讨论这个问题。

我注意到收费的频率很低,因此,推演出任何确定性的结论都将是不明智的。然而,如前所述,2003年17个机构收取费用的总额(7779欧元)比2002年(4612欧元)多70%。此外,有证据表明,一些公共机构开始系统地收取检索和获取费用,尽管之前并非如此(例如,非官方医院)。

申请费的减免

作为调查的一部分,我意识到,申请人可能通过取消或者完全撤回申请中的非涉及个人信息部分的申请,来寻求收费的减免,我请求所有公共机构说明收费后最初申请及内部审查案件的削减数量,以及因申请人撤回申请而退还费用的案件数量。

费用减免

我把前面的章节中描述过的,我的调查阶段中已提供的后收费数据排除掉了。我发现,在为我提供了费用减少统计表的16个机构中,在2003年7月7日到12月31日之间的631件最初的信息申请中,8个案件被准予减少费用,即占总数的1.27%。

费用退还

我发现,在提供这些信息的16个机构中,有28次费用被退还了,占总数的4.4%。

内部审查减少

此外,在涉及的16个机构中,我发现,内部审查费用仅在4个案件中被减免。

对信息公开联络官的访谈

我的工作人员对相关联络官进行了访谈,以了解特定机构的信息公开方式。访谈的内容包括:投入到联络小组的资源,适用于决策的质量标准,以及他们感受到的《信息自由法》修正案和申请收费的影响。

资源

在这17个机构,平均每个机构有三个工作人员从事信息公开工作。这些小组通常由一位高级管理者领导(行政机关负责人助理级)。大约半数的小组全职处理信息公开事务,而且在过去一年中配置的资源没有减少。

质量检查

在涉及的17个机构中,半数有电子追踪系统,而另一半则是采取内部的手工追踪程序。在决定的质量检查方面,12个机构在发布决定之前进行检查,2个在发布之后进行检查,1个对决定进行抽查,还有1个机构根本不进行任何检查。

检索和获取费用

半数被调查的机构声称,他们始终如一地征收检索和获取费用(其中3个自2003年12月份开始收费)。在那些收费的机构中,撤回申请直接归因于公共机构收取检索和获取费用的比率平均每年有3件(这个数据也有传闻逸事的色彩)。只有3个机构说他们曾接到关于申请收费的质询。

受影响的申请及申请人的类别

看起来受影响的主要申请类别大体上是非涉及个人信息的申请和“拉网式”的信息申请。新闻记者是最受影响的申请人类别。

在信息公开机制之外处理申请的类别

只有一个机构主张,它不倾向于在信息公开机制之外披露信息。在信息公开之外处理申请的类别包括出版材料、工作人员个人信息、统计表、非敏感信息、病人记录和行政记录。

记录的管理

在17个机构中,只有10个有适当的记录管理政策形式。

此外,我没有发现在所涉及的公共机构中有改变信息公开方式的迹象。联络小组由其中级别足够高的工作人员领导,尽管我们比较关心一些机构中的决策程序或者信息公开框架,但小组工作人员的奉献精神给我的工作人员留下了深刻印象。

如上所述,我倾向于要求没有核查决策质量程序的公共机构采取措施来弥补这一缺陷。我在第五章中提出了很多其他的关注点,包括缺乏一以贯之的记录管理策略。

上诉到信息专员办公室的案件

在被考察的案件中,没有因未获得答复而上诉到我的办公室的,这也许在一定程度上表明,申诉到我的办公室的高昂费用可能将某些申请人拒之门外,公共机构没有体系化地用收费来过滤特定类别的申请或申请人。

五 结论和建议

信息公开的影响

我的调查关注了《信息自由法》的修正和引入收费对《信息自由法》有效实施的限制程度。

在概述我的结论和建议之前,我想先对我调查的背景加以定位。自从《信息自由法》在1998年生效以来,爱尔兰公共机构已经积极和勤勉地实施了该法。公允地看,公务人员和部长们认识到,公务保密文化在现代的、以客户为中心的行政中没有立足之地。因此,尽管《信息自由法》修正了,但信息公开文化仍然存在,它简洁地反映了信息公开在过去几年来的影响。

到2003年12月底,公众已根据《信息自由法》提交了超过80000份的申请。很多申请所关注的是与申请人或其家庭直接相关的个人事务,或对他们日常生活有或多或少影响的问题。同样,《信息自由法》的很多积极影响还未曾被加以报道,甚至还未被认识。

《信息自由法》还被个人和媒体成员用来详查公共机构的开支,并考察决定背后的推理。我认为,利用本法来集中关注当前公共领域中的一些问题是十分有益的。对这些材料的披露不仅增强了公众的知悉,而且在一些情形下使得行政部门要去对公共政策中的核心部分予以修正或推翻:

· 关于对老人之家予以检查的卫生委员会报告现在被自动披露;

· 监狱卫生保健报告强调了该体制的不完备之处;

· 关于在税收"个性化"问题上,税收筹划小组的文件提出了与财政部长不同的观点;

· 来自2000年的关于地方分权的文件揭示了高级公务员对某些提议的不安;

· 现在可以得到教育和科学部小学巡视员的报告;

·"大学预科学校"的表格被定期公开;

· 可以常规化地知晓国会成员的开支情况;

· 了解到一些医院把儿童尸体转送到英国医院的政策;

· 可以常规化地得到关于申请公共机构中工作职位的文件(参考书,面试委员会的说明等);

· 政府和天主教会之间关于救济过程所产生补偿费用的资金安排协议文件被披露;

· 揭示财政部、卫生与儿童部之间关于公共医疗卫生服务开支紧张关系的文件被披露;

· 关于爱尔兰体育场不断增加费用的文件被披露;

· 铁路安全报告诸草稿中的矛盾被披露;

· 关于拟议任命前最高法院法官奥弗莱厄蒂去欧洲投资银行就职的文件；

· 某些最高水平欧盟农业补贴的获得者的姓名现在被披露；

· 现在通常可以得到政府部门和准政府机构之间的通信资料（例如，爱尔兰广播公司的许可费用）；

· 现在可以常规化地得到标的数额达百万欧元的成功标书（例如，爱尔兰电信首次发行股票的情况）。

因此，信息公开法证实了，对于从公众的角度，无论是作为个人还是纳税人来审查公共政策而言，它都是一个价值无量的工具。我希望，能以使对爱尔兰社会贡献趋于最大化的方式，来利用《信息自由法》。我调查中的结论和建议倾向于改进《信息自由法》总体上的效力。

咨询和更好规制

《信息自由法》的修正和引入收费，在政治家、媒体和公众之间引起了争论。争论的水平和激烈程度都出乎意料。争论涉及修正案对《信息自由法》适用所可能产生的影响，并延伸到对公共机构的决策进行严格审查的可能影响。

不幸的是，所知晓的争论要比发生的少。对《信息自由法》的评判在秘密地展开，额外的条款被纳入法案，而未经和相关当事人的磋商，而且在申请费水平确定之前，没有对《信息自由法》运行所可能造成的影响进行讨论。如前所述，其他国家对自身信息公开的做法也进行了回顾。

我注意到，高级小组在审议中考虑到了国外的实践，我相信，对拟议改变的开放性评述和分析，与我的办公室的经验相结合，将确保对拟议修正的可能影响展开富有更多信息量的讨论。如果评论以这样的方式展开，对适用《信息自由法》所造成的影响可能不致如此富有戏剧性。

事实上,2004年1月出版的题为《更好规制》的政府白皮书强调,适当磋商是改进规制质量的关键要素。在白皮书出版之前的讨论文件《向着更好规制》包括下列内容:

·规章应该清晰(设计良好)、连续(容易被遵守),并能为公众和直接受规章影响的人所理解;

·规章的制定应当遵循征求意见的程序,或向一般公众咨询,或向那些很可能受影响的特定的人征求意见;

·应及时了解要实施特定规章的规制机构的见解和要求。

白皮书包括了良好规制的六项原则。其中的"透明度"原则承诺在规制之前更为广泛地征求意见。爱尔兰总理在白皮书发布时说,规章制定程序"从现在起将更具系统性和综合性",并将包括"开放地征求意见"。

总体结论

根据我的调查,可以将这些改变的影响概括如下:

1)《信息自由法》的总体使用率下降了50%以上,而非涉及个人信息的申请下降了75%。

2)作为开放和功能完好民主政治核心要素的传媒界,现在可能很少使用该法。新闻记者对该法的使用率在2003年中持续减少。2004年第一季度比2003年第一季度的申请数量减少了83%,并仍在继续减少。

3)该法的其他使用者,如个人和代议机构使用该法获取对他们有直接或间接影响决定信息的频率,远少于从前。

4)除了这些改变,公共机构似乎在以一种公正和平稳的方式运行该法。鉴于某些告诫,没有迹象表明,该法的修正或预收费的引入在这方面改变了他们的行为。

本章对此种削减的发生作了一些解释。它探究是什么因素导致了这些削减,并建议在短期内及未来采取若干举措,让信息公开更好地发挥作用,以成为民主过程中的关键要素。

结论和建议

根据我对调查过程中所搜集数据的分析,对公共机构信息公开文件的检视,对联络官的访谈,以及我对国外经验的分析,我列出了如下需要进一步关注的问题。根据《信息自由法》第36节的规定,为改进该法的运行,并便于公众根据该法更好地行使自己的权利,我提出了一些建议。

《信息自由法》使用的减少

我已经确定在《信息自由法》使用中发生的主要变化,例如,非涉及个人信息申请的急剧下降,以及新闻记者、其他个人或组织申请数量的戏剧性减少。

鉴于该法特定章节(例如第19、20、21和24节)的修正,可能有些申请人已经对该法的有效性产生了消极的理解,并停止提交相应的申请。然而,当最初法律中的一个例外被修正为一"类"例外(例如,不要求证明损害)时,它只适用于有限的情形。此外,仍以损害为基础,对另一些例外进行了修正。根据该法,公共机构有证明记录属于一般类别的责任,公共机构或者要能合理地想见到损害将会发生。因此,在这方面,我力劝为该法修正案所阻止的申请人,重新考虑并行使他们获取信息的权利。

我相信,政府或总理不会预料到使用《信息自由法》的比率有着如此大的下降。尽管我很容易接受,内部审查申请和由我的办公室审查的申请将受到新收费机制重大影响的事实。然而,鉴于最初申请费用相对是适度的,因此,申请数量下降的程度是令人惊讶的。

在推进引入费用的原因中,高级审查小组间接地提到,"系列的"

(serial)申请人通过提交关于个人和机构的多个申请,而滥用《信息自由法》。在调查中,这种恼人的申请实际上很少是恶意的,也很难对其意图予以证明。当然,在某些例外情况下,发生很多这样的申请,因为人们为了试图去理解发生了什么以及之所以发生的原因,在和公共机构的相互作用中,受到伤害或感到被伤害。

然而,对最初申请数量下降的密切观察表明,来自新闻记者的申请在2003年初至2004年初之间下降了83%,非涉及个人信息的申请则下降了75%。我可以认可,一些申请是恶意的、过于宽泛,而且在一些案件中,所涉及的是一种拉网式的记录,申请人试图借此发现有什么有趣的内容出现。然而,在被调查的37个机构中,收费的引入每年"冲走"了大约2000件系列性的或令人烦恼的申请,这是否是合理的呢?我不认为这是合理的。导致这种下降的原因可能是,申请人相信了许多评论者的观点——《信息自由法》修正案和收费机制的引入,不仅成了将最坚定的申请者之外的所有人清除在外的程序装置,还将披露更少的信息。然而不幸的是,持此见解的申请人们不太可能有机会率先提出信息公开的申请。

据说,许多申请者,特别是媒体从业者,感觉到公共机构在披露记录的方式上变得更为严苛。尽管一些公共机构可能在这个领域变得更不灵活,但我的结论是,公共机构显然继续以一种公正和平稳的方式来实施《信息自由法》。我将鼓励申请人继续行使他们依据该法所享有的获取信息的权利。

申请费

申请人应该知悉财政部的观点,从收费的角度考虑,在一件申请中提交的对一系列信息的请求,通常被作为一个单独的申请来处理。这样的立场可能并非广为知晓的。

此外,根据对联络官的访谈,可以明确的是,由于费用的原因,因这些申请所致的内部审查申请可能被“分裂”为不同的审查申请。尽管至今这似乎尚未发生，但我不认为这种方式将是受欢迎的，我也不认为在《信息自由法》的约束下这是可能的。

我也已发现，与部长当时的见解相悖，极少的医疗卡持有人得到了收费规章中所述的收费减免待遇。其原因可能在于，符合收费减免规定的申请者无法得到关于减免规定的信息。

我建议财政部的中央政策小组在收费规章运行方面为公众提供更为详尽的信息。

根据收费规章，在申请或申诉被撤回时，费用将被全额退还。我的办公室的实践是，不只在申请被撤回时予以全部退还，而且在申请人接受的情况下，对所申请的记录加以部分披露时，也退还余额。在我看来，这些解决方式中最有效的是撤回。我建议，财政部的中央政策小组要确保，公共机构在对被撤回的申请和内部审查收费方面，遵循一致的进路。

事实上，这些案件中将发生的是，申请被在信息公开机制之外进行处理，而同样，费用应当被退还。

检索和获取费用

根据我对17个公共机构的文件所进行的抽样调查，我发现，只有少数案件收取了检索和获取费用。事实上，对每件被批准或部分批准的申请而言，在应收费案件中实际支付的数额，平均刚刚超过3.00欧元。然而，我知道在一些案件中有关机构要求申请人支付数千欧元（例如，与狱政、评估程序等相关的申请）。可能并非所有这样的申请都受到关注，并都产生这些费用。然而与之相反，根据《信息自由法》，公共机构应当为申请人在申请中提供合理帮助。我建议，当接受的申请将产生重大的检索和获取费用时，所有公共机构应当留意《信息自由法》中规定的这些义务。

此外,在第二部分中,我提到了在现行的收取申请费、检索和获取费用政策之间可能的二分法,从表面上来看,这种方法并不被高级小组所提倡。

新闻记者

公共机构内部的感受是,新闻记者越来越少地进行拉网式的或对琐碎事务的申请。在当下的收费机制下,新闻记者必须更有效地对《信息自由法》加以利用。我已说明,当只引入单一的预收费时,如何将申请最大化;以及如何通过对所需清晰的清晰关注,来减少检索和获取费用。我相信,从媒体的角度看,它们可以在让《信息自由法》的运行趋于最优化方面做更多的事情,而且,我建议,新闻记者及其雇员在这方面应探讨进一步的策略。

个人和利益团体

我相信,我上述关于新闻记者的评述,多数同样适用于个人和利益团体。为了有效地实施《信息自由法》,他们也应该从这个角度回顾自己的信息公开进路。

当决定被推翻时费用的退还

收费的引入,给了申请人评价信息公开真实成本的机会——其精义在于使用者付费(至少付一部分的费用)。在消费者立法中,购买被证实有缺陷产品所支付的费用,应退还给消费者。我认为,应将类似的规则适用于信息公开收费。在我看来,如果公共机构在内部审查中推翻了同一公共机构在先作出的决定,而申请人还要为自己有资格获取的信息额外支付75欧元,这是不公正的。同样的规则可能适用于我自己的办公室做出的类似决定。我建议,财政部重新考虑它在这些情形下不退还费用的政策。

在信息公开之外

看来,在信息公开之外的申请比率近来出现了下降,或者,以这种方式披露记录的事实可能也并未记录在册。我所关注的是，在引入收费之前，在同样的情形下，是否会有相对较高的申请比率。我注意到，如果这种做法发生，它将与这方面的公共政策相悖。国务部长于2004年5月5日在财政部对上议院说，“不应对信息公开的申请人苛以不必要的开支，当通过信息公开机制之外的途径可以获得信息，或是所申请的信息属于明确的信息公开例外时，申请人应该有机会获得退还的费用”。我建议，所有公共机构审查自己的政策，确保尽可能多的申请在信息公开机制之外得到解决。

决策程序

尽管我对被调查的公共机构的绩效大体满意，但我注意到，在最初申请阶段和内部审查阶段的决策程序质量方面仍存在需改进的地方，在申请人现在为这项权利支付了费用的背景下，尤其如此。我建议，所有公共机构在必要时，对与本报告第四章每个标题相关部分的决策程序加以审查和改进。

记录管理

在我们生活的这个时代，大部分信息以电子形式产生和储存。这类信息的数量每年以指数形式扩张。现有的适当记录管理政策决定了这些信息被使用或丢失的可能性。在信息公开的背景下，尤其是在检索和获取可能要收取费用的情况下，对于改进记录的获取而言，有效的记录管理系统成为一个日益重要的工具。

我的结论说明，在这个领域需要做得更多。虽然我知道一些公共机构正在把握这一新的事实，但另一些机构看来并不情愿。我的前任在他的2001年遵守法规情况报告中，劝诫公共机关立刻加入创设这些政策的行列。信息公开部门间工作组建议公共机构开始起草这些政策。然而，我认为，改变的步骤应是这样进行的，而问题却需要迅速地加以处理。我建议，财政部长使用《信息自由法》第15(5)节赋予他的权力,采取适当措施确保记录管理政策和体系能在符合《信息自由法》要求的最优水平上运行。

对《信息自由法》未来的展望

我已指出,围绕《信息自由法》修正案和引入收费的争论,并没有像可能的那样被更多人所知悉;很多学者曾感到,没有足够的时间和信息来对收费的改变加以分析,或将其置于国外实践的背景之下。当时撰文的一位著名学者曾指出:"对于最初《信息自由法》运行的关切在于,应以公开的方式对该法进行评判,应虑及它最好和最坏的方面,因此,短暂的时间框架导致立法者没有充足的时间对立法予以广泛的审查。"

随着时间推移,立法可能被修正或废止。无疑,这将促使人们在适当时间对《信息自由法》作进一步的修正。重要的在于,为了让该法及背后的原则能得以适当运行,对其任何进一步的修正都应该先由所有利害关系人广泛地提出意见。我认为,在其他国家和地区的经验特别是最近昆士兰州的信息公开经验是非常重要的。

因为信息公开问题的特征,任何对信息公开立法的评判,都应以公开、透明和全面包容的方式展开,这具有重要的意义。至少,应以向外部人员、其他国家和地区、爱尔兰政府、公众、公务员和相关信息专员办公室的咨询为基础。

令人遗憾的是,在对爱尔兰立法的评判中并没有遵循国外的最优实践。广泛的咨询不仅是可行的,而且是必要的——在题为"更好规制"的政府白皮书中强调了这一点,我在本章开始时也曾有所提及。

在我看来,这样的评判也应考虑到国外在改变信息公开法的运行及其修正方面所积累的经验。在第二部分中,我述及了其中的一些做法。以下我列出的是对未来爱尔兰信息公开法的相关建议。

收费

申请费

国际经验证明引入收费通常会导致申请数量的下降。例如,在安大略省,引入的收费水平低于爱尔兰,而信息公开法的使用率减少了20%,这促使安大略省信息专员质疑新收费是否走得太远。在爱尔兰,更高的费用导致了申请数量更大幅度的下降。和安大略省的专员一样,我也质疑新的收费是否过高。

我们所研究的七个国家和地区中,只有三个收取信息公开申请费。内部审查均不收费,只有安大略省对向信息专员提交的申请收费。安大略省收取的费用(个人信息6.20欧元,非个人信息15.60欧元)要实质性地低于爱尔兰对非涉及个人信息的申请所收取的150欧元费用。

来自域外的比较,清楚地证实了爱尔兰预收费结构和金额与域外实践的不一致。特别对向信息专员提交的申请收取150欧元,与国外实践相比似乎是有些多了。

我建议,在未来任何对《信息自由法》的评判中,都应对内部审查阶段的预收费政策和对向信息专员办公室提交申请的收费政策予以再考量。

我建议,在这样的评判中,应牢记欧洲理事会的出版物《获取官方文件的指南》,该指南主张应收取合理和相对低廉的费用(见下文结论)。

检索和获取费用

英国和苏格兰的模式是一个近期可以研究的例子,它刚刚运行几个月的时间。它倾向于不收取申请费,它对处理请求以及检索和获取期间的收费设有上限。在这条进路中,收取的费用上限是请求处理以及检索和获取信息时间成本的10%,但对于为申请人提供对信息公开成本的正确评价方面,这种方式仍是有益的。这也与2001年昆士兰州审查所发现的结果相一致,它发现对卷帙浩繁的申请而言,通过信息公开收费来收回全部成本,是不公正的。

我认为,英国和苏格兰的模式如果与可以快速确认并重现被申请信息的有效记录管理系统相结合,并辅以对部分申请人予以关注的策略性方式,则可能更值得推荐。而我建议,在未来任何对《信息自由法》的评判中,应对这种运行模式加以考量。

在这样的审查中,还有很多来自其他方面的问题,都应被纳入考量之列。

国会成员的申请

一些议员说,不应对国会成员的信息公开申请予以收费。而我的结论没有表明对这一领域申请的任何长期影响,这在海外也是人们争论的主题之一。如前所述,澳大利亚法律、宪法和法律事务常务委员会建议,申请通过国会答复向国会成员正式提供的信息,应该免收信息公开项下的费用。

我建议,这个问题应在将来对《信息自由法》的审查中予以考量。

媒体人员的申请

一位学者指出,在诸如美国的一些国家,新闻媒体因为它们在增长公众见识中的作用,而在收费方面被给予特殊地位,并主张,新闻记者在探究对国家有重大意义的事件时,应可以利用相关费用减免的规定。

另一方面,澳大利亚的常务委员会不建议为新闻记者规定特定的费用减免条款。在说明其原因时,它援引了检察总长办公室的观点:“我们通常希望新闻记者付费,因为,坦率地说,他们提出的绝大部分申请都是代表所在的媒体。我认为他们迥异于没有商业组织作为背后支持的国会议员。”

我的前任在他的第一份年度报告中，勾勒出了新闻记者在推进政府事务透明度方面的作用：

“现代民主政治中，在公共领域内提供政府业务信息的至关重要的方式之一是通过媒体。媒体之所以能这么做，不应仅取决于提供信息一方的裁量，去选择信息通道和披露的时机更具有重大的意义。《信息自由法》通过赋予了获取信息的法定权利，把主动权移转给申请人。因此，媒体代表社会共同体行使这种权利，其意义重大。”

我建议，在任何将来对《信息自由法》的评判中，应考虑这个问题。

公共利益和公共福祉案件中的费用减免

在对昆士兰州的评述中，我注意到，当申请中包含公共利益或主要涉及公共福祉时，费用是否应予以减免。这样的标准相对更为简单，更易操作，而爱尔兰《信息自由法》要求去评判记录是否有助于理解具有国家层面意义的重要问题，这样的标准就相对更为晦暗不明了。

我建议，在任何未来对《信息自由法》的评判中，应当考虑这个问题。

结论

在引入收费之后不久，我把《信息自由法》描述为：处于风雨飘摇之中，但是还没有受伤离场。这份调查报告揭示了这些变化对该法运行的影响，它确定了一些在短期内可以采取的改善该法运行的措施，而且我对改善该法在较长时间段内的有效性，也提出了一些建议。

近来，欧洲理事会在它的《获取官方文件的建议》中，陈述了它认为的信息公开的关键性原则，包括：

· 准许公众对于他们置身其中的社会状况和管理当局有充分的见解，并形成批判性的意见，同时，鼓励公众对共同事务的广泛参与；

· 培育有效率和有效能的行政,维护它们的纯洁,避免腐败风险;

· 致力于确认作为公共服务者的行政机关的合法性,并强化公众对公共当局的信任。

信息公开最主要涉及的是申请人、决定者、政策制定者和立法者,他们在通过一部有效的《信息自由法》,来发展对公共机构的信任、信心和公众参与的活动中,都发挥了关键的作用。我希望,这份报告在改善《信息自由法》的运行方面,能发挥它的作用,并有助于深化对与《信息自由法》相关诸社会利益的认识。最后,我希望它可以促进政界和公众对我国信息公开现状的讨论,希望这份报告和随后的讨论能促成对《信息自由法》或收费机制的进一步改变。

我在政策制定中并不扮演相应的角色。但当前的政策制定者,尤其是财政部面临的问题是,引入的这些改变是否达到了最初想达到的目标。我的结论是明确的:《信息自由法》修正案并没有对信息公开文化产生重大影响。但收费规定导致该法使用率的急剧下降,并削弱了如《信息自由法》未曾改变的信息公开的原则。因此,需要对收费政策予以重新检视。

最后,我转向自己的办公室。在爱尔兰,信息专员办公室是信息公开体制中不可或缺的一部分。它不仅审查公共机构的决定,还监控《信息自由法》的运行,并鼓励公共机构公布他们关于针对公众的行动信息。我的办公室在审查决定中所起的作用,对于公共服务领域信息公开原则的体现,具有至关重要的意义。我的办公室关于国会成员支出和公共投标契约的决定,只是两个相关的例子。

随着对非涉及个人信息的申请收取150欧元的费用,或者把内部审查和最初申请费用计算在内共收取240欧元的费用,提交到我的办公室的审查申请数量也减少了。与本报告所研究的其他国家和地区相比，信息专员办公室的收费金额是比较突出的。而且，令人遗憾的是，申诉数量的下降间接地削弱了我的办公室的能力，不利于它通过制定新的“界碑”式的决定，来延续重要的工作，以体现公开、透明、责任的信息公开原则。

考虑到这些发展，财政部在对收费结构的任何审查中，通常应当优先考虑对我的办公室所收取的费用予以重新评估。

（宋华琳译；吕艳滨审校）

绿皮书

公众对欧洲共同体机构文件的获取：一个综述*

（非正式翻译）

欧共体委员会

布鲁塞尔

2007年4月18日

前　言

在过去的十五年间，欧盟机构日渐向公众公开。出于强化机构民主性的考虑，1991年的《马斯特利赫特条约》引入了公开原则。欧盟理事会和欧盟委员会相继同意，把一项获取其文件的行为准则作为其信息和通信政策中一个附加的和必要的组成部分。1996年，在《欧盟设立条约》（该条约后为《阿姆斯特丹条约》所修正）的第255条中，引入了公众获取文件的权利。欧盟第1049/2001号规章[1]落实了公民获取欧洲议会、欧洲理事会和欧洲委员会文件的权利。

---

* *Green Paper: Public Access to Documents held by institutions of the European Community: a review* (http://ec.europa.eu/transparency/revision/docs/gp_en.pdf).

〔1〕 OJ L 145, 31.5.2001, p.43.

这三个机构的年度报告表明,自2001年12月3日生效的这一规章使得信息公开的申请迅速和持续地增加。[1] 欧洲委员会于2004年1月出版了该规章的实施情况报告,在报告中首次对欧盟信息面向公众的公开实态予以了全面回顾。[2] 这份报告显示,信息公开申请每年以大约50%的幅度增长。由于申请约有三分之二被批准,因此,规章让公众获得了相当数量的此前并未公开的文件。另一方面,规章设定的例外为合法利益设定了充分的保护。纵然规章的实施为这些机构增加了负担,但总体结论是它的运作仍是非常成功的。因此,欧洲委员会认为,在短期内无需对此规章加以修订,不改变这部立法,仍可实现对其的改进。

从2004年的首次评估至今,已是三年时光。随着更多实践,有关部门发展了大量的判例法,欧洲监察专员(European Ombudsman)也处理了大量的申诉。此外,为了对欧共体机构适用《奥尔胡斯公约》,[3]欧洲议会和部长理事会通过了一项新的规章,这将对包括环境信息在内的文件获取产生影响。

基于这些原因,评估该规章是否需要修订,看来适逢其时。因此,

---

〔1〕 这些报告在下列网站可以获得:

欧洲议会:http://www.europarl.europa.eu/register/pdf/FINAL_6054976_1_EN.pdf;

欧洲理事会:http://www.consilium.europa.eu/cms3_fo/showPage.asp? id = 305&lang = EN&mode = g;

欧洲委员会:http://ec.europa.eu/transparency/access_documents/index_en.htm。

〔2〕 COM(2004)45:关于公众获得欧洲议会、欧洲理事会与欧洲委员会文件的1049/2001号规章的条款在欧盟委员会实施情况的报告。

〔3〕《在环境事务上获取信息、公众参与决策和诉诸法律的公约》,1998年6月25日在丹麦奥尔胡斯通过。

为在欧盟机构和团体中适用奥尔胡斯公约的条款的1367/2006号规章,欧洲议会和部长理事会2006年9月6日通过(OJ L264, 25.9.2006, p. 13)。

欧洲委员会在2005年11月9日决定启动“欧盟透明度行动”[1]，这个行动旨在去推动更多的公开，作为这个行动的一部分，就是要对欧盟1049/2001号规章予以重新检视。在2006年4月4日通过的一项决议中，欧洲议会促请欧洲委员会提出修订规章的建议案。[2]

获取文件的权利是公开政策的一个方面，必须要在欧盟机构的信息和通信政策背景下来，去对这个规章加以考量。在这样的背景下，欧洲委员会的会议公开新政策就具有特别的意义。

在现有的咨询文件中，欧洲委员会首先考察了现有的保障公众获取文件权利的规则，以及这些规则的实施，然后勾勒出了改进现有立法的一些可能选择，以及改进获得文件的某些实际举措。

公众将被邀请对欧盟机构文件获取制度加以评论，并对绿皮书中提出的可能选择予以回应。欧洲委员会正在通过问卷调查征求包括市民社会组织、经营者、公共权力机关和其他与欧盟事务有利害关系的组织在内的公众见解。

随着这本绿皮书的出版发行所开始的向公众征求意见的活动将持续三个月。委员会准备认真分析所得到的回应，并将公布一份报告，这既是对这次公众咨询成果的总结，又是对将要采取行动的概述。在这份报告的基础上，委员会将提交对1049/2001号规章的修正建议。

预期的时间表如下：

- 公众咨询：　　2007年4月中旬—2007年6月中旬
- 结果报告：　　2007年9月

---

〔1〕 Minutes of the Commission's meeting No. 1721 of 9 November 2005, item 6；又见SEC(2005) 1300和SEC(2005) 1301。

〔2〕 P6_A(2006) 052.

· 提出规章的修正建议：2007 年 10 月

第一部分：现行信息公开规则的适用

1. 规章的适用

统计数据表明，欧洲理事会和委员会批准了大约三分之二的获取文件的申请。欧洲议会所批准的申请要超过其收到数量的 80%，这在很大程度上归因于其程序的公开性。

最初提交到欧洲议会和委员会的获取文件申请数量在持续稳定地增加。提交到欧洲理事会的申请数量则相对稳定，这很大程度上是由于越来越多的文件可以直接从欧洲理事会的官方登记中获取。另一方面，确认申请（confirmatory requests）的数量（例如，要求该机构对拒绝获取文件决定予以重新考量的申请）多少还是稳定的。[1] 提交到三个机构的最初申请中导致确认申请的，只占总数的 4%。向欧洲法院起诉和向欧洲监察专员提出申诉的，只占申请总量非常小的一部分。

在此背景下，2004 年 1 月 30 日出版的规章实施报告所得出的结论是，公众获取文件方面的规则正以令人满意的方式发挥着作用。近期的实践趋于证实该报告的结论，在涉及与立法程序相关的文件获取以及这些机构的主动公开时尤其如此。然而，当涉及诸如数据保护或特定获取权利等与案件处理相关的，在申请同时产生利益平衡的问题时，关于普遍性文件的获得，则需要更大范围的透明。

---

〔1〕 在 2004 年到 2005 年之间，提交到欧盟议会的确认申请数量由 1 件增加到 10 件。

1.1　受益人和所请求文件的类型

·即使有越来越多的公民行使他们获取文件的权利，但绝大多数的申请仍是由欧盟事务的专业人士提出的：这些申请者来自经济界、律师事务所、非政府组织以及学术界。

·申请人主要关注的领域是竞争案件、[1]税收、国内市场、环境、公共采购（public procurement）（欧洲委员会）、司法和安全（欧洲理事会）。

·提交到委员会的申请通常与完整的特定文件，或者与关于某一事项的“全部文件”有关，这需要对大量文件展开分析。

·很多获取文件的申请，特别是提交到委员会的申请，都同诉讼有关；有些申请人要求获取用于提起申诉或诉诸法院的资料。

1.2　对获取文件权利的限制

在数量有限的案件中出现了一些例外情况。这些例外通常的依据在于：

决策程序	欧洲理事会 欧洲委员会
检查和调查（例如侵权、卡特尔、合并控制、国家补贴、贸易壁垒案件、反欺诈办公室的调查）	欧洲委员会
在行政程序中涉及第三人的利益（商业利益、数据保护）	欧洲委员会 欧洲议会

1.3　公众获取文件与数据保护

获取文件的权利以及和个人有关个人数据保护的权利都源自于欧盟条约（分别是第255条和第286条）。这两项权利分别需要《关

〔1〕欧盟委员会接到的13%的申请是关于竞争政策和与之密切相关的国家补贴（State aid）案件。

于个人数据保护的欧盟第45/2001号规章》,[1]《关于公众获取文件的欧盟第1049/2001号规章》来实施。但是,当申请获取的文件涉及另一公民的个人信息时,这两种权利就可能发生冲突。欧洲数据保护监督官员在一份背景文件中指出了这个问题,并为处理这类请求提供了具有可操作性的指南。[2] 三个涉及欧盟委员会拒绝披露个人数据的案件目前依然在等待一审法院的处理;[3]另外两个待决的案件,涉及其他人之间的数据保护纠纷。[4]

1.4 获取文件的普遍权利和特殊权利

欧盟第1049/2001号规章旨在赋予公众最宽泛的可能途径,以获取欧盟机构所保有的文件。

特别规则赋予同特定诉讼相关联的当事人获得不向公众披露的相关文件的特权。在这些规则之下,获取文件通常基于特定的情形和程序,这些在被告的权利和保障程序的有效性之间共同构成了精妙的平衡。

为避免不一致,可能需要对公众获取文件的权利与特权之间的关系,加以厘清。

1.5 主动提供的信息

公共登记簿使公民能识别可能与之有利害关系的文件,并有效地行使他们获取文件的权利。对于公众可以获取的文件,由这些机构在网站上直接发布。

---

〔1〕 关于个人数据保护的欧盟第45/2001号规章,由欧洲议会和欧盟部长理事会在2000年12月18日通过,它涉及欧盟机构和团体的个人数据处理和这些数据的自由流转(OJ L 8, 12.1.2001)。

〔2〕 公众获取文件和数据保护,支持文件系列,2005年7月,第1号。

〔3〕 Case T—194/04, The Bavarian Lager Company Ltd. v. Commission; Case T—170/03, BAT v. Commission; Case T—161/04, Valero Jordana v. Commission.

〔4〕 Cases T—121/05 and T—166/05, Borax Europe Ltd. v. Commission.

在下述方面尚有改进的余地：

—— 登记的范围，特别是欧洲委员会登记的范围；

—— 公众可以直接获取文件的数量或信息量；

—— 电子信息系统对用户的亲和度。

欧洲议会、欧盟部长理事会和欧盟委员会已经开始寻求通过互联网改进信息发布的途径。这些改进不需要修改立法即可达成。

2. 关于欧洲共同体第1049/2001号规章的判例法

即使与获取申请的总数相比，诉诸初审法院的案件数量也是非常有限的，在近期的一系列判决中，法院厘清了规章的一些条款，特别是有关获取权利的某些例外范围。这对于现有规则实施方面的改进有着相当重大的意义。在新的法律文本中，将对判例中所确立的规则予以整合，从而为公民提供更高的法律上的透明度，并为这些机构处理文件获取申请提供更好的指南。

2.1　该规章的一般特征

欧洲初审法院已明确指出，规章的目标是确保每个公民获得公共文件。当欧盟机构适用该规章第4条第(1)(a)款的强制排除条款，或者一个成员国依据第4条第(5)款反对某一披露时，公民在获取某一文件中的特定利益，例如，为在诉讼中抗辩之目的，与决定是否披露这一文件无关。[1] 在一项最近的判决中，初审法院依据规章第6条第(1)款裁定，申请人不是必须陈述其申请的理由。因为无论由谁提

〔1〕 2006年4月26日，初审法院对下列案件的联合判决，T—110/03，T—150/03和T—405/03，J. M. Sisón v. Council，2007年2月1日，初审法院对案件C—266/05 P的判决再次确认；2005年6月15日初审法院指令，案件T—98/04，Società imballaggi metallici Salerno Srl (SIMSA) v. Commission。

出申请,获取文件的申请都必须被处理。[1] 在同一判决中,初审法院指出,申请人所具有的抗辩权属于私人性质的权利。因此,在文件披露时,它不能凌驾于公共利益之上。[2]

2.2 程序问题

2.2.1 对申请获取的文件进行具体分析的必要性

原则上,拒绝批准获取文件必须以对其内容的具体分析为基础,以评判可以在多大程度上适用获取文件权利的例外性规定,或者只是令申请人部分地获得此文件。然而,对个案中的特定情形而言,当获取文件显然必须被拒绝或被批准时,这样的检查有时可能是不必要的。[3]

2.2.2 大量申请的处理

根据前段所提及的判例,获取文件的申请有时会涉及大宗文件,这一基本事实不能免除欧盟机构对文件进行具体审查的义务。在同一判决中,法院指出,在例外情况下,对文件的具体和个别的审查所导致的行政负担将超过合理的要求时,文件审查义务的削减可能是允许的。然而,为了对他们的工作负荷有所限制,至少当批准申请人的部分申请时,欧盟机构必须对所有其他的可能选择予以调查。[4]

2.3 对例外的厘清

2.3.1 法律建议的保护——第4条第(2)款第2项

初审法院确定,规章的第4条(2)款第2项确立的旨在保护"法

---

〔1〕 2006年7月6日,初审法院对下列案件的联合判决,T—391/03 and T—70/04, Franchet and Byk v. Commission, 第82段。

〔2〕 同一判决,136~139段。

〔3〕 2005年4月13日,初审法院对T—2/03, Verein für Konsumenteninformation v. Commission一案的判决。

〔4〕 同上注。

律建议”的例外，并不限于诉讼过程中提供的建议，而适用于欧盟法律服务机构提供的所有法律建议。然而，其他涉及所保护利益的文件，必须以具体和个别的审查为基础。[1] 司法法院（The Court of Justice）尚未对就此案提出的上诉作出判决。

2.3.2　调查的保护——第4条第(2)款第3项

初审法院厘清了这样一个事实，即出于这些调查的目的，涉及正在进行的调查的某些类型的文件不得被披露。关于侵权诉讼，法院主张，成员国有权期望委员会在可能导致侵权诉讼的调查期间保守秘密。这一保密要求甚至持续到案件被提交到司法法院之后。[2]

最近，初审法院指出，基于对检查、调查和审计保护的例外，只要调查或检查还在继续，调查或检查行为就可能保持保密的状态，即使要求获取的由这一特定的调查或检查得出的报告已经完成。然而，准许提供这些文件的可能性也许不依赖于一个不确定的、将来的、可能遥不可及的事件。[3] 这些规则的具体适用可能有待阐明。

2.3.3　成员国反对披露源自本国文件的能力——规章第4条第(5)款

《阿姆斯特丹条约》最终版本的附件——第35号宣言指出，成员国可以要求欧洲委员会或理事会，非经本国事先同意，不得向第三方披露源自该成员国的文件。这一宣言在规章第4(5)条中有所体现。初审法院认为，成员国要求不披露源自该国的一份文件时，获取该文

---

〔1〕 2004年11月23日判决，T—84/03，Maurizio Turco v. Council。

〔2〕 Case T—191/99, David Petrie a. o. v. Commission.

〔3〕 Joined cases T—391/03 and T—70/04, Franchet and Byk v. Commission.

件的申请不依据本规章,而依照相关国家的规定处理。[1] 依照这一判例法,当某一欧盟机构收到获取源自某一成员国的文件的申请时,它将一直与该成员国进行磋商。然而,应该注意到的是,T—168/02,Internationaler Tierschutz—Fonds GmbH v. Commission 一案正处在向司法法院提起上诉的阶段。

2.3.4 规章和特别保密规则之间的关系

初审法院的两个判决指出,在工作人员规章的附件Ⅲ第6条中所陈述的选择过程的保密,可以被认为是获取文件的一般规则减损之后的特别法。[2] 迄今为止,这一推理尚未延伸到存在其他特别保密规则的领域。此外,对一个机构活动情况的保密,并不意味着该主体已制定的或正在酝酿的文件也要被同样保密。然而,需要厘清的是公众获取文件的一般制度和欧盟立法者制定的特别规则之间的关系,这些特别规则是为确保某些信息收集机关在争端解决中必要的运转效率而制定的。

2.3.5 透明度和职业保密义务

欧盟条约第225条确立的透明度原则要和条约第287条确立的职业秘密保守义务加以均衡。多项次级立法对此有明确提及。这在竞争政策方面尤为重要,因为委员会掌握着由企业提供或者从企业那里获取的信息,同样地,在贸易壁垒案件[3]和政府采购领域,这也很重要。欧共体第1/2003号规章第28条规定,通过检查和调查搜集的

---

〔1〕 2004年11月30日,初审法院对T—168/02, Internationaler Tierschutz - Fonds GmbH v. Commission 一案的判决;又见初审法院对T—76/02, Mara Messina v. Commission 案和T—87/03, Scippacercola v. Commission 案的判决。

〔2〕 2005年4月5日对T—376/03, Hendrickx v. Council 一案的判决和2005年7月14日对T—371/03, Le Voci v. Council 案的判决。

〔3〕 见欧盟第384/96号规章第19条,欧盟第2026/97号规章第29条,欧盟第3285/94号规章第9条。

信息，或者获得的超出申请范围的信息，只能被用于它所获取的目的，而不得对根据职业保密义务而保密的所有信息加以披露。同时，欧盟条约第287条或者欧共体第1/2003号规章第28条都没有明确表述，何种信息应据此义务加以保密，初审法院已经阐明了“商业秘密”的概念，认为它不仅是指向公众披露的信息，还包括那些因提供而有可能使自身利益遭受损害的信息。[1] 然而，职业保密义务可能阻止向公众披露那些不需要按照商业秘密特殊保护的信息。这些事项可能值得进一步地厘清。

3. 进一步的发展

3.1　《奥尔胡斯公约》对欧盟机构和组织的适用

2006年9月6日，为对欧盟机构和组织适用在环境问题上获取信息、公众参与决策和诉诸法律的《奥尔胡斯公约》，欧洲议会和欧洲理事会通过了欧盟第1367/2006号规章。[2] 这一规章将在2007年6月28日起施行。

这项新规章涵盖了环境政策公众参与的多个方面：

· 申请获取信息；

· 主动发布信息；

· 就计划和项目征求意见；

· 申请对决定或怠于决定的行为予以行政上的复审（administrative review）。

就本绿皮书而言，必须要探讨的是关于申请信息获取的条款。

欧盟第1049/2001号规章规定了获取文件的一般机制。由于其法律基础是欧盟条约第255条，因此欧盟第1049/2001号规章仅适用

〔1〕 T—353/94，Postbank v. Commission案，［1996］ECR II－921，第87段。

〔2〕 OJ L 264，25.9.2006，p.13.

于欧洲议会、理事会和委员会,并扩展至欧盟的规制机构(Agencies)。另一方面,关于环境信息获取的欧盟第1367/2006号规章则适用于所有共同体机构和组织。在欧盟第1049/2001号规章、新的欧盟第1367/2006号规章以及其他机构和组织自行制定的文件公开规则之间有相当程度的交叠。还应注意到,两项规章对获取文件权利例外事项的规定并不完全一致。

对于范围和受益人的情况表述如下:

<table>
<tr><th rowspan="2">法律框架</th><th rowspan="2">涵盖的机构和组织</th><th colspan="2">范围和受益人</th></tr>
<tr><th>欧盟公民和居民</th><th>任何自然人和法人</th></tr>
<tr><td>欧盟第1049/2001号规章和欧盟第1367/2006号规章</td><td>欧洲议会
欧洲理事会
欧洲委员会
规制机构</td><td colspan="2">任何文件</td></tr>
<tr><td>自愿规则+欧盟第1367/2006号规章</td><td>审计法院(Courts of Auditors)
欧洲中央银行
欧洲投资银行
欧洲经济和社会委员会
地区委员会
欧洲监察专员</td><td>任何文件</td><td>仅限环境信息</td></tr>
<tr><td>欧盟第1367/2006号规章</td><td>欧洲数据保护监督官员
司法法院(在行使发挥司法功能时例外)</td><td colspan="2">仅限环境信息</td></tr>
</table>

3.2 欧洲理事会会议的透明度

欧洲理事会在2006年6月15日和16日的会议上强调,应当通过透明度的增加使公民能直接洞察欧盟行为的重要意义。2006年9月15日,为了实施这项新政策,欧洲理事会修订了它的程序规则。在新举措实施后,欧洲理事会的公开审议和辩论将在网上以所有欧盟官方语言播出。欧洲理事会会议的透明程度超出了欧盟条约第255条和欧盟第1049/2001号规章的范围。但是,会议公开举行的事实,将会影响到对这些会议上所讨论文件的披露。

第二部分:改进获取规则的选择

4. 全面评估

考虑到欧盟第1049/2001号规章的实施实践、初审法院和司法法院的判例法以及欧盟机构有关透明度的晚近发展,有必要考虑对公众获取文件制度进行修订,这旨在:

· 改进对登记的获得,以及文件的直接获取;

· 让欧盟机构的行为更充分地普遍通知公众;

· 厘清法律框架;

· 在公众知情权和合法的公私利益保护之间寻求适当的平衡。

5. 更积极的信息发布政策

5.1　立法程序的透明

信息公开法的主要目标是使公众能更直接地参与民主决策。因此,对于欧盟第1049/2001号规章的实施,最优先的是使欧盟机构的立法程序更加透明,并更易为普通公众所知悉。三个机构的公共登记上,包括了机构在欧盟的立法框架内制定和交换的文件的主要参考资料,多数文件可以获得完整的文本。这样的实践同欧盟第1049/2001号规章第12条的规定相符,该条规定,欧盟机构,“应该尽可能使公众可以直接获取文件”,尤其是“立法性文件”(legislative documents)。

由于规章的第12条中没有对“立法性文件”给予精确的定义,因此应该对规章予以修订,去界定何种类型的文件属于立法程序的一部分,原则上应该可以全部直接获取,以及应该在程序的哪个阶段去获取文件。可以预见的是，在 EUR - LEX 网站上将发布更多的预备性立法文件。

另一方面，公众并非总是轻易地获取到可获取的信息。欧洲议会、理事会和委员会最近在探索为立法性文件的获取提供更容易的途径。

5.2　其他领域的主动发布

欧盟机构在它们的网站上发布了大量的信息。对于公众而言，用简明的语言介绍复杂的或技术性的事项的出版物，是一种有价值的信息来源。

这种发布很大程度上是自愿的。但是，新的规章要求欧盟机构和组织适用《奥尔胡斯公约》中关于主动公开环境信息的规定。[1]

为使公众以更有利于用户的方式直接获取文件，欧盟机构可以制定更为体系化的政策。至于工作流量、数据库和网站的管理，就需要配备额外的人力和财力。另一方面，如部长理事会的实践所显示的，应该减少获取申请的数量，或者至少使申请的处理不再不堪重负。

欧盟机构的主要网址如下：

EUR - LEX (欧盟法)：

http://eur - lex. europa. eu/en/index. htm

立法准备：

http://ec. europa. eu/prelex/apcnet. cfm? CL = en

欧洲议会立法观察：

http://www. europarl. europa. eu/oeil/

欧洲议会文件登记：

---

〔1〕 欧盟第 1367/2006 号规章第 4 条。

http://www. europarl. europa. eu/registre/recherche/RechercheSimplifiee. cfm? langue = EN

欧洲理事会文件登记：

http://www. consilium. europa. eu/cms3 _ applications/showPage. asp? lang = en&id = 549&mode = g&name =

欧洲委员会文件登记：

http://ec. europa. eu/transparency/regdoc/registre. cfm? CL = en&testjs = 1

特别委员会(Comitology)程序登记：

http://ec. europa. eu/transparency/regcomitology/registre. cfm? CL = en

问题1:你将如何限定欧盟机构的登记和网站所提供的信息?	
A	获取文件复杂还是容易?
B	查找复杂还是困难?
C	获取容易但是涵盖不足?
D	既不足量又难以获取?
关于登记和网站的其他评论:	

问题2:是否应更注重推进主动信息发布,更为关注特定领域的特别利益?		
是	否	没有意见
解释和评论:		

6. **环境信息的获取规则与文件获取的一般法律体系的融合**

如本文第3.1节所述,在欧盟规章与《奥尔胡斯公约》之间存在着一些差异。就信息获取而言,公约包括环境信息主动发布的特殊规定,这就超出了依申请提供信息的范围。尽管一些区别的存在导致了不同的解释,但欧盟第1049/2001号规章和欧盟第1367/2006号规章的并存仍产生了两种大体上汇聚且一致的体制。

有必要通过一种支配环境信息获取权利的特别机制的运作,或者为明确其与欧盟第1367/2006号规章的完全兼容性,而修正欧盟第1049/2001号规章,从而保持获取欧洲议会、理事会、委员会所掌握的环境和其他信息的单一体制,来调和两种体制之间的不一致。虽然在其他欧盟机构和团体中还存在不同的体制,但第二种选择可能为公民带来更高的法律透明度。

为建立单一的文件获取体制,欧盟第1049/2001号规章所确立的获取权利的例外体系应当被修改。在这方面应当考虑下述几点:

· 信息披露中的公众利益,特别是,在适用这些例外时,要考虑和环境排污相关的信息事实。

· 当例外涵盖的文件旨在保护欧盟或某一成员国的金融、货币或经济政策[欧盟第1049/2001号规章第4(1)a条第4款]时,这些文件中所包含的环境信息将不再被披露。

· 为保护与所请求信息有关的环境(例如稀有物种的繁殖地

区)，应将此类信息作为一种特殊的例外情况增加到规章之中。

·由于成员国受《奥尔胡斯公约》和《环境信息获取指令》[1]的拘束，因此，如果它们反对披露那些它们基于国内法必须披露的文件，也将是与这些条款相违背的。另一方面，这项规章必须考虑《阿姆斯特丹公约》第35号宣言。如果成员国反对披露欧盟机构拥有的源自成员国的文件，那么，该成员国应当说明适用例外的理由，它可以是基于欧盟第1049/2001号规章，或是基于其国内法。

问题3：单一的获取文件包括环境信息在内的规则体系是否将为公民提供更大的透明度？		
是	否	没有意见
解释和评论：		

7. 利益平衡

7.1　个人数据保护和公众获取

在勾勒出处理获取个人数据申请的实体性规则之前，等待关于获取文件和个人数据保护的两种权利相冲突的判例法形成乃是明智的。然而，在现有的法律框架内，欧盟机构在制定个人数据披露的规则时，应遵循如下原则：

——在个人数据披露中存在着公共利益：当个人作为公共机构官员行使公务职能，且被披露的信息仅与其公务职责相关时，除非有特定原因需要保护他们的身份(例如，调查员)，否则，即存在着公共利益；

——显而易见的是，这种披露不影响个人的隐私或完整性。

[1] 2003/4/EC指令。

<table>
<tr><td colspan="2">问题4:为对个人数据提供充分保护,应如何阐明欧盟第1049/2001号规章的第4(1)(b)条所设定的例外?</td></tr>
<tr><td>A</td><td>准许部分获得除个人数据之外的文件是令人满意的平衡透明度和个人数据保护的途径。</td></tr>
<tr><td>B</td><td>个人数据的披露应以有关个人数据保护的规章(欧盟第45/2001号规章)所确立的标准为基础,进行评估。</td></tr>
<tr><td>C</td><td>欧盟第1049/2001号规章规定了特定个人数据类型的披露标准,而不一定非要根据欧盟第45/2001号规章,去对信息披露的合法性进行逐案评判。</td></tr>
<tr><td colspan="2">解释和评论:</td></tr>
</table>

7.2 公众获取与商业或经济利益

当涉及企业的特殊信息、商务关系或成本构成时,要在欧盟条约第255条所确立的透明度原则和第287条设定的职业保密义务之间寻求均衡。

透明度和职业保密之间的平衡与欧洲委员会有特别的关联,因为在国家补贴、反垄断、并购、贸易壁垒或反欺诈案件以及公共采购和给予津贴程序的调查过程中,该委员会掌握着由私人当事人提供的,或从私人当事人那里获得的信息。对信息的适当保护对于这些程序中取得当事人的配合而言至关重要,这事关欧盟政策实施的效率。因此,欧盟立法者制定了关于这些信息的特定获取规则。这些规则需要与规章同步适用,并且要保证二者的一致。

在2006年5月30日的一项判决中,[1]初审法院确定了需履行职业保密义务的信息类别标准。依照这一判例,有关规则可以规定,

[1] T—198/03,Bank Austria Creditanstalt AG v. Commission案,特别是第71段。

对于只有有限人知悉的信息,或披露的信息易于对提供信息者或第三人的合法利益造成严重损害时,可以不公开含有这些信息的文件。考虑到对提供信息的法人或自然人所造成的潜在负担,在任何披露之前应该先征询他们的意见。因为在一定时间之后,更加难以对合法利益可能受到严重损害的固有风险加以评判。这些标准有待于在适用过程中得到进一步厘清。

另一方面,根据适用《奥尔胡斯公约》的欧盟第1367/2006号规章,被申请的信息是与环境排污相关的,那么,可以认为信息披露中应存在着具有优越地位的公共利益,但涉及商业利益保护时除外。

另一例外是,对知识产权保护案件应适用国际条约。

问题5:为确保对第三人的商业和经济利益的充分保护,应如何理解欧盟第1049/2001号规章第4(2)条第1款设定的例外?	
A	现有体系在商业利益的保护和信息公开中的公众利益之间形成了适当的平衡。
B	在披露中应当对利益给予更多的权重。
C	现有规则不足以充分保护商业和经济利益。
解释和评论:	

7.3　公共信息的获得和良好行政

经验表明,对申请的处理可能是难以承担的。欧盟第1049/2001号规章的目的是为了公共利益而披露信息,欧盟机构必须在披露中的利益和处理申请的工作负荷之间寻求平衡。将意义重大的资源用于处理数量有限的卷数繁多的复杂的申请或其他繁重的申请,这一情形是不符合公众利益的。因此,定义有关获取申请的均衡性可能是有意义的。为使透明度与良好行政原则相符，应当考虑下列因素：

· 被申请公开的文件的数量

· 对欧盟机构所持有文件的界定

· 适当例外的期限影响

7.3.1 过分申请

与很多国家支配获得文件或信息的制度不同，欧盟第1049/2001号规章没有关于过分或不适当申请的规定。在实践中，对公众申请公开的整个文件进行的具体审查将其与文件的有用性或部分披露的效果相比较，以认定其可能带来过重的负担。

当处理卷帙浩繁或复杂的申请时，欧盟机构可能只是把答复时限延长15个工作日，或者与申请人进行非正式的意见交换，以获得公平的解决方案。[1] 为使欧盟机构能询问申请人或详细说明或缩小申请范围，或接受现实的处理申请期限，应对后一项规定予以说明。

此外，明显旨在妨碍一个机构正常运转的公开申请将会被认为是不适当的，并因此而遭到拒绝。当涉及欧洲委员会执行权运作的有效性时，这些因素可能尤为重要。

<table>
<tr><td colspan="3">问题6：根据迄今为止的实践，是否有处理明显过分或不适当的申请的特殊规定的情形？特别是关于时限的？</td></tr>
<tr><td>是</td><td>否</td><td>没有意见</td></tr>
<tr><td colspan="3">解释和评论：</td></tr>
</table>

〔1〕 欧盟第1049/2001号规章第6(3)条。

7.3.2　“欧盟机构持有的文件”的概念

现行的“欧盟机构持有的文件”的概念来自于欧盟第1049/2001号规章第3条第(a)款“文件”的概念和第2条第(3)款所定义的范围的组合。[1] 上述定义的整合可以阐明“欧盟机构持有的文件”的概念。

下列两方面需要特别阐明：

——“欧盟机构持有的文件”的概念与该机构的文件管理规则，特别是登记规则之间的关系；

——数据库中储存的信息情况；随着电子数据库中储存信息的日渐增多，规章可以定义数据库的哪些内容符合“文件”的概念；数据库可以被认为是电子图书馆；通过正规操作程序使用现有的检索工具，从数据库中提取的特定和有限的信息，可以被认为是规章语境下的“文件”。

问题7：对于数据库的内容而言，“文件”的概念是否能涵盖使用现有搜索工具可以提取的信息？		
是	否	没有意见
解释和评论：		

7.3.3　文件的可获取性和时限的超过

在规章中没有表明关于例外情形下申请时限超过的影响。对时限影响的清晰描述，特别是对于某些例外（例如，检查、调查和审计，法庭程序，非立法领域的待决决定），通过避免对机构加以不必要的

〔1〕 第2(3)条规定，本规章适用于所有由某一欧盟机构持有的文件，即，在欧盟的所有活动范围内，文件由它制作或送达它且归它所有。

负担,可以使透明带来的利益与良好行政的协调成为可能。规章可以对以下事项加以说明:

· 在例外保密的文件的详细类别被明确之前,根据规章所展开的运作要确保其同欧盟立法者在他处规定的特别文件获取规则中的原则相一致,要服从于该规章所确立的公共利益始终具有优越地位的要求。

· 此后文件即可公开。

问题 8:规章规定的事项,在规章实施之前及之后发生例外情况时,是否适用		
是	否	没有意见
解释和评论:		

8. 最终评论

请对关于欧洲议会、欧洲理事会、欧洲委员会所持有文件向公众公开的规则提出其他评论

附录　欧盟机构处理的获取申请的统计表

		2002	2003	2004	2005	2006[2]
最初申请	欧洲议会	637[1]	165	186	298[3]	
	欧洲理事会	2394	2830	2160	2100	2224
	欧洲委员会	991	1523	2600	3173	6712
确认申请	欧洲议会	1	1	1	10[3]	
	欧洲理事会	43	45	35	51	40
	欧洲委员会	96	143	162	167	112

注释:

(1)2002 年议会处理的最初申请的数据,包括了对出版文件的申请。

(2)2006 年的数据是估算而得。

(3)有关欧洲议会的数据尚未获得。

(宋华琳译;吕艳滨审校)

(本译稿非官方正式翻译,仅供参考,所有内容应以英文正式文本为准)

英国《信息自由法》(2000年)实施准备示范行动计划*

2003年12月

前言

英国《信息自由法》(2000年)新创设了大量获取英格兰、威尔士和北爱尔兰地区公共机构拥有的信息记录的法律权利。这是向公开和负责迈出的重大步骤,对该法的成功实施也会使得各个组织更好地服务于消费者、利害关系人和更大范围的公众,同时也由于他们的负责提升了公众的信任水平。《信息自由法》是持续改进公共机构工作和促进他们与作为服务对象的公众进行更良性互动的重要机遇。

《信息自由法》创设了两项与信息相关的一般性权利:其一,被告知公共机构是否持有所需信息的权利;其二,在20个工作日取得信息的权利。在法律规定豁免义务的情形(除非豁免是绝对的)下,公共机构仍然负有告知申请者其是否拥有信息并传达该信息的义务,除非保留该豁免的利益要超过披露信息的公共利益。

公共机构还负有义务建立和保持一项有关对各项经常发布的各

* *Model Action Plan for Preparation for the Implementation of the Freedom of Information Act* 2000(http://www.foi.gov.uk/map/modactplan.htm).

类信息细节的公布计划(publication scheme)。这一公布计划必须由本法所设立,有权强制执行本法所规定权利的信息专员(the Information Commissioner)批准这类公布计划。本法还设立了信息裁判所,这是向信息专员所作决定提出上诉的第一阶段。

本法若干条文,尤其是与信息专员办公室、公布计划的引入相关的条文已经在许多公共机构中生效。但是,获取信息的一般权利需要到2005年1月才能生效。

尽管本法要到2005年1月才能完全生效,但是本法应当被视为需要一定时期的准备才能得到成功的实施。本法代表了公共机构需要处理申请获取信息要求的方式上的一次重大转变,将会对处理这些申请以及信息处理的文化产生整体的明显变化。

宪法事务部CDCA承认所有公共机构需要进行大量的工作以确保为2005年1月实施本法做好充分的准备。为了支持这一准备工作,DCA已经设计了示范行动计划(以下简作MAP),其中规定了公共机构为实施本法进行准备时所需采取的措施。

MAP并不具有强制约束力。制定MAP的目的是促进理念和最佳实践的推广,帮助公共机构建立有序地推进本法实施的准备工作。MAP中所规定的各种措施多数是基于采取了与我国相类似的信息自由立法的国家的经验而制定的。遵循MAP所规定的各项措施将有助于各组织自2005年1月起能够处理根据本法所提起的信息公开申请。MAP还将有助于各组织达到大法官(the Lord Chancellor)根据《信息自由法》(2000年)第45条针对公共机构规定的行为守则中所规定的最佳实践标准。

适用范围与制定目的

MAP的制定是供所有受《信息自由法》(2000年)调整的公共机构适用。

MAP的制定并非要成为详细的实施计划。众所周知,各个公共机构都有自己的特点、自己特定的组织结构和需要。通过一般性的文件无法解决具体的需要,也无法适用于独特的组织结构。

因为MAP并不是强制性的,所以它的目的不是作为规范性的指南,也不是为了达到巨细靡遗的程度。但是,根据MAP所建议的措施,需要经过长期的努力使各个公共机构做好实施本法的准备,当然,各个公共机构在准备实施本法的过程中所遇到的一些问题还有可能未在MAP中进行规定。类似的、规模较小的公共机构可能会发现,MAP所规定的措施可能具有过多的限制性,而且在适用这一文件时可能不够灵活。在这种情形下,该公共机构就需要决定他们愿意实施什么措施,不愿意实施什么措施,是否需要另外建立措施。

MAP的制定目的是对公共机构为实施本法所做的准备工作提供总体指导,为本法的实施探索一条连贯有序的路径。

对MAP的解释因此应与其他两份文件结合起来进行。其一就是第45条行为守则,[1]其二是促进遵守大法官有关国家档案馆管理记录的行为守则(第46条行为守则)的示范行为计划。[2] 国家档案馆已经针对不同类型的公共机构制订了若干不同的记录管理示范行为计划,并已在网站上提供下载。

国家档案馆示范行为计划是为了执行第46条指南(the section 46 Guidance)而特定制定的,各位可以根据你所处组织的类型参考适当的记录管理示范行为计划。

---

〔1〕 即本书附录《英国宪法事务国务大臣根据2000年〈信息自由法〉第45条发布的针对公共机构履行2000年法案第一部分所赋予之职责的实施法规》。——译者注

〔2〕 即本书附录《英国御前大臣根据2000年〈信息自由法〉第46条发布的关于档案管理的实施法规》。——译者注

MAP:目标与行为

以下所规定的五类广泛的战略目标,这也是各个组织为了成功实施本法所需要确立为目标的。与每一项目标相关的特定行动都可以有助于目标的实现。

这些具体的行为没有一个是独立存在的。例如,行为S1会对目标2(Objective 2 培训)下的行为带来影响。大家需要在各自的计划中牢记这一点。

为实施本法所做的准备工作可以被视为一项业务变革项目,可以根据与其他项目类似的既有原则开展。但是,对信息自由的这种看法将会低估可能带来的好处,以及对文化变迁可能带来的意义。MAP的目的是确立实施本法所需要的最低准备度,而且,众所周知,从"知情需要"到"知情权"的文化变化将会是持续性的,并随着时间的流逝而继续发展。

行为计划的摘要中包括了所建议的完成计划中各类行动所需的时间要求。这并不是一个强制性的时间表,而只是一个指导。你可以发现你所在的组织比建议的起步时间要晚,你会更早启动,有的可能已经超出需要,有的完成的可能会比预期得早。最后,你所在的组织需要制定自己的时间表,为在2005年1月实施本法做好准备。

目标1:领导力和政策

为的是确保你所在的机构有着必需的领导力,对准备政策进行协调,并做出准备实施本法所需水平的承诺。

L1　任命首席信息官(information champion)

各国的经验表明,成功的信息自由体制中最重要的一项要素就是在组织的领导层中确立全身心的承诺。

没有这样的支持,你的组织人员可能会将信息自由作为一项合规事项加以看待。

有了这样的支持,就可以实现真正的文化变迁,法律的实施将变得更加容易,你所在的组织也可以从运行良好的信息体制中受益。

要表明你的组织领导层致力于《信息自由法》的实施准备,最有效的方式就是任命一名执行委员(最好是首席行政官或同等级别的人员)作为你所在组织的首席信息官。

首席信息官作为你的组织中所有信息问题的负责人,在所有信息自由法项目中扮演着关键的角色。首席信息官的任命是表明你有权正确处理信息的最明确的标志,根据本法,这也是你所有工作的一个核心内容。

L2　任命项目团队

有了首席信息官的支持和领导,还需要任命一个项目团队为你们实施本法的职权做好准备。

你所在组织的首席信息官应当扮演项目高级管理人的角色,对项目是否成功负最终责任,但是,他并不会参与项目的日常具体运作。

对于法律实施准备项目的日常运作的责任将会具体由项目管理人,以及你的机构的项目团队承担。团队的规模大小、项目工作的时间投入多少,需要依据你的机构的规模而定。机构规模较大的,可以考虑任命一个规模较大且全职的项目团队,但是规模较小的机构,只需要两三个人兼职负责该项目即可。考虑到对本法的实施并没有额外的资金来源,需要仔细考虑平衡资源以保证你们的项目团队可以成功地开展工作。

不可避免的是,项目团队将会形成信息自由问题方面的专业技能,需要利用该专业技能对实施前、实施项目完成、法律正式生效等不同阶段的参照点加以考虑。

L3 对机构的准备程度进行评估

众多周知的是,不同机构在准备实施《信息自由法》方面处于不同的阶段。项目的团队应当对本机构的准备水平进行评估,并相应地安排准备工作。

L4 根据机构特点制订项目计划

各机构的项目应当根据大家接受的项目管理原则进行实施。《信息自由法》实施准备项目的第一个步骤就是起草项目计划。计划应当确定《信息自由法》实施有效准备的几个关键时间点,以及相应需要达到的水平。所有雇员都应能拿到该计划,并且确保每名雇员都能理解该计划以及他们需要扮演的角色。

L5 审查和评价

你的项目计划应当包括:在最后阶段对项目实施成功度的评价;项目是否已经达到预期的时间、质量和资源要求的目标;是否根据具体负责推进此项工作的人员做出的杰出成就给予其相应的评价;机构是否具备具体实施本法的条件;发生的教训是否记录下来并做出反馈;项目是否实现了其优点。

目标2:培训和教育

要确保所有雇员得到相应的培训以对获取信息的申请作出回应,并确保他们都明白法律实施前后的职责和义务。

T1 制定内部沟通战略,确保所有雇员理解本法的规定

除了项目计划之外,你还需要为机构制定内部沟通战略。该战略应当确保所有雇员明白本法的规定,能够评估他们在2005年1月后收到获取信息申请时所需要采取的行动,能够理解他们的行为受本法规定的影响,并且明白在必要时如何寻求帮助。

教育活动应当包括提醒雇员需要保持良好的记录管理标准的义

务,让机构全体能够明白所做的工作有一天要接受公共的监督。教育活动还需要让雇员明白,所有记录信息需要根据本法规定进行公布,应当确保他们在记录信息的任何时刻都留意这一点。

T2　分析培训需要和制订及实施培训计划

作为评估机构对本法实施准备工作的一部分,你需要评估需要开展哪些培训,并制订和实施培训计划。

对你为了满足培训需要、保证适当的培训水平所需要采取的行动,计划应当包含对其的概括研究,并在2005年1月前向所有雇员提供该计划。计划应当保证所有计划在法律实施之后能够及时得到更新。

培训计划应当确保你的机构能够达到第45条实践守则所规定的服务标准。

DCA在2004年春天可以提供培训框架,用于作为帮助公共机构制定培训计划的范本。

T3　对培训进行审查,必要时采取改进措施

你所在组织应当对培训计划进行审查,保证其按时执行,向需要的人员提供了需要的培训,且新进入者已经得到适当且有效的培训。

还有一些方式可以用于检查培训计划的有效性,例如采用匿名评估(mystery shoppers)、试验性申请(test requests)和雇员认知度调查(staff awareness surveys)。

如果你发现培训计划存在漏洞,或有些地方可以引入最佳实践,你应当保证这些问题得到解决,以及你的培训计划可以让你以最佳状态迎接法律的实施。

目标 3：信息和记录管理

有了信息管理系统和实践，你的机构就可以了解所掌握的信息，了解信息存在何处，以及能够迅速有效地检索和分配信息。

I1　审查记录，遵循国家档案馆记录管理示范行动计划

国家档案馆已经对各种类型的公共部门管理制订了一系列示范行动计划，这些都特别有助于你的组织遵守大法官根据《信息自由法》(2000 年)第 46 条制定的记录管理行为守则。国家档案馆网站有相关指南可供下载。

你的组织有关《信息自由法》的实施准备工作，有一部分是为了保证记录可以符合及时处理获取信息申请的需要。根据你的组织的规模，记录管理项目应当或者是分别运行，或者是作为你整个立法实施项目的分项目。

I2　任命记录管理人(records manager)

本法实施时，应当保证有一位记录管理人(或部门记录官员)就位。

如果在本法实施前任命一名记录管理人，可以让你的组织获益，使其在审查记录和管理记录管理项目时具有需要的专业技能。

你的记录管理人以及你的首席信息官，在保证记录管理在组织内部能够得到认真和专业对待方面扮演着关键性的作用。一项完备的记录管理文化可以让你的组织更容易遵守《信息自由法》的要求，制定和保持合理的记录管理标准。

目标 4：客户和利害关系人

为了确保你的公布计划是全面的，你应当制定有效的沟通战略，提升伙伴组织以及客户对本法的认知程度。

C1　分析现在所公布的信息、公布计划中的信息以及未来发展方向

作为法律实施准备团队所管理项目的一部分,有必要充分运用已经学到的知识,评估在现有的公布计划中还可以充实哪些内容以及是否对你的组织会有帮助。

分析你的组织现在所收到的获取信息申请的类型,确定你的公布计划是否满足大多数申请的需要。如果不是,以及如果你所预期的申请不太可能是所要拒绝的,那么,你就可以扩大你的公布计划中所包含的信息内容。

在考虑这一系列行为时,重要的是要记住,当未取得信息专员扩大公布计划的同意时,你的组织应当确保信息专员办公室已经被告知所将要作出的变更内容。

C2　建立全国性和地方性的网络

从其他已经制定《信息自由法》的国家可以借鉴的重要教训是,从事《信息自由法》实施工作的人员如果协同运作将有能力更好地回复信息,迅速地对信息申请作出回复,在处理申请需要专家决策时也可以更好地得到同伴的支持。

就职于公共机构内的信息自由法实施者很有可能会发现,他们可以与其他机构中从事类似工作的人员组成全国性的网络。DCA 积极促进跨工作部门的全国性网络的建立,如果你的组织还未成为类似网络的一部分,但是又有意加入的,可以通过电子邮件与我们联系。

在地方层面,《信息自由法》的实施者可以发现他们的对于具体主题并不是唯一掌握信息的。他们会发现,如果可以制定契约,从所从事工作的角度组成掌握相同领域信息的组织或机构的网络是很有帮助的。《信息自由法》的实施者应当分析他们的机构所从事的工作,考虑与伙伴公共机构建立本地性的网络。

C3 设计和实施对外沟通战略

作为你的扶助义务的一部分,同时也是规定在第 45 条指南的第二部分,你可以确保你的客户和利害关系人认识到将来对本法的实施以及自 2005 年 1 月起将会享有哪些权利。

国外的经验表明,信息查询者和潜在的信息查询者对不仅承认民众对公共机构所掌握的信息享有知情权,同时积极帮助民众实现这些权利的组织会有更积极的评价。

让你的消费者了解这些新权利是你建立更为公开和信任的关系的第一步,也是保证《信息自由法》能够成为你的机构之福利而非负担的第一步。

C4 与相关第三方当事人进行联系——

- 告知他们的新责任;
- 制定新的征询期政策。

所有由本法所调整的公共机构应当确保与自己有业务往来的其他组织能够意识到机构的新责任,以及这些新责任的影响。例如,与第三方签订的合同,之前被认为是保密的,但根据本法可能是需要披露的(第 45 条实践守则第 8 部分就是专门适用于契约的)。

类似地,你的机构可能代表第三方当事人持有信息,可能也是获取信息申请的对象。对这些申请的回复,需要经常征求第三方当事人的意见。你的机构需要保证这些第三方当事人知悉你需要遵守的时间限制,能够帮助你及时地在 20 天期限内对申请作出回复。第 45 条实践守则第 7 部分对你的机构在这些领域需要达到的标准作出了规定。

目标 5：制度和程序

确保你的组织的处理、回复和监督申请的制度和程序符合本法所明示和暗示的义务和责任。

S1　审查文件格式，便于根据本法规定发布信息

一旦本法生效，很有可能会有若干类型的文件会成为本法所规定的获取信息申请的对象。如果你的组织拥有很有可能属于这一类型的信息（例如对高级雇员的咨询记录、委员会会议的记录等），你应当对这些文件当前的格式进行审查。如果它们现有的格式意味着需要进行大量的工作才能将可发布信息与可豁免发布信息相互分离，那么，你就需要考虑改变文件的格式，以使程序能够顺利进行。这类行为的一个很好的例子就是所有向威尔士部长们提供的咨询意见是与对这些问题的分析相互分离的。这种做法可以在威尔士议会网站上查询到。

如果你的组织决定改变文件的格式，使得《信息自由法》更为友好，那么，雇员们就需要得到培训以提供全新格式的文件，并处理相应的获取信息申请。这些都需要纳入你的培训计划之中。重要的是，你的雇员能够意识到所有获取信息的申请可以根据其合理性进行对待，以及作为文件一部分的信息未能得到自动公布并不成为不公开该信息的理由。

S2　为这类机构计划具体的指南和行政程序，以符合本法的要求（如费用、辅助义务）

第 45 条实践守则规定了大法官认为对公共机构根据本法履行职责所需遵守义务来说是合理的实践。

在制定这一最佳实践时，实践守则非常谨慎，但是，并没有规定如何符合这些标准。对此的解释是本法适用于超过 10 万个公共部门组织,每一个都是如此不同,每一个都有着不同的获取信息申请所引起的问题。

DCA将会发布处理获取信息申请的指南,以及对2004年秋天中央政府各部门所掌握信息的豁免适用规定。

你的机构应当考虑是否需要制定第45条实践守则的实施指南,以及你是否愿意使用中央政府所制定的指南。

你也应该在中央政府指南所规定的范围之内,决定你的组织的费用政策、你愿意接受辅助义务的程度,以及对外投诉程序等。所有这些投诉标准(及其费用豁免)都在第45条实践守则中有所规定。

S3 制定程序,检查和监督根据本法所提出的获取信息申请

DCA将会在2004年初制定有关中央政府各部门处理获取信息申请的监督要求指南。中央政府之外的公共机构也许希望对他们所收到的信息公开申请数目进行监督。在遵守这一政策方面,存在一些优点。对这些申请进行监督的机构可以评估《信息自由法》可能带来的工作量,决定他们可以履行新责任的情况,确保信息公开申请能够在20个工作日的期限内得到处理,并保证对豁免条件的适用也是一贯的。

如果你的机构将要监督受理信息公开申请的数量,就需要牢记在规划处理申请程序时,将这一因素纳入培训计划之中。

还有一些软件和IT业公司正在开发软件,专门用于跟踪和监督信息公开申请。DAC将会在2004年春天发布一个有关这类系统的标准要求。如果你的机构决定要使用这一系统,就需要对可以使用的不同做法进行评估,并为确保制度的实施设定时间表。

对任何监督系统的使用进行培训时,你的机构需要将其纳入你的培训计划中。

行动计划情况摘要

行动计划	行为
现在已经在做的	
任命一名首席信息官	L1
任命一个项目团队	L2
评估总体程序	L3
到 2004 年春季初	
制订你组织的详细项目计划	L4
审查记录,遵守国家档案馆记录管理示范行动计划的要求	I1
到 2004 年春季末	
任命/培训一名记录管理人	I2
审查文件格式,便于依本法公布	S1
到 2004 年夏季初	
规划和制定各机构具体指南	S2
制定内部沟通战略	T1
分析和制订公布计划	C1
到 2004 年仲夏	
分析培训需要,制订和实施培训计划	T2
建立全国性和本地性的网络	C2
设计对外沟通战略	C3
到 2004 年夏季末	
联系第三方	C4
制定监督程序和检查制度	S3
实施对外沟通战略	C3
到 2004 年秋	
对培训进展进行审查	T3
审查和评估	L5

(下载自 http://www.foi.gov.uk/map/modactplan.htm)

(苏苗罕译;吕艳滨审校)

信息公开的实施*

信息公开研讨会

Cork 大学

1998 年 10 月 16～17 日

Gerry Kearney

（爱尔兰共和国财政部）

为了持久……

来自其他地域所传递的明确无误信息表明，信息公开法的完全实施实际上需要经年累月的时间。我们的传统组织体系和信仰的演进要经历几代人的历程，因此，这里时间的耗费也就不足为奇。一部法案的通过和信息公开申请的开展，不可能在一夜之间改变公共服务机构的行为方式，或者其根本的价值体系。

我们可以从多个角度来说明，信息公开法法案已经认识到了这一

* *Implementing Freedom of Information*, *Conference on Freedom of Information*, *University College Cork* 16,17 *October* 1998, *Address by Gerry Kearney*, *Department of Finance*（http://www.ucc.ie/ucc/depts/law/foi/conference/kearney.doc）.

点。它预见到,在申请人和公共组织之间可能会产生的分歧,并试图通过上诉机制来处理这些分歧。上诉程序的关键在于信息委员会办公室。但是不仅如此,公共组织的内部审查对于解决分歧,推进长期的改变也发挥着至关重要的作用。

应当从下述两个层面去理解信息公开:

- 正在进行的信息公开申请;
- 更为长期的深刻的组织变革。

信息公开的实现过程——早期发展

在爱尔兰,在从 1994 年年底到 1995 年年初的部门间磋商中,人们开始提出了信息公开的基本原则和含义。从那时起,准备提出信息公开立法草案的可能性已深深镌刻成为各部门的自觉意识。

在 1995 年中期,有关方面向各部门逐条展示了信息公开法的框架草案。这一体系是在与各部门和海外机构进行广泛磋商之后所形成的。

各部门的回应是对信息公开的原则和目的予以一以贯之的支持。各部门主要关切的是信息公开工作在实际领域的可操作性:如何针对信息公开申请程序,给出最优化的组织安排;如何制作所要求的主要出版物;如何对记录进行管理;以及如何展开适当的信息公开培训。

各部门对一个问题相当清楚——为了进行必要的准备,必须要留有充分的时间。每个部门都渴望与国外的对应机构进行联系,以加深对信息公开与特定功能如何相互作用的理解。公允地说,在这个结合点上,各部门明确地把自己置于实施者的位置之上。

部门间工作机构的建立

1995 年年底由政府草拟的信息自由法的大体框架得到认可,在 1996 年的大部分时间里,有关方面都在准备信息自由法草案文本。在那段时间,随着部门之间出现的一些问题,爱尔兰建立了部门间工作机构(IWG)。这一举措旨在加深对部门中出现问题的理解,并促进部门与国外相应机构的直接联系。

准备日程表

信息自由法在实施之前规定了一年的过渡期。在该法被签署发布之后不久,政府批准了部门间工作机构提出的范围广阔的实施日程表。这个日程表构成了各部门在1996年5月至1997年4月间要采取的集体和个别行动的框架。它还要求财政部在这段时间内在信息公开建议、培训和记录管理方面,提供关键性的支持。

在实施过程中,应展开的核心任务是:

- 获取和提供适当层次的信息公开培训;
- 制作信息自由法所要求的出版物;
- 发展处理信息公开申请的体系;
- 准备针对国内使用者的指南;
- 改进记录管理工作实践。

履行这些任务的机制

在准备工作的开展过程中,有这么三个结构层次:

部门间工作机构。它每月召开会议并为准备工作提供一般指导。它对关键领域的进展予以检视,并建立子机构以解决诸如第15条和第16条所要求的出版物模版之类的特殊问题。它广泛地监控各部门的发展。

信息公开核心政策小组。该小组不仅支持部门间工作机构的工作,而且为公务员适用法案的具体条款准备进一步的指南;设计和开展在域外的信息公开培训;与公务员培训中心(CMOD)联系,直接展开信息公开培训,并就组织安排提出建议。

每个部门内部的信息公开指导小组。在1997年中期,各部门建立了由副部长层次执掌的指导小组,以监督在相应领域的信息公开实施情况。通过这些指导小组来确保承担核心职责,实现部门在信息公开中的主导地位。

此外,为了加深理解和支持准备的动力,一些干预被认为是必要的。其中的关键是获得来自海外的信息公开专家的援助,他们将提供培训、高端管理简报和有关组织管理的建议。

主要策略

值得称道的是,如前所述,我们的主要策略包括:

- 明确的经同意的实施时间表,
- 部门内部和地方稳固的关系,
- 来自部门间工作机构和信息公开核心政策小组的有力的支持,
- 网络支持以及对域外经验的学习。

特殊事件的意义

对日程表的早期认同。在实施过程中的一项意义重大的事件在于对根据日程表要承担任务的认同。这是在 1997 年 5 月初展开的,它占用了我们所有的精力。它在一开始就明确地列出了责任和结果。这意味着,几乎从法案颁布时开始,就已经明确在行政体系中,谁在什么时间必须做什么,并对此已达成合意。

如早些时候所提及的,我们已达成的共识是,为了产生和维持法案实施的动力,有必要采取一些主要的举措。

外国专家。经与国外的联系,一些国外信息公开方面的专家在 1997 年 9 月中旬到达爱尔兰。他们在此停留了一个月,在这期间,他们培训了培训师、决策者、高级决策者,对部门高端管理作出了指导,并在核心政策小组中对我们进行了指导。

至 1997 年 10 月底,近一千名爱尔兰公共服务机构的人员接受了信息公开培训。尤为重要的是,外国专家培训了部门和 CMOD 内部的培训师。这些学员正在整装待发,准备行动。在 1997 年 11 月到

1998年4月间，信息公开的培训在中央和各部门中持续进行。结果，到4月21日法案开始生效时，已有数千人接受过信息公开的培训。现在有更多的人已经接受了信息公开培训项目的培训。

秘书长的介入。在1997年9月，举行了政府各部门的秘书长研讨会，这标志着信息公开培训项目的开始。会议讨论了需要准备的文件的范围、信息公开要面对的挑战以及由此产生的利益，特别是在部门高层对此的介入和管理方面达成了共识。

为应对公共机构所面临的申请，在1998年2月，再次举行了秘书长会议。在这次会晤中，与会者回顾了各部门的进展，并提出了最为显著的问题。

这两次会议都具有重大的意义，这不仅在于高层管理人员的介入，还在于要在行政系统内传递明确无误的信息，并确定信息公开的优先次序。

公布的最终期限。《信息自由法》要求每个公共机构在期限内公开两种文件：

- 首先，以文件的形式展示它的组织和结构、功能、服务、对它持有记录的概括描述，以及信息获取方式方面的文本；
- 其次，以文件的形式展示公共机构用于决策等目的的规则、程序和实践。

这些文件的准备需要各部门的努力。在诸如社会、社区和家庭事务部以及税务部门之类的公共机构中，由于内部通知、先例、规则和程序的数量都相当大，因此需要非常具体的规定和约束。这些材料必须在1998年4月21日之前准备好。

这个截止期限的规定承载着公共机构的利益。它产生有益于内部的使用者的顺畅的规则和实践。从实施的角度考虑，它通过迫使管理者为信息公开手册准备好必要的材料，使信息公开成为部门工作的一部分。通过这种方式,管理者在早期的介入也有助于对信息公开获取权的展开和理解。

在很大程度上,卫生机构和地方机构等已经在自己的组织安排权限之内,展开了这样的文件制备。在这一程序中,核心政策小组的作用是提供建议和信息;在《信息自由法》生效的前6个月,我们满怀希望地进一步推进普通职员的学习活动。核心政策小组和CMOD也参与对这些部门的主要职员提供培训。

实施的继续

变化当然并非只是一个事件,而是一个过程。如果认为现行的信息公开实施程序已经完美,那这显然是错的。程序的第一阶段已经过去,我们进入了更进一步的循环。这一循环包括两个方面:一方面,改善我们对信息公开申请的处理能力,公正适用《信息自由法》;另一方面,为建设更开放的灵活的机构,而发展我们的体系、思想和实践,并主动致力于对我们所服务公众的对话和理解。

因此,实施的继续要求必须面对一系列前沿问题:

1. 信息专员的功能。这涉及通过以下途径加强公共机构中的信息公开:

- 个案中的裁决;
- 鼓励普遍信息的出版;
- 就《信息自由法》的适用发表评论。

2. 部门间工作机构正在进行的工作。该机构在最近制定了它直至1999年年底的主要工作日程表。

3. 顾问小组和支持网络。为推进对信息公开的知悉和更好的实践,国务大臣建立了额外的机制,包括:

- 政府办公机构和公共机构中的网络使用者,和
- 由来自商业、媒体记者、顾客和其他利益代表者组成的顾问

小组。

这些小组不仅适合共享有关事项的信息，还可以促进在政府机构之外的主要选民对信息公开的知悉和了解。

4. 信息公开申请程序。毋庸置疑，边用边学是在这个体系中传授知识和理解的最佳途径。这个体系的关键部分之一是内部申诉体系。我们认为，这不仅是对最初决定的复议，也为决策者处理信息公开请求提供了一个结构性的反馈机制。

5. 培训。可以预见，信息公开培训的需求仍继续存在。然而，培训的模式和性质很可能要发生改变。有关部门已经开始鼓励我们采用研讨会的方式去讨论特定问题，而不是向所有来者说明信息公开过程。

总而言之，在这样一个新的信息公开环境下，有组织的学习过程将会继续。

结论

信息公开是爱尔兰公共行政近年来面对的一个最大挑战。迄今为止，经验表明，我们有一个强有力的行政体系足以应对和处理这些变化。在这段时间里，我们的公共服务机构机敏而有创造力的行动，以及更为重要的学习能力，将得到更为全面的考验。公共服务机构改革方案在面对着前所未有的变化。

尽管我们要面对这样的挑战，但公务员应该无所畏惧。我将引用一位杰出科学家的话，作为本文的结论：

> 你不必改变人，因为，你设计了他们生存的环境，使他们在其中自我发展和改变。

与之相似，信息公开重新设计了公民和公务员的背景环境。我们面前的时代将是一个学习、改变和更好公共服务的时代。

（宋华琳译；吕艳滨审校）

倒计时：英国国家审计署指南*

（节译）

摘自 *COUNTDOWN*：*United Kingdom National Audit Office Guide*（《倒计时：英国国家审计署指南》），供正在准备实施《信息自由法》的政府部门使用，页码系对应原文件 countdown. pdf。

第 7 页：

本法[1]生效前应完成的任务：

- 对记录进行审查，并根据国家档案馆有关记录管理的示范行动计划开展下述工作：
  - ○ 规划由各团队分别负责相应的主题；
  - ○ 确定所持有的第三方信息，并与第三方进行协商；
  - ○ 确定豁免规定所适用的信息类型。
- 通过分析公众依据《公开政府守则》提出的申请和议会质询以及与潜在客户进行交流，对各类申请类型进行预测。

---

* *National Audit Office Good Practice Guide*：*Counting down*：*moving from need to know to right to know*（http://www. nao. org. uk/publications/foiguidance. pdf）.

〔1〕 即英国2000年《信息自由法》。——译者注

- 审查文档格式,促进依据本法进行的信息发布:
  - ○ 在必要时对新文档格式进行修改,例如,将事实信息与政策建议相互分离。
- 审查和提炼内部沟通战略:
  - ○ 确保所有雇员能理解其责任,并认可和处理各项申请。
- 分析培训需要;实施、审查和改进培训计划。
- 设计和实施外部沟通战略:
  - ○ 预先公布可能会成为申请对象的信息;
  - ○ 公布已经取得的信息;
  - ○ 出版和公布信息发布政策。
- 与第三方联系。
- 建立与其他公共机构相关联系人的名单,帮助在你不拥有相关信息时将申请转交给其他公共机构。
- 建立受理申请的各项制度,对各项决定进行记录,并对决定进行审查:
  - ○ 研究编辑技术,建立编辑文档的制度;
  - ○ 建立审查复杂申请和申诉的程序。

第8~11页:

第二部分

你能确定你的雇员不必受理不必要的申请吗?

让公众能够自由取得信息,建立信息公开指南可以有助于你和你的雇员在本法实施之后轻松处理相关申请。

- 你在对各类信息进行归类时,应当对用户的需求进行分析。避免出现下述问题:进行非常一般化的描述;信息类别很多,而每一类却仅包含很少的文件;信息类别很少,但是每一类中文件很多。

- 你应当要么说明信息在网络上公布的时间,要么说明最后更新的日期,让公众明确信息的时效性。
- 在可能的情形下,你应当提供可以获取信息的链接。例如,对卫生部的公布计划中所包含的信息都可以根据信息的类别名或描述通过四次点击即可寻找到。
- 如果你是在部门公布计划所包含的一家机构内工作,那么,你应当检查确认你的网站上可以找到公布计划的相关链接。
- 你需要让人明白你的公布计划中包含哪些行政机关或非部会层级的公共机构。贸易工业部通过在公布计划中解释在主要计划中包含了哪些行政机关以及提供那些拥有自己公布计划的行政机关的链接,很好地解决了这个问题。

大多数经过审查的公布计划都可以很轻易地取得,但是寻找信息的难度却往往很大。

- 作为一项例外,伦敦大学学院可以获取这些公布计划或者是通过主页上的链接直接获得,或者是通过 A－Z 目录,从主页开始在四次点击的限度内寻找到相关信息。
- 伦敦大学学院审查了从各个公布计划中随机抽取的四类信息。除了少数一些例外,这些信息类别是以很平实的语言进行描述的,多数包含辅助评注,对信息类别和内容进行解释。卫生部有一个非常有用的信息类别,即“近期更新类别”,可以让用户轻松浏览到新增加的信息。

探索其他获得信息的手段

与其他多数组织一样,互联网也许是你最中意的发表公布计划,并获取信息的有效中介。但是,单独通过网络传播信息可能会让某些民众难以获得信息。这也会意味着不能认为信息总是可以随时为所有申请者所获得。因此,你有义务向不能上网的申请人提供单独的回复,而不是仅仅让他们查阅你的公布计划。

你应当考虑如何使得信息可以为更广泛的民众取得。例如,

- 贸易工业部建立了一个收集政府公开文件的阅览室,让民众可以查阅各种类型的文件;
- 美国的某些机构专门针对那些曾经有三次以上的申请记录的信息,制定了在网站和阅览室放置文件的政策;
- 兽医实验室管理局在其图书馆中提供单页文件,对不能上网的申请人提供帮助;
- 民众生活标准委员会在年度报告中包含有公布计划;
- 英国原子能机构正在对其官方网站重新设计,以符合皇家研究院有关盲人指南和可获得性的指南要求。

告知获取信息的方式

考虑到民众对公布计划的认知度较低,民众可能难以确定可以从何处取得某一信息。有些游说团体担心大多数新信息通过网站提供,而这种公布方式并不广泛地为人所知。通过主动公开你的公布计划和所掌握信息,你可以减少受理不必要的申请:

- 采取其他媒体,如海报、信笺和传单来公开信息;
- 对各类信息的联系方式广而告之,例如,以公布计划,计划的公开,或你的组织网站的信息自由板块;
- 你也可以通过电子邮件提示系统对公布计划的经常用户提供服务。

许多人不能上网

英国人口中大约40%的人并不使用网络,在2003年1月到3月,只有47%的家庭可以上网。相比高收入家庭所拥有的71%的上网

率，只有7%的最低收入家庭中可以上网。

立即发布新信息

事发当时提前发布那些可能引发众多申请的有趣信息，这可以减少你以后受理申请的数量。

确定并与本法的主要潜在用户建立联系

你可能会发现，在今后几个月内与潜在的主要客户建立联系是很有帮助的，例如与你的组织有关系的游说团体：

- 讨论已经可供获取的信息，从而减少对这类信息的申请要求；
- 向他们说明应该如何以及向谁直接申请信息，从而你们可以迅速地受理这些申请；
- 衡量获取信息的需要。

良好实践一：国防部正在发布可能成为众多申请对象的信息

国防部以及国内发布了事先经过分类的材料，对所声称的不明飞行物观察记录和他们对这些报告的反应提供具体信息，以便减少2005年1月后对这类信息的申请数量。

第12～14页：

第三部分

你是否已经制订计划，应对各种水平的申请需求？

这部分内容概括介绍了你针对信息公开申请的初期和长期需求而制订规划时应当考虑的需求因素。

要预测将来申请的数量是有难度的

你可能已经试图预测你将来需要受理的申请数量。如果是的话，正如许多其他的公共机构一样，你可能会发现这是非常困难的。要依靠国际经验也是有困难的，因为需求是受文化或立法区别影响的。但是澳大利亚和爱尔兰在实施《信息自由法》之后的前三年里申请信息的需求是呈上升之势的。

要在法律生效时预测需求尤为困难

其他开展新服务的经验表明,要预测和管理初期需求是尤为困难的。你应该考虑所有可能的情景,并针对这些情景制定相应的风险计划(良好实践二)。

良好实践二:英国原子能机构已经计划处理各种水平的申请需求

原子能机构预计在2005年会遭遇大量的申请,然后申请量会逐渐趋平。为此,原子能机构决定将信息尽可能地搬到网站上去。

原子能机构相信常常会需要额外的资源,对归档的材料进行研究。他们正计划使用已退休的高级雇员利用兼职或临时工作为其提供帮助。

爱尔兰1998年4月实施《信息自由法》之后,2001年受理信息公开申请数量最多的十家公共机构所受理申请数量

年份	1999~2000	2000~2001	2001~2002
申请量	4,576	5,241	5,865

涉及公共机构包括:教育科技部,司法、平等和法律改革部,健康与儿童部,社会、社区与家庭事务部,西部健康委员会,南部健康委员会,西北健康委员会,都柏林公司,农业、食品和农村发展部和财政部。

有许多将会影响未来需求的因素

重要事件将会引发更多的申请

你的组织如果遇到重要事件或有相关的事件宣布之后,肯定会遇到申请的高峰。为此,

- 遇到诸如政府声明的事件,你应该制订计划受理信息公开申请。这会有助于确定你需要通过公布计划迅速发布的信息。

在新闻稿中加入相关文件的网站地址，以及现场申请的联系名单；考虑是否向可能会提出申请的人告知是否能够取得相关信息。

- 对于不可预测的事件，制订计划将会帮助你迅速应对申请需求的上升。这些计划应该提供首先受理申请的人员信息，尽可能迅速将文件列入公布计划以及获取资源以回复申请的各项安排。

可以进行有组织的宣传活动

你可能已经收到某些组织有组织地就同一信息提出的“循环”申请。这也是应对有组织申请的一种标准实践。宪法事务部为此类申请提供了指南。

第15～19页：

第四部分

你可以在20天内回复所有的申请吗？

本部分内容为就在20天的期限内回复申请所涉及的相关的风险管理提供指南。

你需要确定回复信息申请可能出现的迟延情形

本法要求你在收到信息公开申请之日起20天内提供有建设性的回复，如果必要，则向申请人指示其他可能的信息来源，或者按照所申请的格式提供相关信息。

下表简要概述了回复信息公开申请所需要的几个步骤、每一阶段会发生迟延的风险以及你可以采取的回避风险的措施。

于二十日内回复信息公开申请的迟延风险

信息公开申请的若干步骤		
程序	迟延风险	采取措施
确认申请	受理申请的人可能不认为这是信息公开申请	充分认识到培训雇员的重要性,例如国防部计划在2004年12月的工资条中对所有雇员提示信息公开申请的相关材料,以提高其认知程度
将申请交到主管官员手中	雇员可能不知道正确地将申请转交主管官员	建立制度和桌面提示告知雇员如何处理申请,例如英国原子能机构已经起草了程序性提示
寻找所申请的信息	雇员找不到信息,对于历史信息这可能是个很现实的问题	查阅国家档案馆的相关指南和第46条实践守则。审计委员会应当对在组织内信息是否作为紧急事务做好安排进行监督
如果存在豁免情形,确定理由	如果适用豁免规定,雇员可能不知道如何处理申请。实施公共利益检验的程序可能比较漫长	与申请人进行联系,告知你现在的进展
如果是否适用豁免规定需要经过公共利益检验,你可以要求延展合理期限	雇员可能会认为适用公共利益检验程序使得他们有权要求更多的时间	与申请人进行联系,告知你现在的进展
必要时与第三方联系	进行人员联系可能相对较慢	在2005年法律生效之前与第三方就本法进行讨论,以保证提高届时处理申请的速度

续表

信息公开申请的若干步骤		
程序	迟延风险	采取措施
决定发布哪些信息	雇员们可能会没有自信去作出决定，导致首席信息官或记录管理人负担过重。雇员可能不知道谁是适合作出决定的人	向宪法事务部咨询，以取得有关处理复杂申请的权威性指导。与申请人进行沟通，以保证他们知晓你现在取得的进展
发送回复	起草回复意见可能需要时间，尤其是适用豁免规定时	对雇员进行培训，教会他们如何使用编辑文件的软件和相关知识。国家档案馆也正在开发编辑技术的指南；起草回复时使用正式信件

你可以建立相应制度将本法实施之后发生迟延的风险予以最小化

你应当在你的系统和程序中纳入各种因素，以帮助你减少迟延情形的发生，包括：

- 培训可以对雇员如何回复申请提供建议的基层专家。
- 建立跟踪系统，以记录申请的受理和进展。这些系统的需要和复杂程度将依赖于所受理申请的数量，但是也有需要，至少有书面的记录可以了解何时已经如何处理申请的情况。这会帮助你确定问题复杂的申请，为宪法事务部建立监督系统。
- 赋予一线的雇员以信息和权限来处理简单的申请，由他们负责提供充分信息，但是指导他们在申请要求需要被拒绝或只能提供部分信息时，将申请转给核心团队处理。

你需要征询第三方意见

可能你所受理的申请涉及有关第三方所提供的信息，那么，你应当向第三方联系征询意见：

i 告诉他们本法的目的和好处;

ii 解释根据本法为了保护信息不受不恰当披露,如何适用豁免规定;

iii 确定你所持有的信息可能属于豁免规定范围,例如商业秘密;

iv 就信息申请如何征求他们的意见达成一致意见。

良好实践三:向第三方征询意见

医疗保健及其产品监管局正在向公司征询意见,以确定从他们那里得到的信息是否属于豁免规定所调整的范围。

你需要确定信息并进行归类

你可能会发现与其他我们征求意见的许多机构一样,机构变迁和电子媒介的使用使得寻找记录和甚至确定谁持有记录变得十分困难了:

i 如果你能够确定将会被频繁申请的各类信息,并且属于下列三类之一的,你可以决定审查你所持有的信息,包括电子邮件,对其进行归类并进行标记:你可以发布的记录;部分属于豁免规定范围的;全部属于豁免规定范围的。这可以帮助你迅速确定如何处理申请。或者你也可以选择考虑如何使用标准化的保护性记录系统。但是,你需要牢记一些可能随时间推移而变化的信息类型。

ii 你应当制定和公布属于本法调整范围的邮件的生成、保存和处理政策;

iii 你应该大致勾勒出信息的哪些内容具有哪些功能,正如监狱局所做的,这样你可以知道谁可能持有被申请信息,谁是了解该信息是否应当披露的最佳人选。

审查和修改记录格式

宪法事务部的示范行动计划建议你应该审查和修改记录的格式,

从而可以更容易地公布这些信息。某些部门也在率先起草两部制的文件格式,从而将政策建议与背景性事实信息相互分离。

你需要确定信息是否属于豁免规定范围。你需要确保本法所规定的秘密信息仍然保持秘密状态。这样你可以就豁免规定的适用做出如下决定:

i 请求信息专员办公室、宪法事务部和其他部门就本法规定豁免规定的适用提供建议和指导;

ii 如果你对如何适用豁免规定仍然不确定的话,可以征询信息专员办公室的意见。这可以帮助你对本法的规定进行解释。

对于某些申请,你可能会发现你只能公布部分文件内容。你应该研究和培训雇员有关删除文件部分内容的技术,从而保证信息的保密性。

第 20 ~ 21 页:

第五部分

你和你的雇员了解《信息自由法》的要求吗?

本部分内容简要介绍了你和你的雇员的责任,并提出了在你的组织内部提供对本法认知程度的各种方式的建议。

你需要了解你的责任

你和你的雇员依据本法负有若干法律责任,如果未能满足要求可能会被问责。例如,如果你的组织受理申请之后损毁了相关被申请信息,你可能会被指控。本法不仅影响你如何处理申请,而且影响你如何制作、保存和处理这些记录。

高级的管理人需要确立范例

你的高级记录管理人需要帮助雇员适应本法规定的要求:

- 认识和解释符合本法规定的好处。英国原子能机构的高级管理人就强调了采取透明和诚实政策的好处来建立公众信任。例如,原子能机构将其公布计划中的公开和诚实的核心价值与相关政策文件相联系,委员会决定将会议纪要公布在网站上。
- 公开支持《信息自由法》的项目团队。国防部副部长在国防部有关管理人的《信息自由法》座谈会上发表了基调发言。

某些公开的支持对于实施本法是关键性的,但是常常是难以保持的。高级管理人需要认识到他们的雇员会以他们为榜样处理公众根据《信息自由法》所提出的申请。

你需要全面和持续的培训

信息专员办公室在2004年所做的调查发现,63%的公共官员认为信息自由在其组织中是非常重要的。最近几个月里对该法的认知度已经有所提高,并且,如果你在2005年1月份之前组织宣传和培训计划,宪法事务部实施各部简报的项目,那么该认知度仍在继续提高。因此,为了持续提高对本法的认知度,你应该对培训予以高度重视。

宪法事务部已经起草了一份帮助各部培训和宣传计划的指南,你会发现这可以作为详细的雇员宣传和培训计划的良好范本(良好实践四)。

良好实践四:各组织正在利用大量的媒介和工具对其雇员进行培训

- 英国原子能机构正在采用路线图、对关键人物如记录管理人的介绍、雇员新闻简报中的文章、海报宣传和屏幕保护等方式对雇员进行教育。
- 国防部将会在12月份的工资条中添加《信息自由法》宣传材料以强化相关信息的提供。

- 环境、食品和农村事务部已经制定了一份“信息资源获取资料集”(Access to Information Resource Pack),其中有对本法及相关立法主要问题的概要介绍,包括数据保护、信息目录和网络联系方式。

第22~25页:

第五部分

你准备好了吗?

这部分内容将会对你从现在开始到2005年1月期间可作的准备内容进行检查,帮助你确定是否已经做好准备。

确定你已经具备处理信息公开申请所需要的各项条件

你在准备实施《信息自由法》方面还需要面对大量的挑战。下图就列举了你在接下来三个月里需要做的工作,以确保你建立一套强有力的制度来处理信息公开申请。

处理申请的关键步骤	接下来三个月你的组织内部需要进行的工作	接下来三个月你的组织对外需要开展的工作
受理和记录申请	确保所有雇员充分理解其所负有的责任。雇员需要知道如何认识和处理申请(见本指南的第五部分)	公布可能被申请的信息,指导用户进行申请(第二部分)
明确申请者的要求	通过分析公开政府守则和议会质询,预测将会被申请信息类型	与潜在客户进行联络,预测可能被申请信息的类型。讨论将有助于你指导用户如何书写申请文件,以便迅速得到有效回复

续表

处理申请的关键步骤	接下来三个月你的组织内部需要进行的工作	接下来三个月你的组织对外需要开展的工作
在组织未持有相关信息时将申请转移给其他部门	与其他政府组织建立联系人名单	你可以通过公布你所持有的信息和与主要客户进行联系,将发生差错的概率最小化(见第二部分)
确定信息所处部门	鼓励工作团队对其所使用的文件进行分类,明确各团队分工负责的信息领域	无
征询受申请影响的第三方意见	确定你所持有的第三方信息	与第三方进行讨论
做出披露决定,并进行归档	培训雇员如何做出披露决定,建立记录这些决定的系统,现在就确定可能被申请的信息范围(见第四部分)	公开发表你的信息公布政策
在部分适用豁免规定时,对可以提供的信息进行解释	确定属于豁免规定范围的信息类型(见第四部分)	无
对合适的情况拒绝提供信息	建立审查决定的制度	无
处理申诉	确立你的审查程序	无

你需要在本法生效之前对信息自由制度进行检查

在进行检查时,你需要考虑下述内容:

- 检查回复申请的制度。例如,环境、食品和农村事务部启动了一项整个部范围的演习。所有可能需要受理申请的部门和雇员都参与其中。这项演习的目的是提高对本法要求的认知程度;鼓励雇员在本法实施之前对复杂的信息公开申请进行深入思考;指示需要在2005年1月前解决的本法实施的实践困难。在根据雇员和其他人员所提交的建议基础上,申请被转交到相应的部门。

- 对制度的运行进行暗影调查,以便对实际申请进行实时的检验。国防部已经采用了暗影调查方法(shadow running),发现其中对雇员指南所做的实践性评论促进了工作的改进,提出了现在就需要做出决定的政策问题。
- 利用内部的监督职能对你的准备程度进行审查。你的审计委员会定期查阅审查记录,这也许也会有助于评估建议是否已经被遵照执行。
- 系统审查可以发现你对信息自由认识的不足。你可以对你的培训计划进行复审以确定是否需要进一步的教育行动。
- 以小组对案例研究申请进行讨论;这会帮助你深入思考处理信息公开申请时可能涉及的问题。
- 重新评估你的组织内部的公开程度,确保信息是保持及时更新的。

你需要在本法实施之后对申请进行跟踪以改进服务的提供水平

在本法实施之后的数月里,你需要对你回复申请的绩效进行跟踪。所有组织应当建立跟踪申请的程序,对本法实施之后的合规工作进行监督。如果你是一家中央政府部门,那么,你还有一份各方认可的你需要收集并转给宪法事务部的数据元素目录。这让宪法事务部可以了解各部门执行本法情形的全局,并确定最佳实践和相对薄弱的内容。某些部还计划实施新的IT系统,或对已有的IT系统进行调整以跟踪和收集监督数据。宪法事务部已经颁布了跟踪申请用IT系统通用用户标准。该标准可以从www. dca. gov. uk/foi/map/

gusv4contents. htm 下载。

一套有效的跟踪系统有助于：

- 衡量你是否符合本法规定的要求；
- 确定经常被申请信息，从而你可以对其实施主动公开以供公众获取；
- 确定你需要提供服务和提高质量的领域；
- 帮助确保适用豁免规定方面的一致性；
- 确定回复申请所需要的资源；
- 确保你符合监督的要求。

（苏苗罕译；吕艳滨审校）

英国宪法事务国务大臣根据2000年《信息自由法》第45条发布的针对公共机构履行2000年法案第一部分所赋予之职责的实施法规*

2004年11月

由宪法事务国务大臣依照2000年

《信息自由法》第45条(5)提交议会

前　言

- 导言
- 信息专员的职责
- 实施建议
- 裁决通知和执行通知
- 信息通知
- 对通知的遵守
- 《信息自由法》的第一部分
- 提供建议和帮助的义务
- 程序和培训

---

* *Secretary of State for Constitutional Affairs' Code of Practice on the discharge of public authoritie' functions under Part I of the Freedom of Information Act* 2000 *Issued under section* 45 *of the Act*(http://www.dca.gov.uk/foi/reference/imprep/codepafunc.htm).

- 进一步的指导

实施法规

- Ⅰ导言
- Ⅱ关于对信息公开申请人提供建议和帮助的规定
- Ⅲ信息公开申请的移送
- Ⅳ征询第三方的意见
- Ⅴ信息自由和保密义务
- Ⅵ申诉程序

前言

导言

1. 本前言所在的实施法规是对规定在2000年《信息自由法》(Freedom of Information Act 2000)第45条中的国务大臣职责的履行,即就公共机构(public authority)的实践提供在他看来对于他们履行该法案第一部分规定之职责有必要遵循的指南。按照设想,即将制定的有关环境信息的条例会规定由国务大臣制定实施法规,以适用于这些条例中履行相关职责的机构。

2. 本前言并不构成本法规的一部分。

3. 政府有义务使公共部门更加开放。《信息自由法》为了促进该目标的达成,将把公共部门的文化改造得更具开放性、让公众成员更好理解公共部门的决定,以及确保公共部门以被认为是富有效率和适当的方式提供服务。遵守本法规将有助于上述目标的实现。

4. 本法规的目标在于:

- 通过展示公共机构处理信息申请(request for information)——包括在适当情况下将申请移送给不同机构——时值得遵循的

良好行政实践，来促进法案规定的信息公开；

- 通过为公共机构所提供的建议——良好的实践既要求申请人能够获得相关建议，而且还要求这些建议有助于对根据法案做出的决定提出有效的申诉——设定标准，来保护申请人的利益；
- 通过设定咨询的标准，推动公共机构考虑可能受到信息公开决定影响的第三方利益；以及
- 在公共机构同意合同中保密条款以及更一般地秘密接受第三方提供的信息之前，促进公共机构考虑信息自由的意义。

信息专员的职责

5. 根据法案第47条，信息专员(Information Commissioner)具有促进公共机构形成下述良好实践的职责，特别要推动公共机构遵守法案的要求以及本实施法规的规定。法案向他授予了许多权力，使得信息专员能够履行与本法规有关的特定义务。

实施建议

6. 如果在信息专员看来，承担法案职责的公共机构的实践与本实施法规不相符，那么，根据第48条[名为“实施建议”(practice recommendation)]，信息专员可以向该机构发出建议，指明在他看来为了提高相符程度所应该采取的措施。

7. 实施建议必须书面做出，必须指明在信息专员看来，实施法规中的具体哪些条款没有得到遵循。实施建议只是建议，而不是信息专员的直接命令。但是，违反该实施建议可能导致违反该法案。此外，对实施建议置若罔闻可能导致信息专员在提交给议会的报告中对此做出不利的评论。

8. 需要注意的是，因为法案中关于一般知情权(general right of access)的条款直到2005年1月1日才开始生效，因此，在此日期之前，专员无权就如何处理基于一般知情权的个人申请提出实施建议。

裁决通知和执行通知

9. 根据法案第50条和第52条，只要信息专员认为公共机构没有遵循法案第一部分的要求，就可以基于申诉分别做出裁决通知（decision notice）和执行通知（enforcement notice），而不管申诉本身是否被接受。如果与之相关，专员将参照本法规中的具体条款，指出应该采取的措施以确保对法案的遵守。

信息通知

10. 为了判断公共机构的做法是否符合本法规的要求，信息专员可以合理要求机构提供相关信息。根据法案第51条，信息专员可以向该机构发出一份“信息通知”（information notice），要求该机构提供与其遵守本法规相关的特定信息。

对通知的遵守

11. 根据法案第51条，如果公共机构没有遵循裁决、信息或执行通知，信息专员可以向法庭书面证实该机构没有遵循相关通知。法庭可以继而调查此事，并可能在听取被举出的有利或不利于公共机构的证据以及作为辩护提出的陈述之后，按藐视法庭罪处理该机构。

《信息自由法》的第一部分

12. 本法规对公共机构履行其基于法案第一部分所负有的职责提供良好实施的指南。2000年《信息自由法》第一部分的主要特征是：

- 规定了与公共机构记录的信息相关的一般知情权，但要服从于某些限制和例外；
- 如果公共机构基于公开之例外拒绝提供信息，则需要给出拒绝的合理理由；
- 对申请人联系公共机构并获取信息提供合理建议和帮助的义务；
- 每个公共机构都有义务采纳和保持经信息专员批准的、与该机构发布信息有关的公开目录(publication scheme),并有义务根据该目录发布信息(公共机构可以采纳经信息专员批准的模范公开目录)。

提供建议和帮助的义务

13. 该法案第16条对公共机构赋予了向申请人提供合理建议和帮助的义务。如果提供建议和帮助的情形符合本法规相关条款的规定,那么,公共机构就必须要履行此项义务。此项义务可以被信息专员强制执行。如果公共机构没有履行此项法定义务,专员可以根据第50条发出裁决通知,或者根据第52条发出执行通知。

14. 公共机构应该注意到,议会制定的其他法案可能也会涉及机构向申请人或潜在申请人提供建议或帮助的形式,例如:1995年残疾歧视法案(Disability Discrimination Act 1995)以及1976年种族关系法案[为2000年种族关系(修正)法案所修正][Race Relations Act 1976, as amended by the Race Relations (Amendment) Act 2000]。

程序和培训

15. 所有向公共机构提交的书面通信形式,包括那些通过电子手段传输的通信,都可以包括或等同于法案中所规定的信息公开申请,因此,都应依据法案规定得到处理。因为在一般商业流程中的多数情况下,这些申请都将得到处理,所以,对于处理通信或其他被要求提供信息的公共机构来说,很重要的一点就是要在适当层级设置适当的决定程序,以及确保有足够的工作人员熟悉该法案和根据法案规定而制定的实施法规的相关要求。处理通信的工作人员还应该考虑信息专员发布的有利于良好实践的相关指南。机构应该确保提供这方面的适当培训。较大的机构应该确保建立一支在信息自由方面具有特别专家技能的核心团队,能够在需要的时候为其他工作成员提供专家建议。

16. 机构在设计和实施培训的过程中,应该考虑其他影响信息公开的规定，诸如环境信息规章（Environmental Information Regulations）和1998年数据保护法案（Data Protection Act 1998）。

进一步的指导

17. 为了帮助公共机构履行其在《信息自由法》中的义务，宪法事务部（Department for Constitutional Affairs, DCA）已经发布了一套对公共机构提供帮助的指南。与机构特别相关的是"处理申请指南"（Guidance on Processing Requests），该指南就如何处理信息申请提供了详细的建议，也包括了对如何适用公开之例外的详细指导。机构在决定是否适用例外时，针对必须纳入考虑的因素，要参照该指南寻求进一步的指导。

18. 信息专员办公室已经在其网站上发布了"认知指南"（Awareness Guides）。同样，这些"认知指南"也就公共机构应该遵循的最优做法提供了详细和实际的指导。信息专员也会发布由处理申诉的工作人员就如何适用而提出的内部建议，以及对信息专员与裁判所复审的申诉案件的总结。

19. 代表性机关[例如，地方政府协会和总警长协会（the Local Government Association and the Association of Chief Police Officers）]以及政府部门[例如，教育与技能部（Department for Education and Skills, DfES）对学校提出的建议]同样可以在其一般政策领域中，对小型公共机构提供更多有关该法案的专家建议。

实施法规

（2000年《信息自由法》第45条）

针对公共机构的实施指南，该指南值得公共机构在履行
2000年《信息自由法》第一部分所赋予之职责时加以遵循

经与信息专员商议，宪法事务国务大臣（Secretary of State for Constitutional Affairs)依据2000年《信息自由法》(c. 36)第45条,于2004年11月25日发布了本实施法规。本实施法规对该法案所界定的公共机构提供了实施指南,按照国务大臣的意见,该指南值得公共机构在履行法案第一部分所赋予之职责时予以遵循。

依据2000年《信息自由法》第45条(5),本法规于2004年11月25日被提交议会。

Ⅰ 导言

1. 本实施法规对该法案所界定的公共机构提供了实施指南,按照宪法事务国务大臣的意见,该指南值得公共机构在履行2000年信息自由法案(以下简称“该法案”)第一部分(名为“获取公共机构掌握的信息”)所赋予之职责时予以遵循。

2. 本法规中所使用的术语和措辞与该法案中所使用的术语和措辞具有同样的含义。

Ⅱ 关于对信息公开申请人提供建议和帮助的规定

3. 本法规下述段落适用于对准备或已经向公共机构提出信息公开申请的人提供建议和帮助。这些规定意图向公共机构提供值得其在履行该法案第16条所赋予之义务时遵循的实践指南。

对准备提出申请的人的建议和帮助:

4. 公共机构应公布其处理信息公开申请的程序。注意,在这些程序中要包括一个有关下列内容的声明:

- 在公共机构没有掌握被申请的信息的情况下(也可见第Ⅲ部分“移送信息申请”),以及
- 当公共机构需要通过咨询其他公共机构以及/或者第三方以决定是否能提供被申请的信息的时候(也可见第Ⅳ部分“咨询第三方”)

一般的处理程序是什么。

5. 程序中应包括一个或数个地址（如果可能的话还要包括电子邮件地址），以使申请人可以直接提出信息公开申请或寻求帮助。电话号码也需要提供，可能的话还要指明一个可以提供帮助的人员。这些程序应该在机构的公开目录中提到。

6. 公共机构中与公众联系的工作人员应牢记，并不是每个人都知晓该法案或根据法案所制定的规章，所以，他们需要在适当情况下告知那些似乎不知晓上述法案和规章的人注意相关法案和规章。

7. 如果申请人自己不能提出书面申请，那么，公共机构应该确保提供适当的帮助以使其可以提出信息公开申请。根据当时的情况，要注意：

- 建议申请人：其他人或机构［比如“公民建议局”（Citizens Advice Bureau）］能够帮助或代表他们提出申请。
- 特定情况下，可以通过电话记录申请内容，然后将电话记录寄给申请人加以确认（在此情形下，对电话申请的书面记录一旦经申请人确认并返回，将构成要求获取信息的书面申请，回复申请的法定时限将从机构收到书面确认时起算）。

上述内容并没囊括所有情况，公共机构应该采取灵活措施，以提供对申请人的情况来说最适当的建议和帮助。

对申请的明确

8. 信息公开申请必须充分说明申请人希望得到的信息的情况。如果有必要，公共机构有权询问更多的细节以使他们能够确认和定位申请人所需要的信息。机构应该在尽量可行的情况下向申请人提供帮助，以帮助他或她更清楚地说明所需要的信息。

9. 机构应该明白，提供帮助的目的在于明确所需信息的性质，而不是确定申请人的目的和动机。注意，不能给申请人留下这样的印象，即他或她有义务展示自己获取信息的目的以作为行使获取信息权利的前提,或者如果他或她这样做(或不这样做),将会受到不同的对待。申请人可以要求公共机构解释其为什么要询问更多的信息。在需要更多信息以明确所需信息的情况下,重要的是尽可能快地联系到申请人,最好是采用电话、传真和电子邮件等手段。

10. 在此情况下,适当的帮助可能包括:

- 提供一个载有可能满足申请条件的各种不同信息的大纲;
- 提供可能获得的详细目录和索引,以帮助申请人确定机构所掌握之信息的性质和范围;
- 对申请提供一般性的回复,上面载明基于申请可以进一步提供的信息选项。

上述内容并没囊括所有情况,公共机构应该采取灵活措施,以提供对申请人的情况来说最适当的建议和帮助。

11. 为了明确什么是申请人所要求获取的信息,公共机构应该牢记,除非机构让信息能够为申请人所使用,否则,不能期望申请人在相当程度上掌握信息之间的区别,诸如文件的索引号码,或者对某一特定记录的描述等。

对建议和帮助的限制

12. 如果在遵循上述有关帮助的规定之后,申请人仍然无法说清楚、机构因此也不能确认和定位申请人所要求获取的信息,那么,机构可以不再寻求进一步的明确。如果机构不打算主张公开之例外,就应该公开与申请相关且可以成功确认和找到的任何信息。机构也应该向申请人解释其不能进一步处理该申请的原因,以及提供有关机构申诉程序的详细情况和申请人基于该法案第50条所享有的权利(见第Ⅵ部分的“申诉程序”)。

建议、帮助和费用

13. 如果申请人表示他或她不打算支付载于其所收到的收费通知

上的费用，那么，机构应该考虑是否存在申请人感兴趣且可以免费得到的任何信息。

14. 如果根据第12条(1)的规定或依据第12条所制定的规章的规定，机构不负有满足信息公开申请的义务，即因为满足该申请的成本会超过“适当的限制”(即成本限额)，那么，机构应该考虑向申请人指出何种信息(如果有的话)是可以在成本限额内提供的。机构也应该考虑建议申请人修正或重新调整其申请，以向他或她提供收费较低或免费的信息。

15. 如果申请人的申请符合该法案第14条中对“令人伤脑筋的”(vexatious)申请的界定，机构可以不必向其提供帮助。有关何为“令人伤脑筋的”申请的指南可以在宪法事务部手册——“处理申请指南”中找到。信息专员也已经就如何处理“令人伤脑筋的”和重复的申请发布了建议。

Ⅲ　信息公开申请的移送

16. 以下段落适用于公共机构因为没有掌握申请人所要求获取的信息、准备依据第1条(1)(a)确认其没有掌握该信息，而无法满足或不能完全满足信息公开申请的情形。

17. 如果机构有理由相信，其所不掌握的但却是申请人所要求获取的一些或全部信息被另外一个公共机构所掌握，则该机构应该考虑最有效的方法来帮助申请人。

18. 在大多数情形下，信息公开申请的移送可能涉及：

- 联系申请人并告知他或她，其所要求获取的信息可能被另外的公共机构所掌握；
- 建议申请人向原机构所认为掌握该信息的机构重新提出申请；以及，
- 向他或她提供有关如何与那个机构联系的详情。

19.但是在某些情形下,接受最初申请的原机构可能会认为,向掌握自己所不持有信息的其他机构移送该申请更为合适。在这种情形下,该机构就应该咨询其他机构以确定:后者是否确实掌握该信息,以及如果这样的话,根据该法案第1条(1)后者是否有义务确认这一点。如果情况如此,第一个机构接下来就应该考虑移送该申请。如果掌握信息的第二个机构没有确认,该申请(或申请中的某一部分)就不应被移送,一旦移送,第二个机构同样要以回执的形式向申请人确认已经收到申请。

20.在将信息公开申请移送给另外一个机构之前,原机构应该考虑:

- 移送是否合适;以及如果合适,
- 申请人是否有理由反对移送。如果机构合理得出申请人不可能反对的结论,那就可以无需咨询申请人而移送该申请,但移送之后要告知他或她。

21.如果有合理理由相信申请人可能提出反对,那么,机构就只有在取得他或她的同意之后才能将申请移送给其他机构。如果机构对申请人是否反对存有疑问,它可能宁愿建议申请人向另外的机构提出新的申请,并告知申请人,另外的机构已经确认其掌握着相关信息。

22.如果申请或申请的一部分从一个机构被移送到另一个机构,那么,接受移送的机构应该像其直接从申请人处接受申请一样,履行其基于该法案第一部分所负有的义务。处理移送申请的期限应当考虑移送日期,即从收到申请的收据所载明的日期起算。

23.所有需要移送的申请都应该在可能的情况下尽快予以移送,移送完毕后要尽快告知申请人。

24.如果公共机构既不能告知申请人哪个公共机构掌握或可能掌握着其所申请的信息,也不能将申请移送给另外的机构(或认为这样做不合适),那么,机构就应该考虑它能够向申请人提供什么样的建议(如果有的话)以使他或她能够实现自己的申请。

Ⅳ 征询第三方的意见

25.在许多情形下:

- 信息公开申请可能与申请人和机构之外的其他人相关;或者,
- 公开信息可能会影响申请人和机构之外的其他人的利益。

26.本法规强烈建议公共机构采取适当措施以确保:上述第三方以及那些向公共机构提供信息的人都知晓公共机构遵循《信息自由法》所负有的义务,以及鉴于此,除非是对被要求获取的信息适用公开之例外,否则,信息都应基于申请而被公开。

27.在一些情形下,机构有必要直接且个别地征询第三方的意见,以决定是否对被要求获取的信息适用公开之例外,或者确定就此信息而言,是否产生该法案中第1条所规定的义务。但是,在一系列其他情况下,这样做是一种良好的实践:例如,如果公共机构准备公开与第三方有关或可能影响他们利益的信息,那么,所采取的合理措施应当是,在适当的情况下,事先告知第三方,或者在事先未告知的情况下,事后提请他们注意。

28.在一些情形下,同样适当的做法是征询第三方的意见,诸如是否应该向申请人提供所涉信息以及进一步的解释性材料或建议之类的事项。这种建议可能,例如,指向一些限制(包括版权方面的限制),这些限制在再使用这类信息的时候也许会出现。

29.在没有事先通知和适当征询信息来源部门意见的情况下,一个政府机关提供给另外一个部门的信息不得被公布。

30.如果信息的公开会涉及许多第三方或影响他们的利益,而且,这些第三方拥有一个可以代表他们表达观点的组织,那么,机构要考虑,通知和咨询该代表性机构是否已经足够。如果不存在这样的代表性组织，机构可以认为，通知或咨询所涉第三方中具有代表性的一部分就已足够了。

V　信息自由和保密义务

31. 当公共机构准备签订合同、合同中可能包含与他们披露信息有关的条款时，他们应该明确牢记基于《信息自由法》所应承担的义务。

32. 当公共机构与非公共机构签订合同时，公共机构可能会被要求接受保密条款，比如类似这样的内容：与合同的条款、价值以及履行等相关的信息不得被披露。公共机构应仔细考虑此类条款与其基于该法案所承担之义务是否相容。重要的是，公共机构和另一方订约者都要知晓该法案对此类保密条款可执行性所设定的限制。

33. 但是该法案也承认，在某些情形下和某些方面，公共机构与订约者之间保守秘密对于公共利益而言是适当的，应予维持。

34. 正如该法案承认有关例外规定的条款那样，如果有正当理由在合同中规定非公开条款，那么，公共机构应该考虑，如果可能的话，是否需要在合同中订立明确的条款以确认不应被公开的信息以及保密的原因。同样要予以注意的是，在合同中应包含这样的条款，即在公开信息之前，何时向第三方咨询是必要的或适当的。

35. 在非合同情形下，公共机构提出或接受保密义务时也要有类似的考虑。在一些情况下，这类义务对于从第三方获得信息来说是适当的，会受到该法案例外条款的保护。但同样重要的是，公共机构和第三方都应知晓该法案对此类保密所期望的可执行性所设定的限制，对于公共机构来说，要确保只有在与他们基于该法案所承担之义务一致的情况下，才能创设此类期望。

Ⅵ　申诉程序

36. 针对与其处理信息申请相关的申诉，每个公共机构都应设立适当的处理程序。同样的程序也可以用来处理与机构公开目录相关的申诉。在申诉经过非正式途径得不到迅速和令人满意的处理的情况下,如果申诉人向机构申诉,公共机构应该告之有关其内部申诉程序的详细情况;如果申诉人希望将此事项书面告知信息专员,机构应该告之联系信息专员的方式。

37. 当公共机构基于例外条款的规定,向申请人传达拒绝申请的决定时,根据该法案第17条(7)的规定,公共机构要向申请人说明所设立的申诉处理程序的详细情况(或者申明其没有设立这样的程序)。要做到这一点,机构应该提供有关其申诉程序所有的细节,包括如何提出申诉,并且,如果机构复审之后申请人仍然不满意,机构应告知申请人,根据该法案第50条,其有权向信息专员提出申诉。

38. 任何来自于申请人、表示对机构信息公开申请的处理不满的书面回复(包括通过电子手段传输的书面回复)都应被视为申诉,从某人处得到的有关其认为机构没有遵循其公开目录的书面通信也应被视为申诉。这些通信应根据机构的申诉程序得到处理,即使是在根据一般知情权提出信息公开申请的情形下、申请人并没有明确表示希望机构对其决定或对申请的处理进行复审。

39. 申诉程序应当对相关处理事项和根据该法案做出的决定,包括在公共利益要求信息不予公开的情况下做出的决定,提供公正的和彻底的复审。应该允许在重新考虑与该事项所有相关因素之后做出新的决定。申诉程序应尽可能的明确和简单,应有利于对申诉迅速做出决定。

40. 如果申诉涉及基于一般知情权的信息公开申请,那么,在可能的情况下,应由比做出最初决定的人员职位更高的人来进行复审。无论在什么情况下,公共机构都应该基于对申诉调查中所提出来的事项的考察,对该案做出完全的重新评估。

41. 在所有情况下,申诉都应该被迅速确认接受,申诉人应被告知机构预期对申诉做出决定的日期。如果要经过比预期更长的时间才能对申诉做出决定(例如因为特定案件的复杂性),那么,机构就应该告知申请人并解释推迟的原因。自始至终,申诉人都应被告知他或她的申诉的有关结果。

42. 机构应该根据一般的复审情况,设定合理的处理申诉的预期时间。每个公共机构都应该公开其对申诉做出决定的预期时间以及与机构如何达到这些预期相关的信息。

43. 所有申诉及其结果的记录都应被保存。机构应设立监督和复审申诉的程序,以及如果必要的话,在原决定不仅仅是被偶然撤销的情况下,设立处理信息公开申请的修正程序。

44. 如果申诉的结果是公开最初被拒绝公开的信息,那么,所涉及的信息应该在可能的情况下尽快予以公开,而且,申请人应被告知究竟多快就会予以公开。

45. 如果申诉的结果是机构的工作人员没有适当遵循处理申诉的程序,那么,机构应该向申请人道歉。机构还要采取适当措施以避免今后发生类似的错误。

46. 如果申诉的结果是支持最初拒绝公开信息的决定,或者在其他方面支持机构的主张,则申请人应该被告知他或她有向信息专员申诉的权利,并被告知如何提出申请。专员将对机构处理申请的情况是否符合该法案第一部分的要求做出裁决。

(江菁译;吕艳滨审校)

英国2000年《信息自由法》：地区议会的良好实践*

2004年11月

报告为优化发展局(Improvement and Development Agency)而作

优化发展局地址：

Layden House, 76－86 Turnmill Street, London EC 1M 5 LG

本文作者：

梅甘·卡特(Megan Carter)，名誉高级研究员，宪法组(澳大利亚)

吉姆·阿莫斯(Jim Amos)，名誉高级研究员，宪法组

本文的目标

本文的目标在于以良好实践为基础，以区议会为对象，确证和建议一种符合成本有效性要求的，贯彻和实施信息公开制度的进路。

---

* *the Freedom of Information Act* 2000：*good practice for district councils*(http://www.ucl.ac.uk/constitution-unit/foidp/Local/IDeA%20Good%20Practice%20for%20District%20Councils.pdf).

除了2000年《信息自由法》(FOI Act)之外,我们也对预计与《信息自由法》同时生效的新的环境信息规章(EIRs)予以考量,去考虑1998年数据保护法修订的影响。这些建议主要是以海外类似法律的电子化实施为基础的。

方法

- 考察更为广泛意义上可供比较的海外经验,包括1998年颁布《信息自由法》的爱尔兰,1993年颁布《信息自由法》的澳大利亚昆士兰州。这些地方政府的架构,都可与英国相比较;它们的《信息自由法》的核心特征也和英国存在着类似之处;而且可以得到对其的最新研究资料。
- 在这些地方的相关实践对于考察英国当局的状况是有裨益的;同时还要考虑新的环境信息规章和数据保护法修订所可能带来的影响,以确保这些建议将这些因素考虑在内。
- 在草案报告中提出理由充分的建议。
- 和优化发展局一起复审草案,以确定哪些领域将从更多的厘定和细节中获益。
- 修改拟定草案,征得一致同意后并提交这份报告。

建议的背景

对地方政府的关切表明,很多重要的地方机关发现它们并没有做好实施《信息自由法》的准备。一项由优化发展局进行,并在10月呈报给国会的研究确定,很多重要的地方机关都报告了实施中的问题和争议。这些问题主要涉及时间表、财力资源以及及时建议的来源。

在信息公开的准备中,很多机关的工作是可以被仿效的,有些机关通过小组和网络来加以相互支持,并在有效地展开运作。本文首先是为那些担心到2005年1月所做准备不能符合遵守法律的成本有效性进路要求的区议会而写作的。本文也可能为那些更充分准备的机关提供有用的清单。

本文的写作距《信息自由法》的全面生效只有几周时间,因此,我们的建议集中于为遵守《信息自由法》处理请求所必需的,需要给予合理保证的核心行为。我们解释了这些必要的核心行为和那些有价值有帮助行为的区别。在所有领域,我们的目标在于提炼出可被界定为符合成本有效性实践的那些精华。

主要的重点仍是在于《信息自由法》,在相关之处,我们将指出适用环境信息规章和修订后数据保护法的重要区别。新的环境信息规章适用于大部分由地方政府掌握的信息,例如,多数信息是由环境机构掌握,有些信息由住房署掌握。

如果认识到在大多数情况下,只有可以预见到对申请的拒绝时,了解在哪种制度中对豁免的考虑才具有重要意义,那么,才可以简化对这些不同的法律制度加以管理的任务。

为什么《信息自由法》对于地方机关有重要意义

当《信息自由法》的影响未被知悉,又存在很多其他紧迫的优先事项,例如那些关于电子政府的计划时,有时候就会提出是否有必要为信息公开进行实质性准备的问题。

事实上,任何特定的机关都不知道在什么时间什么卷宗中将出现什么问题,一些机关也可能在一段时间内遇不到有疑问的信息公开问题。然而,基于海外的经验和英国的现状,有充分的理由表明,唯一审

慎的方针是进行充分的准备。特别是:

- 这部法律很可能变得在公众中家喻户晓。它平等适用于超过10万个政府机关。信息专员有责任提供关于有效推进本法的信息。因此,出版社、非政府组织、压力集团、政治家和公众成员可能被期望能知悉《信息自由法》所提供的新的获取信息权利。[1]

- 申请人很容易去提出信息公开申请。像在某些海外行政部门中一样,没有申请费。除非适用不公开信息的规定,而且向申请人提供了拒绝信息披露的理由,否则,《信息自由法》都是假定信息应当被披露的。

- 在绝大多数适用不公开信息的规定的情况下,包括因商业利益的豁免,甚至当适用豁免时,公共利益标准的适用,都意味着机关必须对在披露和拒绝之间的公共利益加以权衡,除非它判定拒绝信息公开能保障更大的公共利益,否则就应公开该信息。

- 对于受挫的申请人的申诉,还有着便利的且无成本的向信息专员申诉的途径,信息专员可以要求有关机关披露它已拒绝公开的信息。

依照国际标准,《信息自由法》对于申请人的要求是宽松的。新环境信息规章在申请人的边界问题上,比《信息自由法》还要宽松。环境信息规章中规定的不公开信息要以《信息自由法》的公共利益标准为依归,而且与之相类似,受挫的申请人也可以向信息专员提起申诉。数据保护法的改变被引入《信息自由法》之中,这预计会带来更多对个人信息特别是针对第三方信息的申请。

因此,我们认为,《信息自由法》对于地方机关意义重大,而准备

---

〔1〕 据我们所知,一些报纸集团中的新闻记者正在被培训如何充分利用这部法律。

是至关重要的。

1. 职责和资源

每个议会都需要决定谁来负责处理涉及信息公开和环境信息规章的申请和控告，以及谁负责为申请人提供建议和帮助。为准许更高级人员来审查涉及信息公开的控告，负责作出信息公开决定的官员的级别应低于首席执行官(CEO)。

可能会由专门的信息公开官员，或由在不同部门的决策者承担作出信息公开决定的职责。如果选择集中的模式，那么，这些部门需要一位经过信息公开培训的联络官，他将找回相关的记录，并就记录的敏感度提出建议。

在最低限度意义上，需要有一个信息公开协调者的岗位(不一定是全职的)。协调者的职责包括：

- 记录和追踪申请
- 监控回应的时间
- 协调涉及多部门的答复
- 收集统计表
- 维护并更新公开方案
- 对系列范围内的决策者提供专门建议
- 协助准备提交给信息专员关于申诉案件的文件
- 在信息公开网络上作为议会的代表

这些责任可以与数据保护，信息、记录、网站管理，控告，或法定的政府官员职位相结合。

2. 所请求的可能是什么

咨询的水平

这旨在对需求的可能层次予以评判,对议会在下列领域接受咨询的水平予以考量:

- 一般的咨询通过它的公开接待处、通信方式或信息中心来接收
- 通过网站接收电子邮件
- 对议会废物管理、开发许可/拒绝(其中某些可能被环境信息条例所涵盖)等职能的控告
- 对邻人行为的控告
- 数据保护主题的申请
- 申请中标之后的任务报告

询问每个部门的管理者他们预期的问题是什么,或者什么会引起他们的关注,可能也是有帮助的。

通常的问题

海外地方机关最常收到信息公开请求的领域包括:

- 为邻人争端提起诉讼申请公开信息:狗、噪音、垃圾,尤其是居住区中的反社会行为
- 规划的许可/否决/实施状况
- 获取数据保护申请主题包括混合的涉及个人信息的申请/非涉及个人信息的申请
- 住宅分配:位置的列表、政策、标准、申诉
- 环境健康官员的调查和报告
- 失败的候选人的人力资源补充和选举文件

- 采购（由失败的投标人申请）
- 媒体或利益团体当前关注或争议的问题

海外地方机关接受请求的更多例子，见附录C。

3. 公开方案

回顾当前被批准的公开方案的运行和效率是颇有价值的。需要对如下三个方面予以优先检视：

- 使用这一公开方案的人是否易于理解包含何种信息，并易于获取这些信息？若非如此，他们将获得建议和帮助，并可能提出其他非必要的个人请求。一个共同的问题在于，当没有提供直接链接时，在网站上寻找特定类别的信息是比较困难的。
- 为减少可能的个人请求，是否应把更多种类的信息加入这一方案？去看一下上述的申请类型，检视一下可能导致申请的任何地方问题，检查它们是否可以由议会公开方案中的文件来答复。
- 是否存在对公开方案进行常规审查和升级的机制？在这种背景下，是否可获得使用分析？是否鼓励来自使用者的反馈？

如果公开方案已经不适当，那么，被界定为“经选择的晚近的信息公开申请和回复”的一系列信息，将为机关提供相应的框架，来有效回应突然涌现的关于最近主题的申请。

4. 记录和追踪申请

接下来，我们来考虑当前回复信件、申诉、咨询的期间。是否少于20个工作日？若果如此，这些项目是否被作为信息公开申请来确定和分类就无关紧要。若非如此，这些项目就需要被评估，以确定它们是否是信息公开申请，然后作相应处理。

一项信息公开申请应当包括下列情况下的申请：

- 信息尚未公开或得到，
- 被申请的信息没有被掌握，
- 被申请的信息已经掌握，但之前没有被披露而且可能被豁免（在记录中涉及外部的第三方，是问题被豁免的可能标识），
- 申请涉及大量的信息，可能要对费用加以考虑，
- 申请人明确地引用了《信息自由法》，
- 存在对在先信息申请未被答复的申诉。

如果有对请求加以记录的系统（例如，去记录在公开接待处或通过网络接受的那些请求），那么，应在现有的系统中对这些常规的咨询予以记录，并加以保持。

如果没有现成的系统，那么，可以使用 Excel 数据表模板（见附录 E）创建一个简单的记录系统，以统计认为将成为信息公开申请的咨询。某一官员或某一领域有责任去监控议会回应的适时性，或者每一系列的管理者有在自己的领域对此加以监控的责任。

信息公开申请追踪系统也便于分析信息公开申请的模式，这样可以确定在可能需要提供服务的领域内的缺陷。

5. 培训和知悉

所有工作人员至少要知悉下列基本情况：

- 公众有权获取议会所掌握的在信息公开、环境信息条例和数据保护项下的信息，
- 议会有责任为公众提供帮助和建议，
- 他们应提供咨询的对象，

• 他们所写的一切,都可能因信息公开被获得。

其职责主要在于与公众接触的人员(例如,公开接待处人员和一般咨询人员)需要充分的知悉培训,以了解对常规可得信息有哪些限制,尤其是通过公开方案可以获得哪些信息,并识别可能的信息公开和环境信息申请,把它们提交给指定的官员。

在每个部门中至少一名官员,必须对《信息自由法》、环境信息规章和数据保护法有充分的知悉,能彻底地搜索和回溯一项申请所涵盖的相关记录。每个部门中的一名官员(可能是更高职位的官员)需要进行更为详尽的培训,使得他们能够确定记录的敏感度,并决定是否可能适用豁免。这名官员可能是分权化下的信息公开决策者,或者可能为集中化的信息公开决策者提供建议。很多负责审查信息公开案件申诉的高级官员也应参加更为详尽的培训。

6. 收费政策

每个议会应当制定自己关于信息收费的政策,在观念上它应与其他地方机关的政策相一致。这也适用于公开方案,其中某些信息可能产生费用。环境信息规章准许收取费用,收费水平需要根据可能获得的核心建议来决定。在网上,在信息公开手册和表格中,都应可获得此收费政策。

信息公开费用方面的规章将规定对信息公开申请收取费用的情形。目前的费用承担如下,当消耗在搜索和回溯记录上的时间成本小于450英镑时,不收取任何费用。然而,可以收取基本的成本费用(复印的成本,制作CD或唱片的成本,邮资等)。

这要求议会在着手处理关于信息公开申请的实际工作之前,评估可能的成本,并在适当的时候帮助申请人减少申请成本。为了能更准确地评估将来的申请,并支持许诺给信息公开的资金预算,记录在信息申请上花费的时间,这是颇有助益的。

7. 记录管理

所有地方机关都被期望遵守记录管理守则,要求详细说明关于记录管理的适当政策、程序和制度。对于较为长期的资料管理方案,有多种来源的指南。可以从国家档案局(地方政府的标准行动计划)[1]获取该指南。然而,在1月1日前仅有的这一小段时间内,可以制定一些短期的计划。

由于《信息自由法》有完全的溯及力,因此,大量的记录很可能是纸质形式的。议会是否有文件题目的清单或索引?他们在索引中是否使用一致的关键词(如“汽车”或“机动车”)?索引是不是自动化的?如果索引不是自动生成的,那么,使用有分类和查找关键词能力的程序,诸如Word、Excel或Access,很容易使之自动生成索引。根据保管和存废期限表去除纸质记录,可以减少依申请必须检索的文件量。

对于电子文件,议会是否实施了去除电子文件(例如,那些在Word或Excel中创建的文件)草稿版本的政策?工作人员应该知道,这些草稿也是信息公开法项下的记录,而且也可能被申请公开。

对信息公开申请人而言,电子邮件是常见的记录形式,而且,工作人员应该知道电子邮件是可以披露的。电子邮件应当根据保管和存废期限表删除。如果议会没有完整的电子文件记录管理系统,那么,

---

〔1〕 这个文件见 http://www.nationalarchives.gov.uk/policy/foi/pdf/local_government.rtf。

他们需要制定关于保存电子文件的时间和形式的方针。可以将内容主题作为电子邮件的题目,以电子形式将邮件保存在文件夹或目录中。对于主要基于文件的记录系统,最容易打印出相关的电子邮件,并把它和同一主题的其他文件放在一起。不允许把收件箱作为文件系统的一部分!信息公开实践中的其他改进同电子邮件的语言和随意性程度以及标题中使用便于查找的主题词相关。

8. 审查其他政策和程序

《信息自由法》对现有议会政策的影响,涉及对来自外部信息的搜集或获取。应当对这些政策加以审查,以评估对所掌握的信息是否承诺是保密的,例如,能否根据《信息自由法》来维持这些信息,若非如此,这些政策应做怎样的相应修改。

审查的范围包括:

- 接受申诉和辩解(包括承诺为申诉人保密),
- 调查(包括对证人的承诺),
- 采购(广告和邀请投标的期限),
- 合同(限制信息披露的任何条款),
- 含有对信息披露限制的其他立法。

在国外已确定的是,为落选的投标人和候选人提供更好的信息反馈,将减少来自这些人的信息公开申请数量。

9. 网络/共享专门技术

在国外,已证明所有层面的网络为信息公开的实施提供了多种便利。它们为发展和适应符合成本有效性的程序、政策和系统提供了方法，例如，为应对《信息自由法》和环境信息规章项下的申请所开发出来的记录和追踪系统。它可以很容易实现不同议会之间信息的共享；可以发展关于披露和豁免的记录类型政策，去适用于所有的议会，并通过讨论公告栏或安全网络共享；可以发展专门化的培训，去为人力资源工作人员、政府采购官员、规划官员等目标团体提供这些服务；网络为改善信息公开实践的质量和连贯性，减少公众批评决定不连贯的可能，提供了一个可能的传输装置。

信息公开官员组织的定期会议（面对面或通过视频）提供了讨论近期问题案件、“循环”申请和信息专员决定（当他们开始被发布时）的平台。会议提供了讨论疑难案件的机会，并发展了在最初申请和对专员申诉时有关公共利益和损害标准的主张。

他们也起到了为信息公开实践者提供相互支持的作用。作为信息披露决定的结果，信息公开官员在政治上可能会处于困难的境地，而和知名且可信的成员们一起，通过电话、电子邮件、讨论公告栏等支持网络的参与，可以开辟出一条获得建议或支持的途径。

对于学生感兴趣的主题，议会也保持着与地方学校和大学的联络，并促进准备相关材料，使学生们可以获得这些材料，而不是通过个别学生的一系列信息公开申请来获得。

附录 A：爱尔兰的信息公开

1997 年，爱尔兰每个地方当局都被给予财政资金，在最初的 18 个月期间设置一个额外的全职岗位用于信息公开的协调。这期间协调人的时间全部用于信息公开的实施问题，特别是公布的问题，对政策和程序的审查，以及培训。地方政府管理服务委员会（LGMSB）建立了信息公开官员的网络，并建立了小组委员会，来发展记录管理政策、改进人力资源过程以及公布的模式。这个网络每个季度在都柏林开会，并召开年度讨论会。虽然在过去的几年在一起讨论的倾向有所衰减，但是该网络仍被认为是一种极好的资源，也是对地方当局信息公开职能的支持。

对于信息公开专门职位的需要，在《信息自由法》启动后开始迅速变得明显，只有最大的市议会才需要一位全职的信息公开官员（事实上，在最大的都柏林市议会，有不止一位全职官员）。市议会赋予信息公开官员额外的责任，包括数据保护、信息/记录管理、申诉、联络督察专员、选民登记、为关于议会或一般行政管理的问题准备答案。

在市议会中，信息公开官员的职位设在合作服务或合作事务/管理部门中。当信息公开官员不承担数据保护职能时，这种职能由IT部门履行。信息公开官员不必然承担信息公开决策者的职能，但是可能与诸如采购、规划和发展、住宅等领域的特定主题决策者保持联络。他们继续维持这种公布，并在一些情况下被指定为网站内容的管理者，从而发挥更大的作用。

爱尔兰地方当局收到的信息公开申请中有60%～80%是来自私人的；在英国，被处理的绝大部分申请是关于数据保护的。

非涉及个人的信息公开申请的数量一直相对较少，在最大的市议会——都柏林市议会，每年也不超过200件。然而，有时一项单独的申请可以有非常多的内容。

示例A：一个居民团体向议会提交了一项关于废物处理厂所有记录的公开申请。与这家处理厂建成有关的契约文件有49卷；他们还要求获取“所有的信件、备忘录和报告等”，共计数个档案柜。

大约10%的申请来自媒体,20%来自产业界,其余的来自利益集团和公众成员。爱尔兰《信息自由法》最近的修正案(2003)对非涉及个人信息的申请和申诉强加了前置的收费,戏剧性地减少了申请和申诉的数量。

在实施中,为减少信息公开申请和相关问题的产生,有关部门投入了相当努力,以审查数个关键领域的政策和实践。例如包括:

采购。审查全部程序;审查关于广告和邀请投标的声明,而且明确规定了信息公开的要求;强化了任务报告,并为失败的投标人提供更多细节。

人力资源。审查选拔和晋升程序;发展出关于所援引资料的可获得性的更清晰说明;为落选的候选人提供常规化的决定理由和反馈。

住宅分配。审查政策;针对在等候名单上的申请人地位和优先次序提出建议。

处理申诉。审查关于邻人行为或反社会行为的申诉方面的政策,尤其是审查这些申诉是否是保密的。

记录管理。已经发展出适用于所有地方当局的,关于记录制作、保存和处置的政策。

附录B:澳大利亚昆士兰州的信息公开

在昆士兰州,地方议会的最高主体是昆士兰州地方政府协会,它通常推动了在某些一般的及特定的主题上建构州和地区议会层面的网络。在早年(1992~1994),信息公开的特征在于它成为每季度会议和年度会议的主题,但近年来讨论的焦点则是《信息自由法》修正案,以及隐私立法的引入。

1992~1993年间信息公开的实施是由司法部和检察总长在州和

地方政府之间加以协调。相关部门特别为地方政府制作了一本信息公开政策和程序指南，并开发出了对信息公开申请的追踪和统计系统，免费分发给所有机构，此外，还分发了小册子、表格和包括录像在内的进一步材料。中心机构通过各种方式提供信息公开决策者培训，包括组织面对面的地区性培训会议；当技术不允许视频讨论或以互联网为基础的形式时，则进行交互式的卫星广播。

在1993年引入信息公开制度时，较大的市议会设置了全职的信息公开职位，而较小的市议会则为现有职位，例如，社团服务管理者、记录管理者或法律官员等增加了职责。当没有出现预期的大量申请时，除了三四个最大的市议会之外，大部分全职的信息公开职位被重新归并入议会之中（在最大的布里斯班市议会，有数个负责信息公开的全职工作人员）。2002年昆士兰州《信息自由法》修正案增加了申请的费用，与爱尔兰修正案类似，结果是减少了申请的数量。

根据地方政府法的要求，地方当局已被要求了一段时间，要使某些记录可以获得（例如，除了秘密信息之外的会议记录），当引入信息公开时，要求可以普遍获取的信息数量有了大幅度增加。很多地方当局决定出版和销售他们掌握的更有价值的信息，以获得收入来弥补执行信息公开的费用（在当时对非涉及个人信息的申请而言，除了30美元申请费之外，其他的费用可以忽略不计）。随着网络的出现，公众可以通过自由下载的方式获得绝大多数文件，所需要支付的只是打印复印等硬拷贝的费用。然而，仍有许多诸如选民名册资料、城镇规划、建筑和开发许可清单和地方历史出版物之类的信息被一些市议会以商业价格销售。例如，布里斯班市议会城市规划手册的售价是424澳元，而交互式的光盘版本是736澳元；悉尼市议会每两周一期的建筑许可清单，订购价为每年500美元；都柏林市销售各种地方历史档案材料和小册子，价格从1～55爱尔兰镑。

简略的比较

国家	人口	议会数量	信息公开申请数量	职员数量
英格兰/威尔士	50,000,000	500		
昆士兰州 2002	3,800,000	137	1300	
爱尔兰 2003	c. 4000,000	34	2668	
市议会				
布里斯班市	930,000		336	c. 6000
卡布澈郡	121,000		21	650
都柏林市	400,000		359	c. 6000
利默里克郡	113,000		57	

与此比较相关的主要区别

在澳大利亚,地方当局不负责教育或住房,尽管它在健康和社会服务领域的职能可能少于英国,但还是承担其他类似的职能。在爱尔兰,地方当局不负责教育,但承担着与地区议会类似的职能。

在澳大利亚和爱尔兰,信息自由法要求申请人提出申请时援引信息公开法的条文,而且统计数据反映了这项要求。每年对市议会的书面咨询总量是比它多很多倍的数字。

在澳大利亚和爱尔兰,是根据信息自由法而非数据保护法或隐私权法来处理相关主题的公开申请。这部分的个人请求要占总数的15%~25%。

昆士兰州地方当局在2002年收到了1300件公开申请,其中,15%是来自个人的申请。其中45件要申请内部审查,51件是向信息专员提出的申诉。这些总共收取了45,000澳元的费用。

在这1300件申请中,所溯及的被加以考虑的文件有297,000份(平均每份申请涉及228页的文件),其中,200,000份文件被全部公开。所主张的不公开主要依据是:

- (第三方的)个人信息

- 商业敏感信息
- 秘密消息
- 信息提供者的保密身份
- 法定特权

附录C:爱尔兰和昆士兰州收到的信息公开申请的示例

经常被提出的问题:

- 由成功的投标人提出的成功投标申请书和其他文件,或与之相关的文件,以及由议会制作的,在评估另外两名失败投标者的投标申请书过程中的各种文件(涉及废物处理、道路工程、车辆采购等方面的投标者);
- 关于市议会特定雇员的薪酬信息;
- 关于议员的旅行和交际费用的详细资料;
- 表明针对申请人提起申诉的申诉人身份的信函(例如,对噪音、犬吠、废物处理等的申诉);
- 环境问题:

——废气排放许可;

——综合污染控制许可;

——污水排放许可;

——地下水保护计划;

——电池的处理;

——市议会购买的再生产品数量;

——废物处理计划;

——对循环利用分包商的评估;

- 遴选委员会为工作人员晋升而对其进行评估的报告,评估涉及包括申请人在内的所有候选人；

• 涉及镇议会获得财产的信息，包括销售价格和评估报告；

• 关于市议会住宅政策的记录；对申请人申请的评估和拒绝的理由；

• 在市议会居住区中的申请人针对反社会行为提起申诉的副本。

其他申请：

• 市议会许可巡回食物销售者的名单，以及被许可经营这项业务的车辆牌照号码；

• 记录市议会代表和外部公司磋商的文件，阐明第三方投标的细节；

• 一家对议会经营画廊的筹款能力进行可行性研究的公司常务董事，写给市长的信；

• 针对议会官员没有适当处理申请人先前被邻家之狗所咬的申诉，市议会的合作小组的报告；

• 外部的律师写给议会的信件，涉及对一家公司专利权和著作权侵权的指控；

• 在议会和议会法律顾问之间的通信；申请人无根据地主张议会和各种犯罪人之间的勾连；

• 议会得到的完整法律建议副本；建议的实体内容已在地方报纸发表的文章中披露；

• 自行车事故的调查报告和申请人可能向议会提出的损害赔偿主张，包括市议会和保险公司之间，关于是否拒绝为申请人遭受伤害承担义务的通信；

• 由市议会委任的地质咨询公司，对于运河不动产开发中的运河墙稳定性的研究报告；关于议会的补救工作义务以及为补救工作进

行的预算拨款范围;

- 地方纳税人协会和市议会之间的通信;
- 议会顾问制作的关于废水处理厂的替代性管理策略报告;
- 关于申请人提出的拟议污水灌溉计划的咨询报告和部分以这份咨询报告为基础的环境管理计划;
- 申请人因来自相邻业主的水流溢出导致财产损害的相关申诉文件;
- 关于议会为从河流中取沙的商业经营者设定的销售财务条款的信息,特别是准许开采的物质总量,每年需要挖取物质的最小量和实际挖取的量;
- 关于电厂的开发商和废水销售者的协议文件;
- 关于议会对其所有土地的估价,以及从这些土地收取的地租记录;
- 环境健康官员根据申请人的要求进行检查的报告副本;
- 关于对肉店所有者进行检查和提起随后起诉的所有记录(由当地报纸提起申请);
- 对公共土地上草坪量提起申诉的人的姓名和地址;
- 市议会发布的树木保护次序的数据;
- 议会环境和规划部门执行的各种起诉和强制执行的命令,命令的性质,后来被定罪的数量和1998年以来的成本估算;
- 在其他人(不包括邻居)所有的土地上建筑房屋许可的记录;
- 开发商和市议会在协商期间的通信记录;
- 在评估和许可由第三方提出的对议会所有的土地开发申请中,回应者收到或形成的文件;
- 一条狗在公共道路上撞了申请人的机动车,申请人寻求信息以确定登记的犬主。

附录 D:信息公开准备的自我评估核查要点

角色和职责

☐ 已安排了信息公开协调人角色

☐ 已确定了信息公开决策者

☐ 指定了一个或更多高级工作人员,处理信息公开申诉

☐ 确定了信息公开协调人,并与地方或部门信息公开实践网络保持联络

程序

☐ 已开发出处理信息公开申请和申诉的程序,并传达到相关人员

☐ 记录和追踪信息公开申请的系统已就位

☐ 已经创立信息公开回复信件的模板

☐ 在网站上公布了信息公开收费政策,在宣传册、公开材料、信息公开表格中都写入了收费政策

培训

☐ 所有职员接受信息公开的知悉培训

☐ 如何识别信息公开申请以及如何处理这种申请

☐ 信息公开对他们工作的影响,例如,他们应如何记录信息,书写电子邮件

☐ 信息公开决策者和那些处理信息公开申诉的人应受到更为详细的培训

记录管理

☐ 每个部门中的信息公开协调人和联络官应熟悉已持有的记录

☐ 存在政策和保留时间表,并正在实施

——剔除不必要的纸质的和电子形式的记录

——打印电子邮件,移至适当的存储文件夹,或定期剔除

□ 已完成出版计划,在网站上或以其他方式可获得出版物

□ 已审查的其他政策

——采购和对投标者的反馈

——申诉处理和关于保密的声明

——其他含有对信息发布限制的立法

□ 已成功地进行了至少三件可能申请的演练

□ 已开发和实施了公众知悉计划

附录 E:建议的信息公开记录和追踪系统的格式(Excel)

所附的 Excel 电子数据表,是一个简单的系统的例子,可用于对申请的基本信息进行记录和追踪。这类系统被爱尔兰和澳大利亚众多的地方机关所使用,并被证实是有效的。

事实上,将有更多的信息需要被搜集和记录。例如,关于内部的以及和第三方之间的磋商信息,如何适用公共利益标准的更详细资料,以及通信的副本。这些信息应被记录在单独的案件卷宗中。

所展示的 Excel 系统很容易被修改,并提供非常简单和可立即利用的解决方案。接受更多申请的当局可能会从为特定目的设计的软件中获益更多,在其他国家使用着的多种解决方案,在这里也可使用。

地区议会还不能决定究竟用哪种解决方案,可能会发现这或者是一种过渡的解决方案,或者是一种较长期的解决方案。

记录和追踪 Excel 电子数据表的例子

A	B	C	D	E	F	G	H	I	J	K	L	M	N
信息公开申请#	姓名	地址	申请	收到日期	预计日期	完成日期	所用时间	全部披露	部分披露	拒绝	收费	检索时间	其他时间
例 F05/01	Smith	12XXX	(描述)	30/01/2005	31/01/2005	26/01/2005	23	是			2.4 镑	3.25	4.5

注释:

A:信息公开申请#:这对于相应的引用和制作信息公开文件是有用的。

B、C:如果在议会中有相应的跟踪系统,这些项目可能不是必要的。

D:对申请的简洁描述。

E:收到日期——议会任何部门收到的日期,不只是信息公开官员收到的时间

F:到期日期:28 天加上收到的日期(副本公式"=收到日期+28")填入该栏

G:可因公共假期或时钟停止而手动修改

H:所用时间——副本公式"=完成日期-收到日期"填入该栏

I、J、K:记录是/否的回应,或披露的文件的页数,是全部、部分或者拒绝

L:收费——包括开支(影印,邮资)

M:所有人员在检索和找回记录中花费的时间

N:记录花费的其他时间(做出决定等)

(这些栏目可以被简单地合并,但从收费制度的角度,把检索时间区分出来,可能是有用的)

在每一个报告期间终了时,计算申请的总量,被全部或部分披露的费用,平均的所用时间、检索时间及其他时间。

(宋华琳译;吕艳滨审校)

信息公开一年间*

英国下议院宪法事务委员会

2005—2006 年会议第七份报告

宪法事务委员会

宪法事务委员会(以前该委员会属于司法大臣办公室)由下议院任命,负责检查宪法事务部的开支、管理和政策及与公众团体进行沟通。

现任成员

下院议员 Rt Hon Alan Beith(自由民主党,Berwick-upon-Tweed)(主席)

下院议员 James Brokenshire(保守党,Hornchurch)

下院议员 David Howarth(自由民主党,Cambridge)

下院议员 Barbara Keeley(工党,Worsley)

下院议员 Mr Piara S Khabra(工党,Ealing Southall)

下院议员 Jessica Morden(工党,Newport East)

下院议员 Julie Morgan(工党,Cardiff North)

---

* *Freedom of Information-one year on* (http://www.publications.parliament.uk/pa/cm200506/cmselect/cmconst/991/991.pdf).

下院议员 Mr Andrew Tyrie(保守党,Chichester)

下院议员 Keith Vaz(工党,Leicester East)

下院议员 Dr Alan Whitehead(工党,Southampton Test)

下院议员 Jeremy Wright(保守党,Rugby and Kenilworth)

权力

本委员会是一个部门特别委员会,其权力由下议院议事规则设立,特别是第 152 号议事规则。这些可见于 www. parliament. uk 网站。

出版物

委员会的报告和证据由皇家文书局根据议院的命令刊印。

委员会的所有出版物(包括印刷通知)登载于 www. parliament. uk/conaffcom。

委员会工作人员

当前的工作人员包括 Roger Phillips(书记员),Dr John Gearson(第二书记员), Richard Poureshagh(委员会助理),Alexander Horne(法律专家),Anne Woolhouse(秘书), Tes Stranger(高级办公室职员)和 Jessica Bridges—Palmer(委员会媒体官员)。

联系方式

通信的姓名和地址应当写,宪法事务委员会书记员,下议院,7 Millbank, London SW1P 3JA。一般咨询的电话是 020 7219 8196,电子邮件地址是 conaffcom@ parliament. uk。

媒体咨询应当写,Jessica Bridges - Palmer,委员会媒体官员,下议院,7 Millbank, London SW1P 3JA。一般咨询的电话是 020 7219 0724,电子邮件地址是 bridgespalmerj@ parliament. uk。

摘要

《信息自由法》于2005年1月1日生效。它带给公众获取由遍及英国的10万以上地方当局所掌握信息的权利。新环境信息规章也于同日生效,它提供了获取环境信息的单独机制。我们进行这项调查,旨在研究第一年的信息公开经验,并考量它已经产生的效果。

我们知道,《信息自由法》的实施已经带来意义重大的新的信息披露,而且这些信息已经被一定范围内不同的个人和组织以建设性的、积极的方式加以使用。我们看到很多因这部立法而受益的例子。公共机关为满足《信息自由法》的要求所作出的努力,给我们留下了深刻的印象,这是重要的成功。

最常被申请人提及的问题是政府部门在申请回应中的延迟。公开的数据表明,很多案件的回应时间不符合法定的20天要求。加之,在实践规则中缺乏对“合理”时间限制的解释,这使得公共机关为了做出符合公共利益的决定和进行内部审查,而不确定地将回应时间延长达数月之久。这些延迟破坏了《信息自由法》的效力,并削减了公众的利益。我们已经确证在很多领域,宪法事务部可以也应该推进对本法的遵守程度。最终目标是朝向更为公开的文化转变,但当下优先的是对于本法更为坚定和自信的实施。

我们的整体印象是,在2005年里,由信息专员办公室提供的申诉解决程序是不令人满意的。我们听取了来自申请人和公共机关的证词,他们为等待信息专员开始调查他们的申诉而耗时了数月时间。在证人给出的例子中,调查的质量和在最终决定中提供的信息都是不充分的。然而,我们高兴地注意到信息专员办公室所做出的努力,它们在第一年富有挑战而振奋人心的工作负荷中不断学习,以更有效地调查申诉。专员告诉我们，他将在 2006 年 9 月公布一份进展报告，我们将用这份报告来评估是否还有必要进行追踪调查。

我们看到信息专员开始转而直接向议会负责，并由它拨款，这是有相当意义的。我们建议当有机会修订立法时，将这一改变考虑在内。

我们还关注了另一个领域。电子记录的长期保存被普遍认为是一个值得关注的问题。国家档案局（The National Archives）告诉我们，它发布的指导性文件给人印象深刻，但证据表明，在一些公共机关中的记录管理需要实质性的改进。这就要求部门记录管理系统中要有更为主动的领导层以及管理上的改进。

我们感到失望的是，宪法事务部大臣阿斯顿女男爵在继续为我们提供关于保证长期保存数字形式文件的政府计划证据时，没有认识到这存在着严重的威胁。需要用计划来处理迅速的和重大的技术变化，以及不可避免的存储介质退化。国家档案局和宪法事务部必须率先开发这些计划。没有适当的承诺来确保被掌握的信息以可检索的形式存在，信息公开就没有力度。

1. 导言

1.《信息自由法》在 2005 年 1 月 1 日全面实施。它带给公众获取由遍及英国的 10 万以上地方机关掌握的信息的权利。新环境信息条例也于同日生效，它提供了获取环境信息的单独机制。环境信息条例适用于更广泛范围内的组织，而且不公开信息的规定更少，但是，由于《信息自由法》的存在，信息专员有权促进和加强它们。

2. 包括澳大利亚、新西兰、加拿大和美国在内的许多国家，许多年前就已有了信息公开立法。然而，法律上的区别在于，它们已贯彻了获取信息的基本权利，因此难以预见英国在第一年实施中的可能经验。英国实施的某些独特方面在于：

- 在四年的准备期之后，在所有公共主题中同步实施（“大爆发”式的进路）；
- 它具有完全的溯及力；
- 在信息申请中不要求去援引《信息自由法》；
- 提出申请、向信息专员申诉或上诉至信息法庭均不收费。

第一年里之所以有相对更多的申请和申诉，以上的所有因素都具有重要的作用。

3. 在我们之前 2004 年 12 月 1 日公布的信息公开报告中，[1] 我们的结论是，公共部门对于信息公开的准备情况是杂乱无章的。我们进行当前的调查，旨在研究第一年的信息公开经验，并考察它已经产生的效果。我们将去评判：

- 信息专员在提供指导、发布决定和参与信息裁判所中的作用；
- 申请人在信息公开实施第一年中的经历；
- 公共机关在信息公开实施第一年中的经历；以及
- 宪法事务部在提供核心指导，包括在中央政府数据交换中心的运行方面的作用。

4. 我们搜集了来自上议院大法官福尔克纳勋爵、信息专员理查德·托马斯、在部长阿斯顿女男爵领导下的宪法事务部会议、国家档案局局长纳塔利·切尼、申请人以及公共机关的口头证言。委员会还参观了在威尔姆斯洛的信息专员办公室和在圣安德鲁斯的苏格兰信息专员办公室。

---

〔1〕 宪法事务委员会，2004 ~ 2005 年会议第一份报告《2000 年信息自由法——朝向实施的进步》，HC 79 – I & II。

2. 信息公开实施第一年

5. 信息专员估测，在2005年，根据《信息自由法》提交的申请在10万到13万件之间。没有关于整个公共部门所收到申请总量的单独统计，但例如，宪法事务部的统计表明，中央政府部门大约收到了3.8万件申请。[1] 地方当局表明它们收到了大约7万件申请，而警察部门收到的大约有2.1万件。[2]

6. 由信息专员办公室委托的调查表明，根据《信息自由法》提出的最常见的信息公开申请的类型包括：关于政府机构的统计表，它作出决定的相关信息，以及开支和契约的详细资料。[3] 媒体对信息公开的报道以及由信息专员办公室提供的概略印象，援引了数百篇阐明2005年信息公开广度和数量的媒体文章。其例子包括：

- 学校和大学要求考试通过等级的百分比；
- 饭店、旅馆和学校厨房的卫生报告；
- 朝向提高政府效率目标改进的细节，包括费用削减行动启动之后所削减的冗余；
- 关于近100万儿童使用有缺陷结核病疫苗的信息；
- 关于与刀具和酒精相关犯罪的地区间比较数据，以及
- 公共机关的咨询费用。

7. 信息专员告诉我们，在他看来，信息公开正在进行，而且《信息自由法》在所有公共部门中产生了重要的影响：

---

〔1〕 www. dca. gov. uk/foi.

〔2〕 www. dca. gov. uk/foi; Qq126 and 127.

〔3〕 www. ico. gov. uk.

人们提出了大量申请。而且,我再次保证,多数申请者都是公众的一员,而不像一些人预测的那样,只是来自于媒体和压力集团;公众是《信息自由法》的重要使用者。现在有非常广泛的信息进入了公共领域,没有信息公开它们不可能被披露。[1]

8. 宪法事务部指出,一些非常重要的披露越过了中央政府,而"地方机关和地方服务供应者正在披露对人们的日常生活、公共服务和环境有实际价值的信息"[2]。

9. 提供证据的《信息自由法》使用者也是积极的。信息公开运动的主管莫里斯·弗兰克尔告诉我们:

已经披露的信息数量和它们的重要性令我非常惊喜……我想我们拥有一部非常重要的值得投入精力的法律,而它此刻正在发挥作用。[3]

10. 对于新闻记者来说,《信息自由法》显然也是有用的。来自《卫报》的大卫·亨克声称,"我对于这部法律的一些部分感到非常惊讶和喜悦。"[4] BBC 提交的一份书面文件宣称:

自 2005 年 1 月以来,来自 BBC 各个部门的众多新闻记者和节目制作人寻求利用《信息自由法》和环境信息规章来获得新闻的素材。根据所获得的信息已产生了涵盖范围广泛的多份研究报告。已经证实信息公开是一个有用的工具,使得新闻记者能进入他们事实上应该能进入的公共领域,并获得资料。[5]

11. 多份证词提供了所获取的信息被有建设性地加以使用的例

[1] Q2.

[2] Ev 44, para 3.5.

[3] Q104.

[4] Q104.

[5] Ev 81, para 2.

子。据全国志愿组织联合会介绍,志愿者和社区组织正在利用《信息自由法》来查明,公共机构是如何做出决定的。[1] BBC 列出了许多调查报告,其中通过信息公开获得的信息已发挥了重要的作用。[2] 这些报告涵盖了给人印象深刻的一系列主题,包括学校的绩效、警察的内部指南、食品卫生检查以及核电站安全问题。宪法事务部的关于重要的新信息披露的示例,包括对农场主个人支付的共同农业政策补贴,20 世纪 80～90 年代关于核废料的储存、英国退出外币兑换体系以及马岛战争的详细资料。[3]

12. 国家档案局宣称:

在 2005 年 1 月的第一个工作日,政府部门主动披露了 5 万份记录,使之在国家档案局可以公开获取。这些记录包括的信息……从波顿草原的研究到包办婚姻……内政部关于审查博彩法律的文件,以及大麻的分类。[4]

来自国家档案局的证据突出了信息公开对于学术研究者的价值:

学者有新的信息来源用以理解和解释政府做出的决定。为了写这个国家历史的主要部分,不须再等 30 年。《信息自由法》以及可得在线信息的增加,使得学术研究者开始开拓新的研究契机,虽然可能还要在若干年后,才能完全洞悉对研究趋势和模式的影响。[5]

13. 我们明确知道,《信息自由法》的实施已经带来了意义重大的和新的信息披露,而且,这些信息被一系列不同的个人和组织以建设性的、积极的方式加以利用。我们看到很多因《信息自由法》而受益

---

〔1〕 Ev 80, para 4.3.

〔2〕 Ev 82－83, para 10.

〔3〕 Ev 44, para 3.4.

〔4〕 Ev 58, para 1.

〔5〕 Ev 58, para 1.

的例子。公共机关为满足《信息自由法》的要求所作出的努力给我们印象深刻。这是重要的成功。

14. 尽管有这样的成功,我们也发现,《信息自由法》的遵守程度是易变的。BBC 告诉我们,"总体来说,那些试图使用信息公开的 BBC 新闻记者和节目制作人的经验是,公共机关的反应是杂乱的、不一致的,有的机关是高效合作的,有些则并非如此。"[1]证人其他的关注点涉及迟延和对申诉的不适当解决。我们在后面的章节中会继续讨论这些问题。

3. 申请人的经历

申请人基于《信息自由法》所享有的权利

15.《信息自由法》要求公共机关在 20 个工作日内提供申请人所要求的信息。如果公共机关遵守了法律,而且申请人对回应满意,那么问题通常能在 20 日的期限内解决。如果申请人不满意,最初的申请可能变成漫长程序的第一步。例如,当公共机关拒绝提供被申请的信息,申请人认为这是对不公开信息规定的错误适用时,将遵循的程序步骤如下:

i. 申请人提交书面的信息申请。公共机关应该确认收悉这项申请,在 20 个工作日内,或者正常提供信息,或拒绝并宣布适用不公开信息的规定。

ii. 某些不公开信息的规定要经过公共利益标准的判断。当公共机关适用一项或多项不公开信息的规定时,必须在 20 日内向申请人传达其决定,但是,即使信息在豁免范围之内,但仍须用"合理的"额

---

〔1〕 Ev 83, para 19.

外时间来考量,根据公共利益标准是否应披露此信息。

iii. 如果申请人对机关的回应不满意,他可以要求机关进行内部审查。对于内部审查没有法定的时间限制;然而,除非申请人表明他已用尽了公共机关的内部审查程序,否则,可能难以进入下一个阶段以获得救济。

iv. 申请人收到了来自公共机关的内部审查决定的信件后,如果仍然不满意,他可以向信息专员申诉。对信息专员的调查没有法定的时间限制。

v. 申请人可以就专员的决定,向相对应的信息裁判所起诉,最后可以就法律问题要点向相对应的法院起诉。

这就证明,在此过程的所有阶段都发生着延迟,而且不得不提及的是,对这些延迟没有任何惩处措施。

延迟

16. 申请人最常提及的问题是对申请回应的延迟。莱斯特勋爵把外交部对他请求的回应描述为"完全不令人满意的"。[1] 他解释道,"外交部宣称,他们将在我2005年2月15日提出申请的20天以内答复我,但他们用了一年多的时间才给我答复。"[2] 地球之友组织也遭遇了相似的问题:

> 地球之友在2005年提出的108件申请中,81件没有在20个工作日内得到回应。在这81件中,有27件,相关机构根本没有为这种延迟提供任何解释……一些公共机关用数月的时间来回应申请……收到信息的迟延程度,显著削减了新法律的实用性。信息和申请人的关联程度,通常会随着时间而削减,以至于在申请六个月之后,获得该信

〔1〕 Ev 101, para 20.

〔2〕 同上注。

息的意义变得不复存在。[1]

17. 公开的数据表明，很多情况下，有关机构没有遵守20天的法定回应时间。例如，在由专员在2005年10月20日发布的三项决定通知涉及的单独申请案中，内政部超过了20天的时限已达数月之久，宪法事务部的统计表明，延迟的回应大约占针对中央政府申请的10%。

公共利益标准的延伸

18. 《信息自由法》要求公共机关在20个工作日内提供申请人所要求的信息，信息公开的例外要符合公共利益标准的要求，而且公共机关可能正当地用"合理的"额外时间来考量和决定，维持这种公开的例外，是否比信息披露能更好地符合公共利益的要求。

19. 在他们提供给我们的证据中，申请人描述了为进行公共利益考量，而导致决定被多次延迟的情形，有时延迟达数月之久。莱斯特勋爵提交的证据描述了这一情形，为了公共利益的考量，提交到信息专员办公室的信息申请处理延长了接近三个月的时间。[2] BBC说它也曾有这样的经历，"公共机关用几个月去评估公共利益标准(反复延长对他们有自我拘束作用的时限)。"[3]

20. 宪法事务部的监控统计表明，中央政府部门对2005年提出的大约10%的申请使用了"被准许的延长"，但是，没有关于耗费额外时间长度的信息。[4] 假如公共机关向申请人提出需要额外时间的建议，这一数据就包含在"及时"处理的申请统计之内。这种延迟可能只是大约数天，但来自申请人的证据表明，延迟有时是几个月。

---

[1] Ev 87, para 14 – 16.

[2] Ev 100, para 7 – 11.

[3] Ev 83, para 13.

[4] www. dca. gov. uk/foi.

21. 信息专员告诉我们：

我越来越对他们需要现在耗费的那么多时间表示怀疑……我希望我在发出非常明确的信号，即公共机关在耗费过多的时间去考量将不被接受的公共利益因素。我们的工作趋向于提供更为明确的导引。我不能在这方面创制法律，但是……两个月已经是足够长的时间，足以让任何人完成公共利益因素的权衡。[1]

在本报告的第六部分中，我们仍将讨论这一问题。

冗长的内部审查

22. 当某些公共机关用数月进行内部审查时，BBC 等申请人也遭遇了延迟。[2] 冗长的内部审查所造成的影响之一是，申请人可能被阻止启动向信息专员办公室申诉的程序。锡拉库扎大学公共管理的副教授阿拉斯代尔·罗伯茨给我们举出了这些情形的例子，即使这种审查已被延迟了很久，在政府部门完成内部审查之前，信息专员仍拒绝启动对信息申请拒绝的调查：

非常恼人的问题是信息专员办公室对于内部审查的延迟处理。在信息专员办公室告知我的两件申请案中，尽管宪法事务部实质上已经超过了完成审查的时限时间，但在该部门完成内部审查之前，他们不能对涉及宪法事务部申请的申诉采取行动。在第一个申请案中，宪法事务部设定的完成内部审查的时限是 2005 年 7 月 18 日。然后它把这一时限延长到 2005 年 8 月 22 日的这一周。在 8 月 31 日，信息专员拒绝对默示拒绝的申诉采取行动，他声称，信息专员办公室不能在审查进行的同时调查一项申诉。宪法事务部最终在 2005 年 9 月 7 日

〔1〕 Qq31 and 32.

〔2〕 Ev 83, para 13.

完成了内部审查。这次审查用了58个工作日。[1]

23.《信息自由法》第50条规定,在收到一项申诉时,“专员应该做出决定,除非在他看来,该申诉没有用尽由公共机关根据第45条项下的实施细则所提供的其他申诉程序”。信息专员告诉我们,将来他打算对无法接受的冗长审查进行更多的控制:

当我们发觉我们被公共机关划入一个阵营时,我们认为,他们内部审查所做的实际上并没有像他们应该做得那么快。我们将竭尽全力对公共机关施加更多压力以加速他们的行动……在可能的范围内,我们将动用我们的正式权力,在更为普遍的层面上实现绩效的改善。[2]

24. 内部审查延迟时不确定的时限与《信息自由法》的法定回应时间观念相矛盾。我们注意到,当专员断定申诉程序已经被有效地用尽时,有启动调查的裁量权。我们欢迎他现在做出的承诺,将对公共机关施加压力以更迅速地完成内部审查。

申诉解决方案

25. 一些提供证据的申请人感到,申诉程序是不完备的。他们描述了这样的情形,在信息专员开始调查他们的申诉之前,他们已经等了几个月。BBC声称:

对于信息专员办公室,BBC新闻记者已经多次向专员提出申诉。我们的经验是,和其他申诉一样,在调查我们申诉的工作开始之前,我们不得不等待相当长的时间,通常是几个月。有一个典型的例子(不是最糟糕的),由一名BBC新闻记者在2005年9月向信息专员办公室提出的申诉,该办公室直到4个多月以后的2006年1月才采取行

---

〔1〕 Ev 98, paras 2.5 and 2.6.

〔2〕 Q34.

动(寄送了一份标准的确认函),开始调查。在另一个实例中,一名BBC新闻记者向信息专员办公室提出申诉,指出卫生部尽管没有给出任何计划出版的迹象,但卫生部为了将来的出版而不公开某些信息。信息专员办公室用了五个月的时间来否定这一申诉,这恰好与卫生部用来准备出版这些信息的时间大致相同。[1]

阿拉斯代尔·罗伯茨教授告诉我们:

我所遭遇的最严重的延迟,是就我2005年4月向贸易与工业部申请提起的申诉,在信息专员办公室被耽搁了187个工作日……而该办公室未采取任何行动。另一项申诉涉及向宪法事务部的一件申请,它在信息专员办公室呆了超过110个工作日。[2]

26. 莫里斯·弗兰克尔指出了这些延迟的一些可能后果:

在专员办公室中未获解决的申诉严重积压,到2005年底累计达1300件……尽管迄今为止几乎没有相关的决定通知要求对涉及《信息自由法》的实质问题加以解释。但在《信息自由法》的早期阶段,大量积压的存在引起了严重的问题。[3]

我们在本报告的第五章仍将讨论信息专员办公室的案件积压问题。

申请的豁免

27. 申请人给我们提供了一些他们认为公共机关过于宽泛地解释了例外规定的例子。地球之友的观点概括为,"对于环境信息规章和《信息自由法》中的例外规定,公共机关的解释方式都过于宽泛了"。[4] 对豁免申请做出决定是信息专员的职责,他还要决定在某些

[1] Ev 83, paras 16 and 17.

[2] Ev 97, para 2.2.

[3] Ev 75.

[4] Ev 87, para 18.

特定的情形下豁免的适用是否过于宽泛。然而,这些实例向我们阐明,为了将来最好的实践,明确的、理由充分的决定通知对于申请人和公共机关有着极其重要的意义。

28. 莫里斯·弗兰克尔告诉我们:

《信息自由法》的关键问题之一是,披露是否很可能影响政府政策的明确表达或者政策问题的直接讨论。这个问题在2005年苏格兰信息专员的一项决定中首先被提出。第一项涉及英国政府的决定在2006年1月被发布……一旦这些决定出现,申请人将可以更好地识别哪些是不合理的拒绝,哪些是具有正当性的不予披露的信息,并成功地对其加以质疑。这可能趋向于减少不必要申诉的数量。[1]

29. 申请人和公共机关都欢迎信息专员以明确的、理由充分的决定通知的形式,以及相关的、更新的指南材料,就豁免范围给予更多指导。利物浦约翰摩尔大学信息管理高级讲师史蒂夫·伍德说,"当前不清楚的是,信息专员办公室中以怎样的程序定期发布审查指南",并给出指南材料仍未修订以反映裁判所决定的实例。[2]

不认可环境信息申请

30. 因为公共机关没有适当地确认,涉及环境信息的申请是适用了《信息自由法》而不是环境信息规章,这使某些申请人遭遇了困境。是哪一种? 例如,"应该根据环境信息规章还是《信息自由法》来处理对议会卫生检查信息的申请,议会看来是迷惑的。"[3]同时,在很多方面,两种体制是相似的,当公共机关拒绝披露时,必须考虑它们之间的关键区别。环境信息规章赋予公众更强的信息获取权利,包括更为狭

〔1〕 Ev 76.

〔2〕 Ev 2.2.2.

〔3〕 Ev 93, para 13.

窄的豁免，更为严格的时间限制，并为欧盟的判例法所影响。[1] 当前关于环境信息规章和《信息自由法》各有独立的实施细则，因此对一个一开始就根据《信息自由法》处理申请的公共机关，不一定清楚在什么时候必须去求诸环境信息规章的导引，并适用其制度。应该有一个单独的实施细则，对于信息公开实践者必须考虑的环境信息规章问题，提供更完整的指南和更有效的警示。此外，信息专员办公室的决定通知可以更明确地区分这两种制度。莫里斯·弗兰克尔列举了很多决定，表明信息专员愿意在任何一种制度下处理环境信息的申请，并指出：

> 只要在相关的决定通知中加以解释，我们就没有理由反对这一政策——但是还没有这么做。这样的结果是可能鼓励公共机关去无视两种体制的界限。在特定的案件中，这可能导致对本应披露的信息加以保密。[2]

31. 一些公共机关没有认识到应该适用环境信息规章而非《信息自由法》的情形。我们建议，环境、食品及乡村事务部（DEFRA）和宪法事务部，协同为环境信息规章和《信息自由法》准备一份共同的实施细则。

4. 公共机关的实践

32. 我们形成这样的印象，虽然《信息自由法》为公共机关增加了工作量，但它们对信息公开带来收益持积极的评价，许多机关正在有效率地应对它的需要。由信息专员办公室委托开展一项调查研究发

---

〔1〕 Ev 88, para 22.

〔2〕 Ev 77.

现,4/5 的来自公共机关的回应者认为,从自身组织的角度考虑,《信息自由法》是有益的。[1] 最常提及的利益是增加了透明性,促进了更好的记录管理。

及时

33. 有些机关已经很好地遵守了 20 天法定时限的要求。例如,BBC 说在它 2005 年收到的申请有 96% 加以了及时处理。[2] 相似地,警长协会(94%)和国家档案局(98%)对法定时限的遵守也达到了很高的水平。[3] 中央政府部门的遵守率则变动不居,在 2005 年的最后三个月中,遵守 20 天时限的水平从 64% 到 92% 不等。[4]

34. 这些数字表明,通过完善的计划和组织及完备的资源,公共机关可以满足《信息自由法》的要求。BBC 评论道,"根据我们迄今为止的经验,我们认为要求的 20 个工作日的时限是必要的。"[5]

35. 然而,来自申请人的证据表明,并非所有公共机关都达到同样高的遵守标准。需要更多分析,来确定存在什么问题以及问题在哪里。专员指出,较小的公共机关会没有专门的信息公开官员,因此会遭遇困难。较小的机关可能缺乏专门的知识和支持,但较大的机关也需要改进绩效。在 2005 年的前三个月中,内政部对申请的处理只有 30% 符合 20 天的法定时限。在 2005 年时限地遵守率在持续地改进,但到 2005 年底仍然只有 64%。

支持和调整

36. 信息专员指出,公共机关可能在遭受"指南疲劳",而且它把

---

〔1〕 www. ico. gov. uk.

〔2〕 Ev 84, para 22.

〔3〕 Ev 61, para 1. 3. 1 and Ev 57, para 1.

〔4〕 DCA statistics.

〔5〕 Ev 85, para 39.

资源适用于调查申诉,可能比适用于出版指南更有用。我们认为,在宪法事务部、信息专员办公室和其他网站可以获得一系列全面的指导文件,但是证据表明,这些指南始终不够明确或者不是最新的。提供证据的公共机关要求指南反映信息公开实施的决定和实际经验,而不是在《信息自由法》实施之前公布的更为一般化的信息。决定通知受到公共机关的重视,因为这提供了对未来类似案件的指南。例如,医学总会(GMC)宣布:

我们渴望接到信息专员的决定,以便我们可以考虑任何政策或给工作人员的指南是否需要修订。当我们收到很多有可比性的信息申请时,这种渴望更为强烈,而且,如果指向我们的申诉被支持,我们可能已经在回应其他信息申请时作出了同样错误的解释。因此,尽管还没有收到来自信息专员指导和帮助我们决策过程的正式决定通知,我们可以发现自身应该为另一些拒绝通知负责。[1]

37. 公共机关还重视与类似机关分享良好实践做法的机会。宪法事务部的数据交换中心为中央机关提供了这种机会,而警长协会(ACPO)为警察机关提供了相似的安排。地方机关网络更为不正式,证据表明了通过这些网络改善信息共享的愿望。宪法事务部告诉我们,它"为了推动信息公开的成功运行,与更为广泛的公共部门密切协作"。[2] 所描述的方式是以代表各部的小组座谈形式安排会议,以分享实践中最好的做法。在一年的两三次会议期间,可以分享的做法是有限的。警长协会告诉我们,他们保持与宪法事务部数据交换中心的日常联系,并直接从那里接受有价值的个案建议。其他公共机关也重视这类建议,我们认为,可以进一步拓宽数据交换中心的指南分发

〔1〕 Ev 91.

〔2〕 Ev 49, para 5.10.

范围。

38. 同时，关键性的协调如果缓慢或过于直接，也会产生问题，我们认为，当进行公开的协调时，它是一种颇有裨益的提高遵守时限要求百分率的方式。我们建议，在协调方面的改进，以及将数据交换中心的建议更为广泛地分发到各公共部门方面，宪法事务部应发挥更为积极的作用。

记录管理

39. 良好的记录管理对于信息公开的良好运行是必要的；只有信息被适当的管理并容易取得时，公共机关才能有效地提供信息。根据《信息自由法》，公共机关需要遵守第46节关于记录管理的实施细则。这一实施细则主张：

只有所公开的信息记录质量足够好，信息公开立法才算是好的。如果首先不能创设可靠的记录，如果这些记录在需要的时候找不到，或者如果他们的最终存档或销毁的安排不适当，那么，这些权利几乎是没用的。因此，所有公共机关被强烈建议去注意细则中的指南。[1]

40. 然而，有证据表明，在一些公共机关中，记录管理不善，这降低了他们给申请人提供回应的质量。阿斯顿女男爵把公共机关的记录管理质量描述为"杂乱无章的"。[2] 地方政府协会顾问莉迪娅·波拉德这样描述地方机关面临的问题：

一个大问题是寻找信息。地方机关仍然在进行记录管理工作，多数仍然没有共同的记录管理系统，它们混在一起，在手工系统中寻找信息要耗费相当多的时间。[3]

---

〔1〕 FOI Act, S46, Code of Practice.

〔2〕 Q218.

〔3〕 Q147.

41. 国家档案局告诉我们，指南文件分发范围之广，给人印象深刻，但证据表明，在一些地方机关中，记录管理实践需要实质性的加以改进。需要部门记录管理系统的领导更为主动，管理不断改进，以及对细则第46节的遵守。我们注意到国家档案局在2006年计划评估公共机关遵守实施细则第46节的情况，我们期待他们的结论早日公布。

42. 史蒂夫·伍德提出，电子系统潜在的益处还没有被开发出来：

在我印象中，使用者经常感觉不到改进记录管理所带来的收益：公共机关从保存记录的流程再造中获益，但使用者没有从电子文件和记录管理系统（EDRMS）中获益。我有数份申请因为超过了找到信息的成本而被拒绝。我相信，这些申请立刻被拒绝乃是因为公共机关以"基于纸质文件"的心态来考虑这一申请。在很多情况下，我相信，只需数分钟即可对电子文件和记录管理系统加以电子检索，而这甚至没有被尝试过。[1]

43. 根据内阁办公室2004年的目标，国家档案局已经在监控电子文件和记录管理系统在政府部门中的实施情况。我们建议，它公开一份报告，展示那些目标的实现程度，和现在为实现电子文件和记录管理系统收益而应当采取的行动。

44. 对于在政府中长期保存数字记录问题，国家档案局向我们表示了关注，它指出，涉及相对晚近的电子信息时，因为数据是不可获取的，部门可能不能遵守信息公开的要求：

在信息公开的背景下，尤其重要的是在电子文件和记录管理系统中数字保存需求的发展……由于数字记录的短暂性，如果不采取积极

〔1〕 Ev 72, para 3.5.1.

措施确保其存在，他们很可能在产生之后几年内消失。特别是，当所申请公开的信息只有几年之久，并以电子形式保存，只是不能获取时，存在着严重的风险。除非经过处理，信息最初保存在磁盘或磁带上，否则可能已完全消失，或因为保存在严重过期的软盘上而不能读取。[1]

45. 在一些情形下，物理保存媒质可能会随着时间流逝而被损坏，而在另一些情形下，除非能加以转化，否则由于技术的更新会使得数据变得不可读。但阿斯顿女男爵告诉我们，她相信不存在重大问题：

因为随着计算机技术的发展，我们已经发现了可以和它融为一体的途径，我认为没有迹象表明我们失去了什么……虽然我完全理解，软件在迅速向新的软件发展……我认为这在哪里都不是什么重大问题。[2]

46. 阿斯顿女男爵的看法是，数字记录的长期保存程序已经就位，和国家档案局的观点形成对比。她对我们问题的答复与行业专家广泛认同的观点不一致，专家们认为，数字记录的保存是一个复杂和紧迫的问题，对此，还没有令人满意的长期策略。在获取较久电子记录方面的困难，将很快成为政府部门的严重问题。极有可能在不远的将来，十年以上的记录本质上将不能复原，而对此绝不能自鸣得意。我们需要计划如何应对迅速的、重大的技术变革以及储存媒体不可避免的老化。国家档案局和宪法事务部必须率先开发这些计划。我们将监控此问题的进展。

---

〔1〕 Ev 58 – 59, para 3.

〔2〕 Qq 222 and 225.

5. 信息专员

信息专员的作用

47. 信息专员办公室是英国的独立公共机构，它的设立是为推动官方信息的获取和个人信息的保护。它为个人和组织提供指南，并负责实施信息公开、环境信息和数据保护立法。

48. 它涉及信息公开的关键职责之一，是加强公共机关对法律的遵守。个人如果向一个机关提交了申请，并相信该机关没有依照《信息自由法》处理其申请，则可以向专员申诉。在这些情形下专员有发布决定的职责，之外专员的角色还有：

- 推进公共机关的良好实践；
- 对于《信息自由法》的实施向公众提供信息和建议；
- 评估公共机关是否在从事良好实践（如信息公开法和实施细则所设定的那样）；
- 批准出版公布计划。

49. 根据《信息自由法》，为改善对本法的遵守，专员有大量的执行权力：他有权发布决定、良好实践建议（如果公共机关的实践未遵守实施细则）、信息通告（要求用以支持申诉调查的信息）和执行通告（引导公共机关修正它的实践）。如果公共机关没有遵守专员的通告，这些通告可以由法院强制执行。

50. 信息专员直接向议会报告，并负责确定信息专员办公室的优先事项，它的办公室经费由宪法事务部提供。相比之下，苏格兰信息专员的经费直接来自苏格兰议会。专员认为，这样的安排产生了一些问题：

我们接受来自宪法事务部的资助。作为对应，对苏格兰的相似职位或这里的议会督察专员而言，存在一些有趣的问题。当资金直接来自作为表决者的议会时，可能的问题是委员会要表达一些想法……对于同一政府部门的同一部分负责信息公开政策，负责领导数据交换中心，并负责资助我的部门，我感到相当不安。而且我认为，关于某些竞争性的考量，也有些微令人不安的问题。[1]

在第6部分我们继续讨论这个问题。

案件的积压

51. 信息专员委托的在2004年进行的调查提示，在第一年中他的办公室很可能接受1250～3000件申诉，在趋于稳定之前，将在2009年增加到4000～9000件。[2] 对2005年的预言被证实是正确的；他在2005年实际接到了2385件申诉。其中：

- 1325件到2005年12月31日仍悬而未决；
- 1060件到2005年12月31日已经结束。在这些结束的案件中：
- 135件的结果是作出了正式决定；
- 360件被非正式解决；
- 565件被认为是无根据的申诉。

延期至2006年的1325件申诉，已经等待了数月。

52. 我们听取了来自申请人和公共机关的证据，他们为信息专员启动对其申诉的调查已经等候了数月。证人还给出了调查质量和决定通知提供信息都不适当的实例。

53. 专员承认，他办公室里案件的积压是令人不满的，他声称，他“为我的办公室用来处理申诉的时间而感到深深的忧虑，当那些申诉

〔1〕 Qq 68 and 69.

〔2〕 www. ico. gv. uk.

本身已经反映了公共机关在回应其信息公开申请中的延迟带来的挫折,或者察觉接到回应不充分所带来的挫折时,尤其如此。"[1]

54. 在一定程度上,考虑到实施《信息自由法》的决定涉及所有公共部门,专员所面对的问题是可以预见的。信息专员办公室没有时间去打造自己的专长,而公共机关不得不依靠概略的指南和国际经验来进行培训,实施早期的良好实践。如信息专员在提交的文件中所陈述的:

委员会确定,我们面临着,当 11.5 万个公共机关都启动信息公开时开始的"大爆炸"问题。我想我的前任和我本人对此都有所保留。这是注定要筋疲力尽的事情,而我不得不接受政府对此的安排,但我个人的感觉是,理性的做法可能会从开始逐渐增加,而不是令所有公共机关同时开始造成"大爆炸"。[2]

尽管对于宪法事务部的实施方式有所保留,但是专员在 2004 年 10 月对我们表明了他的信心,他的办公室已经妥善准备、有充足的资源,并在 2005 年迅速地承担起新的信息公开责任。[3]

55. 专员在 2006 年 3 月告诉我们,他计划通过实施组织改革,以便他的办公室可以更快地处理新的申诉,通过向宪法事务部申请一次性的额外资金来处理积案,改进待处理案件的数量:

我们认识到需要改进,我们已经开始改进并取得了一些有价值的进步……我们正在考虑某些结构性和程序性的渐进的逐步变化。只要数量在我们预计范围之内,这些变化将能使我们达到我们称之为"稳态"的状态——换言之,新增案件和被解决的案件数量相当……

---

[1] Ev 53, para 18.

[2] Q15.

[3] Q299.

我们需要更多的资金来解决这些积案。我们现在有大约700件称之为积案的申诉，对此我们需要额外的资金。[1]

56. 案件的积压不是我们的证人提出的唯一问题；证人对信息专员办公室实施调查的质量提出了批评，这同样值得我们的关注。地球之友陈述道：

信息专员办公室所进行的一些工作的标准达不到对作为公共机构的预期。地球之友收到的来自信息专员办公室的信没有标明日期，没有寄件人的签名，也没有确认所涉及的申诉……引起更多关注的是，很多决定证实了对立法的理解不足，这使得我们质疑培训的标准，以及负责做出决定者的法律知识。[2]

莫里斯·弗兰克尔陈述道：

我担心的是决定的质量，我认为在信息裁判所的一系列案件中，这是突出的问题。这是令人担心的……已经涉及八项或九项（裁判所裁定）……其中两项对专员的提议进行实质性的批评，其他至少有两项也隐含了这种批评。[3]

57. 莫里斯·弗兰克尔早期关注程序性案件，以及对信息公开例外申请的迟延。他对专员的裁决提出了质疑：

在《信息自由法》例外方面已有的相对缓慢的进展，不仅对等待决定的申诉人和公共机关造成了影响，它还和公共机关向着更为普遍的公开的推进速度有关联。如果专员的决定被延迟，不良的实践可能仍未被制止，甚至变得更不容易被制止。反之，即使是信息专员单一的一项信息披露决定，也会促使整个公共部门披露大量的实质性

---

〔1〕 Q 43.

〔2〕 Ev 89, paras 33 and 34.

〔3〕 Qq 108 and 109.

信息。[1]

58. 然而，证人也评价说，决定的质量也已提高，而且，当前信息专员办公室正在对调查进路和决定的原因提供更为完整的解释。[2]现在更多部分的决定与不公开信息的规定有关。我们愉快地得知，专员认识到决定质量和关于信息公开例外指南的重要意义，而且，他对于早期决定的反馈作出了建设性的回应。

59. 当我们在2006年5月拜访信息专员办公室时，专员告诉我们，他已经实施了某些建设性的、程序性的改变。在2006年的2月、3月和4月中，新案件的数量保持平稳，但每月的结案数量增加了，而且超过了新案件的数量。为改善对调查质量的控制，也引入了很多措施，而且，信息专员办公室计划在以后的几个月中实施进一步的控制。这是这个复兴计划的激动人心的开始。

60. 专员在2005年末首次向宪法事务部要求额外资金，并在2006年1月完善了这项申请，他申请到2006年7月追加113万英镑。[3] 宪法事务部直到4月中旬（在本财政年度开始之后）决定提供一次性的额外资金55万英镑时，才对专员延迟任命新工作人员提出了警告。[4] 专员的合作计划宣布，在2007年3月前，他将尽“最大努力”来清理积案（估计要清理1275件）。

61. 专员在3月份告诉我们，他额外需要113万英镑，以在一年内清理700件积案；但在5月，他想在一年之内用一半的资金来清理两倍的积案。他还告诉我们，他正在以新案件数量为基础进行计划，尽管他的研究预测在开始的几年新案件的数量将持续增长。

---

〔1〕 Ev 76.

〔2〕 Ev 69, para 2.3.2 and Ev 76.

〔3〕 Q 44.

〔4〕 Q 191.

62. 证人给我们的印象是，申诉的解决过程在2005年间并不令人满意，但是，我们欣喜地注意到，信息专员办公室在努力从第一年富有挑战的工作负荷中进行学习，以更有效地对申诉加以调查。令我们惊讶的是，在积案成为问题之前，并没有在更早的时间确认2005年所需的额外资金；我们也无法深信，已经配备了或在足够早的时候配备了充分的资金来解决这个问题。专员告诉我们他将于2006年9月公布一份进展报告。我们希望这份报告能对举措的质量和数量加以说明。我们将用这份报告来监测复兴计划的成功，并评估专员是否需要采取进一步的行动。

实施方式

63. 我们的一些证人提出，专员的实施方式导致了延迟。史蒂夫·伍德说：

在我看来，《信息自由法》第一年的特点是尝试性的实施，由信息专员办公室将最优方法的发放……信息专员办公室在收集信息中的“协商和讨论”职能，可能需要变更为，在公共机关回应和提供信息缓慢的情形下，能提供更快捷的解决方案。[1]

64. 专员告诉我们，他早期的执行进路是“适度容忍，合理地采取并非剑拔弩张的方式，帮助公共机构正确地行事”[2]。在2005年中，他没有分发任何实践建议，只发布了很少的决定通知。他现在感到要采取更为有力的方式：“我想，在进入第二年和第三年的时候，我们已经决定了在某些方面必须更为强硬……在第一个学习的年度之后，我们将使用自己的权力，来提供日渐增多的实践建议和执行通知。”[3]

---

〔1〕 Ev 67, para 1.2 and Ev 71, para 2.5.2.

〔2〕 Q2.

〔3〕 Qq 2 and 23.

65. 专员告诉我们,在大多数调查过程中,对他而言,获取被申请的信息是必要的,以便他能形成关于适用信息公开例外或根据公共利益标准的裁决,但在一些情形下,公共机关不愿准许实施这种公开。因此,他针对那些"在与信息专员办公室共享信息方面非常缓慢的公共机关",在近期发布了七项信息通告:

尽管大多数公共机关对我的办公室就不利于他们的申诉调查所开展的适当的回应,仍然存在零星的抵制……我们现在看到了一些证据,它们对透明持更为抵制的姿态,甚至抵制与信息专员办公室的建设性对话。[1]

66. 在这些问题上,中央政府有与专员合作的书面协议。2005 年 2 月,宪法事务部长代表政府部门,和信息专员签署了一份谅解备忘录,来促进合作的良好标准。宪法事务部有责任促进政府对谅解备忘录的遵守。

67. 我们询问阿斯顿女男爵,如何确保政府部门与专员的充分合作。她向我们承诺,她"不知道会有案件中,政府部门拒绝向专员提供信息",而且,"政府要采取的进路是,向信息专员提供合乎《信息自由法》的信息。政府做这个事情的时候并没有任何阻力"。[2] 她不承认由信息专员在证词中报告的"零星的抵制"。

68. 我们支持专员以更坚定的方式来实施法律。我们期望看到他用手中的一系列权力来提高法律遵守的程度,并减少申请人所遭受的延迟。

69. 我们建议,宪法事务部发挥更为积极的作用,以确保政府部门与专员充分合作,并在谅解备忘录同意的期间内,向信息专员提供

---

〔1〕 Qq 2 and 3; Ev 28 and 29.

〔2〕 Q203.

开展调查所需要的信息。

信息裁判所

70. 如果公共机关或者申请人不同意专员的决定通知，他们可以向信息裁判所起诉。专员告诉我们，到2005年底，申请人已经向信息裁判所提起25项起诉，其中9件已经审结，而且已确定其中两个程序性问题将对他的办公室产生影响。[1] 首先，如果口头听证(针对被书面决定的案件)成为标准，那么，将隐含着增加对信息专员办公室的资源方面要求。其次，因为申诉始终是针对专员的决定，所以，他是每个案件的被告。专员告诉我们，他正在寻找信息专员办公室可以承担较少职责的方式，以便其产出能更有效，更相称。“虽然《信息自由法》要我们做被告，但我更愿意看到，裁判所的真正辩论是在最初的申请人和最初的公共机关之间展开。”[2]

71. 我们相信，要详细评估信息裁判所程序的作用，还为时过早，但专员已经提出了一些在近期应考虑的要点。

苏格兰的信息公开

72. 与英国的《信息自由法》类似，苏格兰《信息自由法》于2005年1月开始实施。在调查期间，为了更多了解信息公开第一年实施的经验，我们访问了苏格兰信息专员办公室。

73. 苏格兰信息公开立法和英国相似，但有一些不同。苏格兰的时限规定更为严格；不准许为考虑公共利益标准而延长，而且，内部审查和专员调查都有法定时间限制。某些苏格兰的信息公开例外要求能证明更高程度的损害，其收费水平也不同，在苏格兰没有信息裁判所(但根据法律，公共机关和申请人有权向高等民事法院起诉)。英

〔1〕 Ev 55, para 35.

〔2〕 Q97.

国信息专员负责全英国范围内的公共机关信息公开和数据保护。

74. 根据英国专员使用的同一调查,苏格兰信息专员预计,2005年他将收到的申诉在125～300件之间;实际的数量远高于他的预计,达到了571件。在2005年结案240件(有191件在4个月内结案),有331件延期到2006年。在2005年又招录了两名调查员,来处理比预期量更大的工作。涉及技术性违法的程序性案件(例如,不遵守20天的时限)可以被迅速地追踪,通常在两周内结案。

75. 苏格兰信息专员办公室的资金直接来自苏格兰议会。它是一个比英国信息专员办公室更小的组织;2005年苏格兰的案件负荷大致是英国的1/5。它的组织结构更为简单,而且调查员都处理包括申诉和联络公共机关在内的宽泛的一系列工作。苏格兰信息专员估计每个调查员每年能审结约30件申诉。

76. 苏格兰信息专员的观点是,尽管在英国的其他地方,由于不完善的记录管理系统,一些公共机关显然遭遇了问题,但苏格兰公共机关一般都很好地适应了信息公开立法。

6. 宪法事务部的作用

77. 宪法事务部负责在公共部门中实施《信息自由法》,并保留为中央政府提供领导和指引的责任。它为中央政府出版了信息公开指南,说明"可能对其他公共机关有用,并对公众有益",它还核对了统计表,公开了关于中央政府遵守信息公开法情况的季度报告。根据《信息自由法》,要求部长向公共机关发布实施细则,提供用于处理申请和记录管理的良好实践指南。细则本身没有法定效力,但信息专员可以提起执行诉讼。

指引和遵守

迟延

78. 我们收到的来自申请人、公共机关和专员决定通知的证据表明，在很多实例中，公共机关不符合20天的回应时限。我们承认，多数案件可能发生在实施的早期阶段，但确定这些迟延的原因是必要的，而且也有必要为公共机关的改进提供适当的支持。大量不符合程序的案件的增加加大了受资源所限的专员的压力，而且他不能只通过处理违法的个案，来有效地处理这个问题。

79. 20天的回应时限是法定要求而不仅是一个目标。宪法事务部和信息专员一起，必须为改进对这一时限的遵守而工作，并提高标准，以便公共机关持续地为申请人提供及时的回应。

公共利益标准所致的迟延

80. 我们发现，公共机关经常用额外时间考虑公共利益标准。这是现有的实施细则所准许的，但它不符合政府做出的最初承诺。2002年11月出版的细则第一版包括一项陈述，公共机关的目标应该是，在20天内作出包括适用公共利益申请的所有决定：

> 公共机关应该旨在20天内作出所有决定，包括公共机关对申请适用信息公开例外时，需要考虑公共利益标准的那些情形。然而，它也认识到，有些情形下，不可能在20个工作日内处理这样的申请。

这项陈述在2004年11月，《信息自由法》实施前夕提交给议会的细则的最终版本中被撤销（未经审议）。当时，莫里斯·弗兰科尔在一封给上议院大法官的信中指出，在议会通过《信息自由法》时，已经争论过这个问题。[1] 对于不必要迟延的关注，促使内政部大臣巴萨姆勋爵（Lord Bassam of Brighton）给出了下述承诺：

---

〔1〕 www. cfoi. org. uk/pdf/falconerltr. pdf.

政府坚持这一观点，所有信息应当尽可能在20天时间内披露。我的承诺将反映在宪法事务部部长的细则中。[1]

81. 对于公共机关应努力在20日处理公共利益考量，现行版本的细则没有提出建议，它也没有对多少额外时间可能是合理的提出指南。实际上，这意味着，无论何时，一个公共机关在考虑因公共利益考量的17项例外的其中一项时，都没有法定的回应时间。这与环境信息规章和苏格兰《信息自由法》的规定形成了对比，在那些制度下，是不能对这种不确定的延时加以选择的。

82. 司空见惯的多达几个月的延时，破坏了《信息自由法》20天的回应时限的精髓，而且削减了申请人的利益。我们建议更新宪法事务部的指南，以反映信息专员指南中关于两个月通常足以形成关于公益的决定，以及大臣对所有信息应尽可能在20天内披露的建议。我们建议，宪法事务部公布数据以展示这一方针被政府部门违反的频率和幅度。

冗长的内部审查

83. 内部审查（也称为内部申诉程序）的良好实践指南规定在《信息自由法》第45条的实施细则中，它宣称，“公共机关应当设定自己处理申诉的目标时间；这些时间应该是合理的，并对其予以定期审查。每个公共机关应当公布它决定申诉的目标时间，以及它如何成功地实现了这些目标的信息”。[2]

84. 然而，我们注意到，在宪法事务部的信息公开季度统计报告中没有包含任何这类信息。宪法事务部2005年10月至12月的报告述称：

---

〔1〕 HL Deb, 14 November 2000, col 190.

〔2〕 www. dca. gov. uk/foi.

从最初接受信息申请到完成任何结论性的审查或一些案件中的上诉工作，花费几个月的时间是完全适当的。因此，在每季度不连续地收集内部审查和上诉的数据，是不切实际的。[1]

虽然宪法事务部宣布，内部审查有时可以耗时数月，但考虑到诸如环境信息规章条例和苏格兰《信息自由法》设定了这种审查的固定持续期限，因此，并不清楚为什么有必要耗时数月。宪法事务部的报告提供了国家各部和其他被监控主体实施的内部审查总量统计，披露了这些审查的结果，但没有关于完成审查所用时间的信息。

85. 我们建议，在宪法事务部公开的季度统计报告中，应当包括政府部门在内部审查中实际消耗的时间和目标时间。

数据交换中心

86. 在2004年中，宪法事务部建立了中央数据交换中心，作为“一个专业建议中心，当评估披露或保留信息的职责时，为涉及中央政府部门的案件提供进一步的帮助”。宪法事务部告诉我们数据交换中心在2005年已为3100多件申请案提供了建议，这占了提交给中央政府申请的大约10%。[2]

87. 加拿大的经验是协调可以改善申请回复的质量和一贯性，但也可能带来延迟。拉斯代尔·罗伯茨教授评论道：

在信息公开案件中，协调可能会在两个方面让问题变得更为严重。第一个问题是迟延……协调程序将消耗大量的时间，以至于不能在法定时限内对申请做出回应，这是一种真实的风险……这在加拿大的案件中已经被证实，该国在1982年通过了《信息自由法》……第二个问题是出于政治目的滥用协调程序。为了完全正当的原因设定的

[1] www.dca.gov.uk/foi.

[2] Ev 49, para 5.15.

程序——为疑难案件中的信息公开政策提供建议——可能被很快扭曲为不合法的目标服务……过度专注于损害控制和“延伸”……会再度导致在处理信息公开申请时不具有正当化根据的迟延。[1]

88. 我们所关切的是,已有的迟延,不应因为中央机关间的协调而进一步加剧。有时存在这样的迹象。BBC 述称:

在一些场合,政府部门的信息公开官员非正式地向 BBC 的新闻记者抱怨,对于涉及宪法事务部中央数据交换中心的请求导致实质性的迟延(为此该部门本身被责备),在一些情况下数据交换中心制止他们披露本身愿意披露的信息。[2]

莫里斯·弗兰科尔也对此表示赞同:

我在去年向政府部门提交了一份内部审查申请,要求获取他们过去与申请人的通信样本。这不涉及隐私,只是材料在申请人手中,而且我说我将要求没有申请人名字的不具名材料。我非正式告知了数据交换中心,告诉他们我在做什么,并询问他们这是否给他们带来任何问题。他们说没有。三四个月后,我得知我的申请被拒绝,并发现数据交换中心向部门建议拒绝向我披露他们的内部审查,由于这种信息并不在所申请的形式之内。因此他们甚至不能使用特定的信息公开例外。[3]

89. 没有证据支持数据交换中心迟延和阻碍了信息申请的主张,也没有证据可以驳倒这些主张。这主要是因为数据交换中心没有提供自己行为的信息,即使在回应特定信息公开申请时也没这么做。拉斯代尔·罗伯茨教授告诉我们,他曾向数据交换中心提出了一项信息

---

〔1〕 What's wrong with the co-ordination, *Open Government: A Journal on Freedom of Information* Vol. 1, Issue 1.

〔2〕 Ev 83, para 13.

〔3〕 Q118.

公开申请,要求公开案件中涉及数据交换中心的信息。但是,鉴于这些信息的披露将损害公共事务的有效展开,他的申请已被拒绝。他指出,加拿大和美国的实践是根据立法,通过公开数据资料来回应信息公开请求,以履行法定义务。他还质疑,数据交换中心怎么可以认为这些统计数据是排除在信息公开之外:

认为这些信息的披露将给公共事务带来损害的主张,从表面上看也是无稽之谈。例如,披露宪法事务部数据交换中心处理申请需要时间的数据,怎么会损害公共事务?更为确切地说,拒绝披露这些信息,将使得宪法事务部和内阁办公室,在涉及中央数据交换程序的运行方面,得以逃逸责任……宪法事务部的实践也与其他国家的实践不一致。[1]

90. 宪法事务部预计到这些观点,并以书面证词反驳他们:

媒体已经报道了数据交换中心阻碍信息申请。数据交换中心并没这么做:它的职能是确保中央政府适当和持续地适用《信息自由法》……数据交换中心不能披露对其的请求清单,因为这本身可能是适用信息公开例外的信息。例如,有的特定案件因为涉及安全,显然不能向其他任何人披露,这可能是显而易见的。[2]

阿斯顿女男爵告诉我们,为了提供“与政府对话的空间”,而且由于脱离了背景信息,单独的统计将变得没有意义,数据交换中心拒绝了一些信息披露申请。她说,将以正当化的程序,让关于数据交换中心的信息出现在宪法事务部的网站和年度报告中。但是,在2006年的信息公开年度报告中公布的关于数据交换中心的信息只列出了各

〔1〕 Ev 98, paras 3.3 – 3.6.

〔2〕 Ev 50, paras 5.18 – 5.20.

政府部门收到的信息公开申请数量。[1] 我们不认为这些解释与《信息自由法》所规定的例外相一致。就负责推进信息公开实施的政府部门而言，这种姿态是不能接受的。

91. 数据交换中心必须完全遵守《信息自由法》的文本和精神，透明地为其工作负责，完全依照《信息自由法》的要求，来回应它收到的任何个人的信息公开申请。

92. 我们建议数据交换中心公开每季度处理案件的统计表，以便提供关于其角色的明确信息。

收费规章

93. 如果遵守法律的成本超过收费规章中规定的"适当限度"，《信息自由法》第12条准许公共机关拒绝答复信息申请。规章列举了当公共机关估计是否超过"适当限度"时，可能会考虑到成本的问题。在现行规章下，成本限于那些在确定是否掌有被申请的信息，以及信息定位、寻找和提取过程中所发生的合理成本。

94. 公共机关可能不考虑在规章列举之外的其他成本。特别是，它可能不包括考虑所申请信息是否应被纳入信息公开例外之列所耗费的时间，以及用以提供建议和帮助的时间。

95. 大法官告诉委员会，宪法事务部正在进行关于信息公开费用机制的内部审查，旨在确定，在尽可能免费提供信息和公共机关用于寻找信息的时间之间，是否存在一个适当的平衡。[2] 他说，被考虑的选择之一，是把用来阅读文件的时间包括在可统计的限度之内，来评估可能适用的信息公开例外。

96. 当我们向阿斯顿女男爵请求详细说明为什么这样的审查是

〔1〕 Q182.

〔2〕 Qq191 - 194.

必要的时，她告诉我们，“在我们达到阅读它们的程度之前，工作人员花费了大量的时间，只是为了找到文件”，而且，工作人员花费“数周、数月，试图去找到所有相关的信息”。[1]

97. 我们也关注是否存在公共机关用数月来寻找信息的情形。由于公共机关可能已将这段时间包括在可统计的限度之内，我们不认为这会构成对收费规章加以审查的正当化根据，但是，它证实了一些公共机关记录管理系统的严重缺陷。

98. 我们注意到，现行的收费规章鼓励公共机关为把申请的信息内容减少到更便于管理的量，而和申请人展开内容广泛的讨论。这个规章还规定，在提供建议和帮助之后，如果申请仍然超过适当限度，公共机关可以决定不提供信息，可以答复并收取准许范围内的费用，或者答复而不收费。因此，已经有可用的帮助公共机关减少实际需提供信息的措施。

99. 阿斯顿女男爵指出，公共机关在处理“令人烦恼的”或“琐细的”申请中遭遇了困难，而公共资金正被浪费在提供琐细的信息上。[2] 然而，专员告诉我们，政府部门没有更广泛地利用《信息自由法》中关于令人烦恼的或重复申请的已有规定，这令他“非常惊讶”。[3]

100. 我们建议，应通过《信息自由法》中现有的规定来处理“琐细”申请的问题。我们不认为这是对收费规章加以审查的适当理由。

101. 信息专员告诉我们，他相信现有的收费机制运行良好，它的“优点是简单、清楚、易懂，而且并非威慑性的”。[4] 申请人和公共机

[1] Qq 209 and 213.

[2] Q217.

[3] Q99.

[4] Qq 99 – 102.

关都不愿意在本阶段对其加以改变。莫里斯·弗兰科尔说道："在立法生效的早期，这将是非常令人遗憾的举措……我想你可能发现现在被答复的申请中，将有半数因收费问题而被拒绝答复。"[1] BBC述称："我们相信，不首先鼓励公共机关使用其他可利用的工具，就以这种根本性的方式修订这项立法，为时过早。"[2]

102. 史蒂夫·伍德指出，要掌握更为详尽的证据和分析，以了解宪法事务部认为哪些是会引发问题的申请类型，这将是有助益的；而且在对规章进行任何修订之前，应该进行公开的磋商。[3] 我们注意到宪法事务部宣称，来自内部审查的信息将为收费机制的改变"提供有力的证据基础"。[4] 令我们愉悦的是，阿斯顿女男爵同意公开磋商是必要的："如果我们决定要围绕收费机制采取多少有些特别的举措时，我想我们一定会进行公开磋商。"[5]

103. 如果新收费规章的结果将是减少信息公开的收益，而且既然我们有机会去学习海外的经验，那么，这将是非常令人遗憾的。爱尔兰《信息自由法》在1998年生效，2003年进行的修订中引入了一系列收费的规定。在2004年的年度报告中，爱尔兰信息专员报告，随着信息公开收费的引入，非涉及个人信息的申请下降了75%。她说，对《信息自由法》使用的下降，远远超过政府在决定引入收费时的预期，并呼吁对收费的范围和结构加以审查。[6] 信息专员告诉我们，他"关注爱尔兰的经验，当收费增加时，对该法的使用有着非常明显的寒蝉

---

〔1〕 Q119.

〔2〕 Ev 86, para 45.

〔3〕 Q119.

〔4〕 Ev 50, para 6.3.

〔5〕 Q210.

〔6〕 www.oic.gov.ie/en/Publications/AnnualReports/2004/.

效应”。[1]

104. 我们没有发现改变收费规章的需要。看起来缺乏的是透明度，而且现有的规定未能充分利用。我们建议宪法事务部在得出结论时，公开它的内部费用审查结果，在决定进行任何改变时，进行公开磋商。

和信息专员办公室的关系

105. 宪法事务部决定信息专员办公室可利用的资金水平。专员和宪法事务部都告诉我们，信息专员办公室的第2006/07号资金申请在财政年度开始时还未获批准，直至2006年4月中旬才获批准。这限制了专员提前为这一年作有效计划的能力，并减少了这段时间他可以利用的资金。资金的数额少于被申请的额度，而且专员在早期，就对他用这些资金来维持质量、保持指南更新和积案的清理，表明了他的忧虑。

106. 专员告诉我们，他关心能支付给信息专员办公室工作人员的工资水平。[2] 他说，他最近进行了一项对所有工作人员工资的完整审查，并指出，由于他调整工资的能力受财政政策的限制，因此，同等的苏格兰信息专员的工作人员工资水平要高于他所能支付的水平。英国的模式是与众不同的，在这里信息专员办公室的资金由负责促进和遵守信息公开的政府部门来提供。由于信息专员办公室的资金水平对于它执行遵守法律的能力有直接的影响，因此，这可能潜在着利益冲突。我们注意到，在具有可比性的其他国家和地区，例如加拿大、新西兰和苏格兰，信息专员办公室直接由议会拨款。

107. 我们无法确信，宪法事务部和信息专员办公室之间的关系

---

〔1〕 Q99.

〔2〕 Q17.

正在像它可能的那样有效运行。我们担心,资源的限制以及工作人员工资水平的约束,将限制作为独立规制者的信息专员的绩效。我们还建议,如果恢复计划不能实现规定的目标,应该考虑其他的安排。

108. 我们看到信息专员办公室直接向议会负责且由议会拨款时,会有相当可观的收益,并建议当出现修改立法的机会时,应当考虑这种改变。

7. 结论

109. 作为信息公开的结果,一系列宽泛的新信息被公共机关披露,而且,这些信息正被建设性地使用。公众成员、新闻记者、竞选者和学者正在利用信息公开立法,同时,一般而言,公共机关正在应对信息公开的需求。因为这些原因,我们的多数证人判断,信息公开的第一年实施是成功的。

110. 然而,一些申请人在收到公共机关的回应时,经历了漫长的迟延,这些迟延部分归咎于公共机关缺乏经验。因为公共机关逐渐更为熟悉《信息自由法》,我们希望在未来一年或两年内看到其对于遵守20天法定时限方面的改进。我们相信,很多其他的迟延可归因于核心指南中的回应目标缺乏透明度,而且通过在《信息自由法》实施细则第45条中设定公共利益考量和内部审查的特定目标,宪法事务部可以也应该使公共部门更为及时地回应。

111. 我们听到了很多申请人和公共机关对于申诉解决程序有效性的忧虑。信息专员自己知道,第一年比他预期的更具挑战性。一项旨在提高信息专员办公室发布决定通知的质量和数量的复兴计划已经就位,而且我们将检查专员的秋季进展报告,以评估这一计划是否奏效。

112. 信息公开立法经常被提及的一个意图,是使公共部门朝向更开放的文化转变,但是在其他国家和地区发现文化的改变依然是一个难以觉察的热望。加拿大在信息公开16年后的经验是,"已成功地迫使公务员披露更多的信息——但是没有改变保密文化。旧方式的持久性的明确证据,是对于答复获取信息申请的普遍迟延。这些迟延表明公共机构(通过设计、不作为或者两者兼备)阻碍议会明确表达愿望的能力"。[1] 阿斯代尔·罗伯茨教授论称,对任何在1970年代到1980年代中实施信息公开的英联邦地区而言,几乎没有证据表明其官僚政治文化有深刻的改变:

政府变得更加开放,但这并不意味着他们已实现"开放文化"。这只意味着支配信息冲突的规则已变得有利于开放,而且作为规则,政府官员认识到服从法治的最终义务。[2]

113. 一个长期目标是朝向更开放的文化转变,但直接优先的是对《信息自由法》更有效的和确定的实施。英国信息公开第一年已经表明了在部分公共部门中朝向更开放转变的趋势。我们期望,宪法事务部和信息专员办公室确保这种转变的继续,确保公共机关认识到他们在信息公开法下的义务,包括采取一切必要步骤来保护电子信息的完整性。

[1] Office of the Information Commissioner of Canada Annual Report 1998 - 1999, www. info. com. gc. ca.

[2] Two challenges in administration of the Access to Information Act, www. aroberts. us.

8. 结论和建议

信息公开实施第一年

1. 我们明确知道,《信息自由法》的实施已经带来了意义重大的和新的信息披露,而且这些信息被一系列不同的个人和组织以建设性的、积极的方式加以利用。我们看到很多因《信息自由法》而受益的例子。公共机关为满足《信息自由法》的要求所作出的努力给我们印象深刻。这是重要的成功。(第13段)

申请人的经历

2. 内部审查延迟时不确定的时限,与《信息自由法》的法定回应时间观念相矛盾。我们注意到,当专员断定申诉程序已经被有效地用尽时,那他拥有启动调查的裁量权。我们期待,他现在做出的承诺将对公共机关施加压力以更迅速地完成内部审查。(第24段)

3. 一些公共机关没有认识到应该适用环境信息规章而非《信息自由法》的情形。我们建议,环境、食品及乡村事务部(DEFRA)和宪法事务部,协同为环境信息规章和《信息自由法》准备一份共同的实施细则。(第31段)

公共权力机关的经历

4. 同时,关键性的协调如果缓慢或过于直接,也会产生问题,我们认为,当进行公开的协调时,它是一种颇有裨益的提高遵守时限要求百分率的方式。我们建议,在协调方面的改进,以及将数据交换中心的建议更为广泛地分发到各公共部门方面,宪法事务部应发挥更为积极的作用。(第38段)

5. 国家档案局告诉我们,指南文件分发范围之广,给人印象深刻,但证据表明,在一些地方机关中,记录管理实践需要实质性地加以改进。需要部门记录管理系统的领导更为主动，管理不断改进，以及对细则第46条的遵守。我们注意到，国家档案局在2006年计划评估公共机关遵守实施细则第46条的情况，我们期待他们的结论早日公布。（第41段）

6. 根据内阁办公室2004年的目标，国家档案局已经在监控电子文件和记录管理系统在政府部门中的实施。我们建议，它公开一份报告，展示那些目标的实现程度，和现在为实现电子文件和记录管理系统收益而应当采取的行动。（第43段）

7. 阿斯顿女男爵的看法是，数字记录的长期保存程序已经就位，和国家档案局的观点形成对比。她对我们问题的答复与行业专家广泛认同的观点不一致，专家们认为，数字记录的保存是一个复杂和紧迫的问题，对此还没有令人满意的长期策略。在获取较久电子记录方面的困难，将很快成为政府部门的严重问题。极有可能，在不远的将来，十年以上的记录本质上将不能复原，而对此绝不能自鸣得意。需要计划如何应对迅速的、重大的技术变革以及储存媒体不可避免的老化。国家档案局和宪法事务部必须率先开发这些计划。我们将监控此问题的进展。（第46段）

信息专员

8. 我们听取了来自申请人和公共机关的证据，他们为信息专员启动对其申诉的调查已经等候了数月。证人还给出了调查质量和决定通知提供信息都不适当的实例。（第52段）

9. 证人给我们的印象是，申诉的解决过程在2005年间不令人满意，但是我们欣喜地注意到，信息专员办公室在努力从第一年富有挑战的工作负荷中进行学习，以更有效地对申诉加以调查。令我们惊讶的是，在积案成为问题之前，并没有在更早的时间确认2005年所需的额外资金；我们也无法深信，已经配备了或在足够早的时候配备了充分的资金,来解决这个问题。专员告诉我们他将于2006年9月公布一份进展报告。我们希望这份报告能对举措的质量和数量加以说明。我们将用这份报告来监测复兴计划的成功,并评估专员是否需要采取进一步的行动。(第62段)

10. 我们支持专员以更坚定的方式来实施法律。我们期望看到他用手中的一系列权力来提高法律遵守的程度,并减少申请人所遭受的延迟。(第68段)

11. 我们建议,宪法事务部发挥更为积极的作用,以确保政府部门与专员充分合作,并在谅解备忘录同意的期间内,向信息专员提供调查需要的信息。

12. 我们相信,要详细评估信息裁判所程序的作用,还为时过早,但专员已经提出了一些在近期应考虑的要点。(第71段)

宪法事务部的角色

13. 20天的回应时限是法定要求而不仅是一个目标。宪法事务部必须和信息专员一起,为改进对这一时限的遵守而工作,并提高标准,以便公共机关持续地为申请人提供及时的回应。(第79段)

14. 司空见惯的多达几个月的延时,破坏了《信息自由法》20天的回应时限的精髓,而且削减了申请人的利益。我们建议更新宪法事务部的指南,以反映信息专员指南中关于两个月通常足以形成关于公益的决定,以及大臣对所有信息应尽可能在20天内披露的建议。我们建议,宪法事务部公布数据以展示这一方针被政府部门违反的频率和幅度。(第82段)

15. 我们建议,在宪法事务部公开的季度统计报告中,应当包括政府部门在内部审查中实际消耗的时间和目标时间。(第85段)

16. 数据交换中心必须完全遵守《信息自由法》的文本和精神,透明地对其工作负责,完全依照《信息自由法》的要求,来回应它收到的

任何个人的信息公开申请。(第 91 段)

17. 我们建议数据交换中心公开每季度处理案件的统计表,以便提供关于其角色的明确信息。(第 92 段)

18. 我们也关注是否存在公共机关用数月来寻找信息的情形。由于公共机关可能已将这段时间包括在可统计的限度之内,我们不认为这会构成对收费规章加以审查的正当化根据,但是,它证实了一些公共机关记录管理系统的严重缺陷。(第 97 段)

19. 我们建议,应通过《信息自由法》中现有的规定来处理"琐细"申请的问题。我们不认为这是对收费规章加以审查的适当理由。(第 100 段)

20. 我们没有发现改变收费规章的需要。看起来缺乏的是透明度,而且现有的规定未能充分利用。我们建议宪法事务部在得出结论时,公开它的内部费用审查结果,在决定进行任何改变时,进行公开磋商。(第 104 段)

与信息专员办公室的关系

21. 我们无法确信,宪法事务部和信息专员办公室之间的关系像它可能的那样有效运行。我们担心,资源的限制以及工作人员工资水平的约束,将限制作为独立规制者的信息专员的绩效。我们还建议,如果恢复计划不能实现规定的目标,应该考虑其他的安排。(第 107 段)

22. 我们看到信息专员办公室直接向议会负责且由议会拨款时,会有相当可观的收益,并建议当出现修改立法的机会时,应当考虑这种改变。(第 108 段)

(宋华琳译;吕艳滨审校)

英国御前大臣根据2000年《信息自由法》第46条发布的关于档案管理的实施法规*

2002年11月

由御前大臣依据2000年《信息自由法》第46条(6)提交议会

前言

总则

(i) 本实施法规(以下称为“本法规”)对所有公共机构提供实施指南。根据御前大臣的看法,该指南值得公共机构在履行其基于2000年《信息自由法》(Freedom of Information Act 2000, FOIA)所承担的职责时予以遵循。本法规同样适用于服从1958年公共档案法案(Public Records Act 1958)和1923年公共档案(北爱尔兰)法案[Public Records Act (NI) 1923]的其他机构。

(ii) 本法规是对御前大臣基于2000年《信息自由法》第46条所承担之职责的履行。

(iii) 任何信息自由立法的质量都受制于该立法予以公开的档案

---

* *Code of Practice on the Management of Records Under Section* 46 *of the Freedom of Information Act* 2000(http://www.dca.gov.uk/foi/reference/imprep/codemanrec.pdf).

的质量。如果可依靠的档案首先没有被创建，在需要的时候也无法找到，或者最终的存档或销毁处理不适当，那么，信息自由的权利将没有多少意义。因此，所有的公共机构都被强烈鼓励以注意本法规中的指南。

(iv) 本法规是对《信息自由法》规定的补充(supplement)。采用本法规将会有助于机构遵守其基于该法案的义务。它不是对法案的取代。公共机构应当就《信息自由法》的实施或在具体案件中的适用寻求适当的法律建议。根据《信息自由法》第45条制定的实施法规(the Code of Practice under section 45 of the FOIA)，以及规定《信息自由法》第66条的咨询要求如何能产生实效的一系列谅解备忘录(Memoranda of Understanding setting out how the consultation requirements of section 66 of the FOIA)是对本法规的补充(complement)。

(v) 根据《信息自由法》的要求，信息专员将促进公共机构对本法规的遵守。如果在信息专员看来，机构履行基于《信息自由法》的职能的实践不符合本法规的规定，他可以依据法案第48条发出一项实施建议(practice recommendation)。实施建议必须书面作出，必须具体指明本法规中未被遵守的规定以及在他看来为了符合法规所应当采取的措施。

(vi) 如果为了判断公共机构履行基于《信息自由法》的职能的实践是否符合本法规的规定，信息专员可以合理要求获取相关信息。他可以根据法案第51条向机构发出一份通知[被称为"信息通知(information notice)"]，要求机构在通知指明的时限内、按照指明的形式，向信息专员提供通知指明的以及与实施条令相符性有关的信息。

(vii) 信息通知必须声明，信息专员认为该指明信息关乎对机构实践是否与实施法规的规定相符的判断；信息专员认为该信息与此目的相关的理由。信息通知还要包含有关《信息自由法》第57条规定的有关申诉权利的详细内容。

(viii) 机构应当注意到,如果它们违反了本法规,它们也就违反了1958年和1967年的公共档案法案、1972年地方政府法案(Local Government Act 1972)、1985年地方政府(信息公开)法案[Local Government (Access to Information) Act 1985]或其他有关档案保存或存档的立法,因此,它们就违反了自己所承担的法定义务。

(ix) 1923年公共档案(北爱尔兰)法案规定了北爱尔兰公共档案机构对于其创建的档案所应承担的义务,并要求档案被转送至和保存于北爱尔兰公共档案办公室(Public Record Office of Northern Ireland)。

《信息自由法》的主要特征

(x)《信息自由法》的主要特征是:

1. 公众享有针对公共部门中众多机构所掌握的信息的一般知情权,但是要服从于某些限制与例外。这项权利包括提供超过30年期限的历史档案。

2. 对于大多数不予公开的信息来说,除非维持相关例外的公共利益超过公开信息的公共利益,否则仍然要予以公开。

3. 每个公共机构都要承担一种义务,即采纳和维持一项与公开其掌握的信息有关的公开目录,该目录要由信息专员批准。机构必须依照其公开目录来公开信息。该目录必须详细说明:

a. 公共机构公开或意图公开的信息的种类;

b. 各种信息公开所采取的形式或意图采取的形式;以及

c. 对公众公开或意图公开的资料是免费的,还是收费的。

4. 设立新的信息专员职位和信息裁判所,两者具有广泛权力以实现法案创设的权利和促进机构的良好实践。

5. 御前大臣有义务就特定事项发布实施法规以提供指南。

6. 改进公共档案体制，以适应《信息自由法》下新的知情权的要求。

培训

(xi) 所有提交给公共机构、要求获得信息的书面通信(包括通过电子手段提交的)都适用《信息自由法》，必须依据该法的规定予以处理。因此，公共机构工作的每个人都应熟悉《信息自由法》、根据该法规定而发布的实施法规、任何相关的谅解备忘录以及信息专员发布的任何有关良好实践的指南中的规定，这是至关重要的。所以，机构必须确保提供适当的培训。

(xii) 在安排和实施培训时，机构应当知晓影响信息公开的其他规定，比如1992年环境信息规章(Environmental Information Regulations 1992)以及它们的后续立法，举例来说，这些法规不一定要求书面申请的形式。

服从公共档案法案的机构

(xiii) 本法规中，针对档案管理和公共档案转送的指南要在现有的关于档案保存的立法背景下加以解读。特别是，1958年公共档案法案对公共档案管理机构在管理其创设的档案方面施加了义务，它还要求公共档案管理人(Keeper of Public Records)监督这些义务的履行。服从1958年和1967年公共档案法案的机构必须注意到，如果它们违反了本法规，也就违反了那些法案。

(xiv) 1923年公共档案(北爱尔兰)法案规定了北爱尔兰公共档案机构对于其创建的档案所应承担的义务，并要求档案被转送至和保存于北爱尔兰公共档案办公室。

(xv) 对于服从1958年和1967年公共档案法案的机构和服从1923年公共档案(北爱尔兰)法案的机构，经分别与公共档案管理人和北爱尔兰档案副管理人(Deputy Keeper of the Records of Northern

Ireland)协商,信息专员应当促进它们对本法规的遵守。

(xvi) 如果在信息专员看来,机构履行基于《信息自由法》所规定的职能的实践不符合本法规的规定,他可以依据法案第48条发出一项实施建议。在向服从于1958年和1967年公共档案法案或1923年公共档案(北爱尔兰)法案的机构发出该建议之前,信息专员应当咨询公共档案管理人或北爱尔兰档案副管理人。

(xvii) 本法规的内容得到了北爱尔兰档案副管理人的同意。第二部分特别说明了公共档案机构应当履行的职责,即确保及时和有效地审查公共档案,并将档案转送至公共档案办公室或存档地点(1958年公共档案法案第4条对此有界定),或者北爱尔兰公共档案办公室[根据分别是1958年公共档案法案和1923年公共档案(北爱尔兰)法案]。为了避免产生不确定性,"公共档案"术语包括1998年威尔士政府法案(Government of Wales Act 1998)第116~118条所界定的威尔士公共档案。

御前大臣关于公共档案的咨询委员会(Lord Chancellor's Advisory Council on Public Records)和公共档案办公室的职能

(xviii) 为了就审查公共档案对机构提供建议,在接受关于公共档案的咨询委员会(以下称"咨询委员会")的建议之后,御前大臣可以准备和发布指南。咨询委员会可以在该指南中建议,对于年限超过30年的敏感档案,机构可以保存(withhold)而不公开的适当期限。在北爱尔兰,北爱尔兰档案副管理人可以发布类似的指南,不过事先要咨询各部——它们对受该指南影响的档案负责——的意见。

(xix) 咨询委员会审查机构关于公共档案的咨询申请,并对机构提供指导,公共档案办公室可以对此提供适当支持。在北爱尔兰,北爱尔兰公共档案办公室要对敏感度审查小组(Sensitivity Review Group)提供类似的支持。

根据2000年《信息自由法》发布的关于(1)公共机构管理档案以及(2)转送和审查公共档案的实施法规

经与信息专员和相应的北爱尔兰大臣商议,御前大臣依据《信息自由法》第46条发布了下述实施法规。

依据2000年《信息自由法》第46条(6),于2002年11月20日提交议会。

导言

1. 本法规的目的在于:

(1)规定服从于1958年公共档案法案和1923年公共档案(北爱尔兰)法案的公共机构在创建、保存、管理和销毁档案时应当遵循的准则(本法令第一部分),以及

(2)规定公共档案机构在审查和转送公共档案至公共档案办公室或存放地点或者北爱尔兰公共档案办公室时所应遵循的安排(第二部分)。

2. 本法规涉及所有技术格式和物理形式的档案。

3. 本法规第一部分为公共机构以及服从于1958年公共档案法案和1923年公共档案(北爱尔兰)法案的机构设定了一个管理档案的制度框架,而第二部分则涉及有关公共档案的审查和转送。对两个主题更详细的指南可以从公布的标准中获得。那些最直接支持本法令目的的标准被列举于附件A。

4. 本法规中所使用的术语和措辞与《信息自由法》中所使用的术语和措辞具有同样的含义。

第一部分:档案管理

5. 职能责任(Functional Responsibility)

档案管理职能应当被视为机构内部一项具体的团体工作，应当得到必要层级的组织支持以确保其有效性。该职能应集合对包括电子档案在内的所有档案形式的责任，并贯穿这些档案的完整有效期限，从计划、创建到最终的处置。该职能应具有明确的责任和目标，以及履行职责和达成目标所需要的资源。对档案管理职能负责的个人或数人要么承担直接责任，要么应与对信息自由、数据保护以及其他信息管理事宜负责的个人或数人具有组织上的联系。

6. 政策

机构应对如何管理包括电子档案在内的各种档案有一个经最高管理层批准的整体政策声明，而且该政策声明能够很容易被机构内各级工作人员所获知。

该政策声明应当对履行管理所有档案和信息的职能提出要求。特别地，它应当就机构创建、保存和管理记录其主要活动的档案做出承诺。该政策要勾勒出档案管理的职能及其与机构整体规划之间的关系；明确各种具体职能和责任，包括个人在机构档案中记录其行为和决定以及处置档案的责任；对支持性标准、程序和指南设立一个基本框架；并指出对该政策及其支持性标准、程序和指南的遵守情况将会受到监督的方式。

该政策声明应当接受定期审查（至少每 3 年 1 次），而且如果适当的话，应予以修正以保持其适应性。

7. 人力资源

机构应指定一名具有适当资历的工作人员负责档案管理事宜。这项领导职责应当在整个机构内得到正式承认并予以周知。

负责档案管理的人员应当具备达成档案管理工作目标所必需的技能和知识。档案保存各个方面的职责应当被具体规定和纳入到职责说明或类似文件当中。

组织中的人力资源政策和实践应当考虑补充和保持优秀人才的需要,而且应当在下述六个方面相应地支持档案管理职能的履行:

- 提供合适的人选以确保档案管理职能在其所有活动中都得以进行;
- 建立和维持一项体制,比如资质框架,以设定档案和信息管理事项中所需的知识、技能和合作能力的标准;
- 为具有档案管理职责的职位所选择的标准应定期接受审查,以确保最佳实践得以适用和遵循;
- 定期分析培训的需要;
- 为具有档案管理职责的人员设定职业发展规划;
- 应当在对新人员的入门培训中告之有关档案事项及其实施的情况。

8. 积极的档案管理(active records management)

创建档案(record creation)

机构的每个运行和事务部门都应设立一个适当的机制以记录其活动。该机制应当考虑机构所处的立法和规章背景。

事务活动的档案应当足够完整和准确以使其雇员和继任者能够在其职责范围内采取适当行为,以

- 利于有权之人对相关事务的审核或检查;
- 保护机构、机构的客户以及受到机构行为影响的其他任何人的法定和其他权利;以及
- 赋予档案真实性,这样,从档案中获得的证据就是可信的和权威的。

应当按照一种档案保存机制来排列机构创建的档案,以使机构能够快速而容易地重新找到相关信息,并从中获得最大收益。

档案保存(record keeping)

要建立和维持一种有效的档案管理工作，这取决于工作人员能在多大程度上了解保存何种档案、以何种方式公开档案以及档案与机构职能之间是何种关系。信息调查或档案核查可以满足此项要求，促进对档案的控制，并对形成评估、处理档案的程序提供有价值的数据。

纸质和电子档案的保存系统都应包括元数据（描述性和技术性的编制），以使得人们可以有效地理解和操作该系统和档案，并对有效的档案管理提供一个处理框架。

无论是纸质还是电子档案的保存系统，都应当有一套关于档案参考、命名、索引以及如果适当的话，安全标记的规则。这些规则应当易懂，并使信息可以被有效地重新找到。

档案维护（record maintenance）

档案的转移和放置地点应当能确保工作人员在任何时候都可以很容易地找到任何档案，任何未定（outstanding）事项都能够得到处理，以及档案的处理过程都能够接受审查。

储存现有档案的处所应当是干净和整洁的，能够防止对档案的损害。适用于现有档案的设备应当提供安全的、无合法授权不能获取的储存，而且符合消防规章，但要根据信息被使用的频率以确定最大限度的可获得性。如果档案已经不再为从事当前事务所需要，那么，将它们放置于指定的档案中心而不是办公地点是一种更经济和有效率的储存方式。处理档案的程序应充分考虑保存重要信息的需要。

为了保护档案，机构应做好准备应对意外事件或具备事务恢复的能力，这对于机构持续履行职能来说是至关重要的。

9. 处置安排（disposal arrangements）

在《信息自由法》中特别重要的是，要由被适当授权的人员根据机构正式采纳的明确政策来处置档案。此处的“处置档案”被界定为，档案在其有效期限内要么被转送到存档机构、要么被销毁。

档案封存(record closure)

档案一旦停止除了查询目的之外的积极使用,就应当被封存。作为一项一般规则,文件应当在5年之后封存,如果相关的行为继续,则应建立一份新的文件。如果一份纸质档案文件或一个电子档案文件夹已经被封存,封存的标记应当在档案本身标明,并在文件和文件夹的索引或数据库中注明。如果可能,电子档案被意图如何处置的信息应当在档案被创建的时候包含于元数据之中。

等待处置的封存档案的储存要在环境、安全和物理构成方面符合公认的标准。

评估计划和文件编制(appraisal planning and documentation)

为了使处置政策得以有效实施,以及为了使《信息自由法》所适用的对象按照信息自由法律提供被申请的信息,机构需要建立针对评估的管理制度以及针对处置决定的记录制度。应予处置的档案的数量和性质、评估档案所需要的时间,以及在评估中的损害或延迟风险,对上述这三个方面的考核可以为机构的资源安排和工作流程安排提供资料方面的支持。

评估文件制度可以确保档案评估和档案处置的一致性。它会表明哪些档案被指定要销毁、它们被销毁的根据以及什么时候被销毁。它还能提供档案中所记录的背景信息,比如相关立法规定、职能背景以及档案的物理位置。这些信息可以提供有价值的数据,有助于将被挑选出来予以保存的档案置于适当的位置,并使未来的档案管理者能够为他们的选择政策提供业务上的证据。

档案选择(record selection)

每个机构都应当建立一项选择政策,以明确的术语阐明其选择职能——根据此职能,一些档案可能被挑选出来永久保存——并规定其他档案应予保留的期限。该政策应受到档案处置日程表的支持或与之相联系,后者应当覆盖所有被创建的档案,包括电子档案。处置日程表应当以档案的系列或汇编为基础予以安排,应当简要说明对档案适当的处置行为(例如:X 年之后审查;Y 年后销毁)。

被选择出来永久保存,且机构不再经常使用的档案,应尽快被转送至某个具备适当储存设备和公开条件的存档机构(见本法规第二部分对服从公共档案法案的机构的安排)。

未被选择出来永久保存,且已经到了其有效期限的档案,应根据机密级别或它们所承担的安全级别采取必要的可靠方式予以销毁。档案管理者应当建立和保存有关档案销毁情况的记录,该记录中应表明被销毁档案的索引、描述以及销毁的日期。这类记录应以处置日程表为基础。

如果某个应予销毁的档案被认为是某个信息申请的对象,则应当在予以公开之后再销毁,或者如果机构决定不予公开,则应当在《信息自由法》规定的申诉和上诉途径穷尽之后再销毁。

10. 电子档案管理

电子档案管理中的主要事项与任何档案的管理并无二致。例如,它们都包括可靠档案的创建、档案的追踪以及处置安排。但是,在电子环境下处理这些事项的方式是不同的。

有效的电子档案保存要求:

- 对电子档案性质的明确理解;
- 在对文书事务过程(document business processes)有必要的情况下创建电子档案和元数据:这一点应构成档案储存系统的一部分;
- 文件夹结构反映档案的逻辑分组;
- 安全维持电子档案的完整性;
- 电子档案应具备满足需要的可得性和适用性(可能包括它们

在系统间移动)；

- 适用恰当的处置程序，包括存档程序，以及
- 在一个纸质和电子的混合环境下，能够通过参照相关电子档案找到其对应的纸质档案。

1999年公共档案办公室在其"对电子档案管理系统的职能要求和测试"(*Functional Requirements and Testing of Electronic Records Management Systems*，see：http://www. pro. gov. uk/recordsmanagement/eros/invest/default/htm)的声明中，提出了对电子档案管理系统的一般要求。机构在制作对此类系统的说明书时，都被鼓励将这些要求及其后来的版本作为模板适用。

对所有的电子信息和文件都要规定审核途径。它们应被安全地加以保管，并可以接受有权人员的检查。英国标准协会(BSI)的"良好信息管理实践的原则[*Principles of Good Prctice for Information Management*（*PD*0010）]"建议，应按照事先确定的期限定期审核电子档案管理的某些特定方面。

机构应当努力寻求与BSI DISC PD0008标准——"关于电子储存信息在法律上的可采性和证据力的实施规范[*A Code of Practice for Legal Admissibility and Evidential Weight of Information Stored Electronically*（*2nd edn*）]"——的规定保持一致，特别是对那些可能被要求作为证据的档案而言。

第二部分：对公共档案的审查和转送

11.1　本法规的这一部分涉及机构为了确保及时、有效地审查和转送公共档案所必须遵循的相关安排。据此，这一部分只涉及服从于1958年、1967年公共档案法案或1923年公共档案(北爱尔兰)法案的机构。本法规此部分的总的目的在于促进公共档案办公室、北爱尔兰公共档案办公室以及其他基于《信息自由法》承担其职能的公共机构

的实践。

11.2　根据公共档案法案，被选择出来予以保存的档案将被转送至公共档案办公室或御前大臣指定的存档地点。本法令适用于所有这类转送。哪些档案被转送至哪些机构，以及如何处置与北爱尔兰有关的英国公共档案，与这两个问题相关的指南请见公共档案办公室的“获取政策”（1998年）[Public Record Office *Acquisition Policy*(1998)]和公共档案办公室的“处置政策”（2000年）[Public Record Office *Disposition Policy* (2000)]。

11.3　在为了公开档案而进行的审查中，根据《信息自由法》，机构应确保公众能尽快获得公共档案。

11.4　创建档案的机构或在其他方面对公共档案负责的机构应当确保实行有效的安排以确定

a）哪些档案应被选择出来予以永久保存，以及

b）哪些档案应当被公开。

这些安排的确立和实施应当在公共档案办公室的监督下进行，如果在北爱尔兰，则要与北爱尔兰公共档案办公室协力进行。为公开档案而进行审查的目的和相关安排在下面还有更详细的说明。

11.5　在为了向公众公开而实施的档案审查中，机构应当遵循以下几点：

11.5.1　年限达到30年的档案必须被转送到公共档案办公室，除非御前大臣授权机构在一个更长的时期内保留这些档案[见1958年公共档案法案第3条(4)]。在与公共档案办公室达成一致的情况下，档案的转送和公开可以在30年期限届满之前予以完成；

11.5.2　因此，为了选择和公开档案而进行的审查应当在相关档案达到30年期限届满之前实施；

11.5.3　在北爱尔兰，根据1923年公共档案法案转送至北爱尔

兰公共档案办公室的档案的年限通常为20年。

11.6 在档案将被转送至公共档案办公室，或根据1958年公共档案法案第4条指定的一个存档地点，或北爱尔兰公共档案办公室的情况下，为了公开而对档案实施审查的目的是：

- 判断哪些信息必须基于转送而公开，原因是根据《信息自由法》不适用任何例外；
- 判断哪些信息必须在30年期限到达之后公开，原因是《信息自由法》中的相关例外到此停止适用；
- 即使根据《信息自由法》要适用例外，但要基于公共利益判断是否公开信息；以及
- 根据《信息自由法》的规定，判断哪些信息应继续受到保护。

11.7 如果审查的结果会导致机构根据《信息自由法》的条款确认某具体信息不应被公开，则机构应安排一个仔细鉴别该信息的日程表，引征相关的例外规定，解释为什么该信息不能被公开，并确定何时才适合公开，或者确定一个重新判断是否应公开的日期。如果该信息属于适用《信息自由法》第39条中例外条款的环境信息，该日程表应当引用环境信息规章中的相关例外。该日程表应当在信息被转送之前提交给公共档案办公室或者如果在北爱尔兰，提交给北爱尔兰公共档案办公室，转送日期必须在包含该信息的档案满30年（如果是转送至公共档案办公室）或20年（如果是转送至北爱尔兰公共档案办公室）期限之前。机构应当判断，如果将敏感信息用空白代替后，档案的其他部分是否可以公开。

11.8 在第一种情况下，11.7中所说明的日程表要提交给公共档案办公室审查和征求意见。如果支持将档案的保存日期延长超过30年，则需要提交咨询委员会审查。咨询委员会可能做出如下回应：

a）承认该信息应被保存超过30年，并指明机构所确认的公开档

案或重新审查档案的日期；

b）承认该信息应被保存超过30年，但要求机构重新考虑公开档案或重新审查档案的日期；

c）质疑该信息被认为应被保存超过30年的理由，要求机构重新审查该法案；

d）如果不满意从机构获得的有关特定案件的回复，可以向御前大臣提出建议；

e）在公共档案法案界定的职权范围内采取它所认为适当的其他措施。

北爱尔兰有单独的行政体制，因此，该日程表要提交给由不同部门代表组成的敏感度审查小组。该敏感度审查小组有权建议公共机构采取适当措施，或者要不然就公开档案。

11.9　为了避免产生不确定性，本法规说明的措施不影响根据《信息自由法》所确立的法定知情权。对被转送至公共档案办公室，或根据1958年公共档案法案第4条指定的一个存档地点，或北爱尔兰公共档案办公室的档案中的信息提出申请，将会以个案为基础按照《信息自由法》的规定予以处理。

11.10　如果档案在30年期限届满之前被转送至公共档案办公室或一个存档地点，转送部门或机构应指定立即公开该档案，除非有相关例外适用于此，即对这类指定没有正式的复审机制。

11.11　如果某个例外根据《信息自由法》第63条停止适用，则相关档案应从最终日程表（例如，经过咨询委员会审查之后的日程表）中被确定的那天起自动向公众开放。在其他的情形下，如果相关机构希望进一步延长信息保存的期限，它应当在前一个日程表期限届满之前再提交一个新的日程表，并解释该信息的敏感程度。然后，公共档案办公室和咨询委员会将根据上述11.8中规定的程序对此日程表予以审查。在北爱尔兰，对既定期限的任何延长都需要获得大臣的批准。

11.12　在审查档案的过程中，根据1958年公共档案法案，机构可能会认为某些档案在30年期限届满之后，更适合保留在部门内部。机构必须就此向公共档案办公室提交申请，请求后者审查和提出建议。如果公共档案办公室支持在30年期限届满之后由部门保留档案，则再由咨询委员会进行审查。除非御前大臣已经对这一类档案的保留做出过授权，且授权仍然有效，否则咨询委员会将就个案的保留与否进行审查。咨询委员会将在公开政府白皮书（White Paper Open Government）[《政府文件》，1993年，第2290号（Cm 2290，1993）]第9章，或者政府以后关于档案保留的政策文件的指导下审查申请。

附件A　档案管理中公认的标准

英国标准协会颁布的英国标准[British Standards (BSI)]

BS 4783　用于数据处理、信息储存的储存、运输和维护媒介（Storage, transportation and maintenance of media for use in data processing and information storage）

BS 7799　关于信息安全管理的实施规范（Code of practice for information security management）

BS ISO 15489—1 信息和文件编制——档案管理——第一部分：总则（Information and Documentation—Records Management—Part 1: General）

BSI DISC PD 008 关于储存于电子文件管理系统中的信息在法律上的可采性和证据力的实施规范（Code of practice for legal admissibility and evidential weight of information stored on electronic document management systems)

BSI DISC PD0010 良好信息管理实践的原则(Principles of good practice for information management)

BSI DISC PD0012 关于1998年数据保护法案的实际意义的指南(Guide to the practical implications of the Data Protection Act 1998)

公共档案办公室关于公共档案管理的标准(Public Record Office standards for the management of public records)

公共档案办公室就公共档案,无论什么形式的管理发布了涵盖它们整个有效期限的标准、指南和工具包(toolkits),可在公共档案办公室的网站上获取(http://www.pro.gov.uk/recordsmanagement)。

(江菁译;吕艳滨审校)

图书在版编目(CIP)数据

中欧政府信息公开制度研究/吕艳滨,(英)卡特编著. —北京:法律出版社,2008.9
(中国欧盟信息社会项目)
ISBN 978 - 7 - 5036 - 8726 - 6

Ⅰ.中… Ⅱ.①吕…②卡… Ⅲ.国家行政机关—信息管理—对比研究—中国、欧洲联盟 Ⅳ.D630.1 D750.31

中国版本图书馆 CIP 数据核字(2008)第 128673 号

中国欧盟信息社会项目 | **中欧政府信息公开制度比较研究** | 吕艳滨 梅甘·卡特(Megan Carter) 编著 | 责任编辑 刘彦沣 装帧设计 乔智炜

开本 A5
版本 2008 年 11 月第 1 版
出版 法律出版社
总发行 中国法律图书有限公司
印刷 北京北苑印刷有限责任公司
印张 15 **字数** 329 千
印次 2008 年 11 月第 1 次印刷
编辑统筹 法学学术出版分社
经销 新华书店
责任印制 陶 松

法律出版社/北京市丰台区莲花池西里 7 号(100073)
电子邮件/info@ lawpress. com. cn
网址/www. lawpress. com. cn
销售热线/010 - 63939792/9779
咨询电话/010 - 63939796

中国法律图书有限公司/北京市丰台区莲花池西里 7 号(100073)
全国各地中法图分、子公司电话:
第一法律书店/010 - 63939781/9782
重庆公司/023 - 65382816/2908
北京分公司/010 - 62534456
西安分公司/029 - 85388843
上海公司/021 - 62071010/1636
深圳公司/0755 - 83072995

书号:ISBN 978 - 7 - 5036 - 8726 - 6
定价:38.00 元
(如有缺页或倒装,中国法律图书有限公司负责退换)